长三角一体化主题出版工程
丛书总主编　周振华

长三角：国家战略与空间布局

Yangtze River Delta: National Strategy and its Distribution

盛世豪 包海波 潘家栋
著

東方出版中心

图书在版编目（CIP）数据

长三角：国家战略与空间布局 / 盛世豪，包海波，潘家栋著. 一上海：东方出版中心，2021.4
ISBN 978-7-5473-1810-2

Ⅰ. ①长… Ⅱ. ①盛… ②包… ③潘… Ⅲ. ①长江三角洲－区域经济发展－研究 Ⅳ. ①F127.5

中国版本图书馆CIP数据核字（2021）第076939号

长三角：国家战略与空间布局

著　　者　盛世豪　包海波　潘家栋
责任编辑　肖春茂
装帧设计　陈绿竞

出版发行　东方出版中心
地　　址　上海市仙霞路345号
邮政编码　200336
电　　话　021-62417400
印 刷 者　山东韵杰文化科技有限公司

开　　本　710mm × 1000mm　1/16
印　　张　20.75
字　　数　293千字
版　　次　2021年5月第1版
印　　次　2021年5月第1次印刷
定　　价　88.00元

总　序

中国出版集团东方出版中心策划并组织实施《长三角一体化主题出版工程》是一项有重要意义和重大影响力的出版举措。承蒙出版社的赏识和抬举，让我担任这套丛书的总主编，有点诚惶诚恐，生怕难担此大任，但又感到这是一件非常值得做、必须要去做的事情。为此，欣然作序。

长三角一体化发展上升为国家战略后，不仅国家层面及三省一市的各级政府部门积极行动起来，从战略与空间规划、行动方案及专项举措等方面，组织实施和推进长三角更高质量一体化发展，而且学术界、智库及咨询机构的一大批专家学者高度关注和聚焦长三角一体化发展的理论与现实问题，从不同的视角，采用各种现代分析方法和工具开展了全景式、结构性的深入研究。不管是前瞻性的趋势分析、国际比较及其经验借鉴、历史性的发展轨迹描述，还是专题性的深入分析、解剖“麻雀”的案例研究、历史资料的梳理及总结等，都会对我们推进长三角一体化发展有思路性的启发，为决策提供理论依据，有现实指导意义。

现在是过去的延续，总有着某种路径依赖。推进长三角更高质量一体化发展，其历史基因、文化传统、发展轨迹、基础条件等构成了这一进程的初始条件及基本出发点。更早的不用说，自改革开放以来，长三角的地区合作就一直在市场作用和政府推动下不断往前发展。

20 世纪 80 年代，跨地区的联营企业兴起，这些企业规模不大，并带有一定行政性色彩。例如，沪皖纺织联合开发公司是全国纺织工业第一家跨省市的联营企业。以后，上海和江苏、浙江两省的 10 家纺织厂联合成立了上海康达纺织联合公司（又称“卡其集团”），成为第一个实行统一经营、独立核算、共负盈亏的紧密型经济联合体。长江计算机(集团)联合公司成为推进跨地区、跨行业的科研与生产、应用与服务相结合的高技术经济联合体。另外，通过地区合作，加强商品出口和扩大国际市场，上海发挥口岸的枢纽功能，为长三角提供进出口方便。各地也纷纷在上海投资建造了一批贸易中心、办公楼等设施，设立了相应机构，到上海举办各种洽谈会、商品展览会、技术交流会，在统一对外、联合对外的原则下，开展对外经济贸易。当时，国务院还确定建立上海经济区，使之成为国内第一个跨省市的综合性经济区。20 世纪 90 年代，长三角兄弟省市的企业共同参与浦东开发开放。截至 2000 年底，全国各地在浦东设立内联企业 6 175 家，注册资金 284.19 亿元，其中大部分是长三角地区的。而浦东开发开放，特别是招商引资方面，则对周边地区形成强大的溢出效应。进入 21 世纪后，随着我国加入 WTO，长三角在融入经济全球化过程中，相互之间的经济联系更加紧密，特别是跨国公司地区总部与生产工厂之间的产业链关联、基于出口导向的大进大出的贸易与航运方面形成内在的一体化联系。2010 年前后，以举办中国（上海）世博会为契机，长三角地区合作向更广泛的领域发展，在交通、旅游、文化、科技、教育、医疗、生态环境等方面开展了全方位合作。例如，加快推进长三角协同创新网络建设，大型科学仪器设施实现共建共享；产业园区共建，促进“飞地经济”发展；推进区域社会信用体系建设，营造统一市场发展环境；区域环境治理着力联防联控；推进公共服务联动保障和便利化。随着交通网络发达，长三角同城化半径不断趋于扩展，为区域一体化提供了良好基础。这一系列区域合作的成效，不仅促进了当时各地经济社会发展，而且不断产生放大和延续效应。在此过程中，长三角逐步形成了合作与协同的长效性机制。三省一市建立了以主要领导为决策层、常务副省（市）长为协调层、联席会议办公室和重点专题合作组为执行层的“三级运作、统分结合”区域合作机制，并从三省一市抽调工作人员组建了长三角区域合作办公室，在上海联合集中办公，积极开展新一轮的务实合作。

总之，对长三角过去及现在的审视，我们可以得出一个基本判断：长三角一体化发展有着深厚的基础及良好势头。长三角地区已进入后工业化阶段，经济总量达 3.1 万亿美元，占全国 20%，人均 GDP 1.4 万美元，三产比重超过 50%，城镇化率超过 65%，而且区域内市场化程度较高、产业配套能力较强、同城化程度较高、城市结构合理、差异化特色明显、互补性较好等。长三角在国内区域一体化程度是最高的，并具有典型意义；在国际上具有较大的影响力，跻身世界第六大城市群。

在此基础上，长三角一体化发展上升为国家战略，顺应了世界百年之大变局的发展潮流。在当代全球化条件下，随着全球化领域的拓展，经济、科技、文化的融合发展，合作与竞争的多元化等，巨型城市区域越来越成为参与全球合作与竞争的基本单元，改变了过去以企业、城市或国家为基本单元的格局。这种巨型城市区域主要是由两个或两个以上的城市系统结合成一个更大的、单一的城市系统，从而基本特征之一是有若干核心节点城市存在。例如，在世界上最大的 40 个巨型城市区域中，有 24 个是通过两大城市联合命名来标志一个巨型区域的。巨型城市区域作为更大、更具竞争力的经济单元，正在取代城市成为全球经济的真正引擎。世界上最大的 40 个巨型城市区域，只覆盖了地球表面居住的小部分及不到 18% 的世界人口，却承担了 66% 的全球经济活动及近 85% 的技术和科学创新。因此，巨型城市区域作为人类发展的关键性空间组织，在一国的政治经济生活中发挥着日益巨大的作用。为此，这已引起各国政府及学界的高度重视，他们开始研究和促进这一关键性空间组织的发展。例如，欧盟专门立项研究 9 个欧洲巨型城市区域，美国在“美国 2050”规划研究中确定了 11 个新兴巨型城市区域。长三角一体化发展，包括粤港澳大湾区发展、京津冀协同发展等，正是这种巨型城市区域的空间组织构建，旨在打造对外开放新格局的新型空间载体，以更高效率、更具竞争力地参与全球合作与竞争，在中国崛起及走向世界舞台中心过程中发挥重要作用。

与此同时，长三角一体化发展是我国进入高质量发展新时代的必然要求。出口导向发展模式的转换，基于创新驱动的高质量发展的科技引领、文化融合、国家治理及社会治理能力增强、生态环境优化等，意味着外生的经济空间发散性转向内生的经济空间集中收敛性。构建现代化经济体系，在增强自主核心关键技术和完善强基工程（基础零部件、基础材料、基础工艺、技术基础）的基础上实现产业链升级，增强产业链韧性和提高产业链水平，打造具有战略性和全面性的产业链，意味着各自为战的空间分割转向合作协同的空间集约。这些新的变化势必带来区域政策重大调整和空间布局重构，即从一般区域发展转向以城市群为主体的区域发展，从忽视效率的区域均衡发展转向人口、资源、要素向高效率地区集中和优化配置，从宽泛的区域发展转向重点区域发展。最终，形成以城市群为主要形态的增长动力源，让经济发展优势区域成为带动全国高质量发展的新动力源。长三角是城市群密集、经济发展优势明显和配置效率较高的区域，推进长三角一体化发展势必能带来人口、资源、要素的集中和优化配置，成为带动全国高质量发展新动力源之一。

长三角一体化发展是一个巨大的系统工程，涉及众多领域、各个层面、诸多方面内容。在实际工作中，这很容易引起一体化发展的泛化，不分轻重缓急，“胡子眉毛一把抓”，甚至“捡了芝麻，丢了西瓜”；也很容易把一体化发展扩大化，似乎什么都要一体化，什么都可以一体化。更有甚者，把一体化等同于一样化、同质化。因此，要牢牢把握区域一体化发展的本质，抓住一体化发展的核心问题，才能纲举目张。

长三角一体化发展的本质是市场化，是区域统一市场的问题。区域一体化发展的内在动力在于市场，核心主体是企业，政府的职责主要在于提供公共产品，打造基础设施和载体平台。长三角一体化发展的核心问题有：第一，促进资源要素在区域内的充分流动与合理配置。这是一体化发展的基本前提条件。这要求克服资源要素流动的物理性障碍（如交通等基础设施）、削弱行政性边界障碍（如各地不同政策、管制、执法等）、消除市场准入障碍（国民待遇、竞争中性、权益保护等）。第二，这种资源要素流动的主要空间载体是城市，所以区域内城市之间要形成基于网络连接的合理功能分工。这是一体化发展的显著标志。巨型城市区域呈现出来的强大生命力和活力，关键在于城市间全球生产（价值）网络的高度功能连接与集成，形成所引领的全球范围内“产业都市集中”的扩张和扩散，而不是邻近距离。例如，伦敦通过在英国、欧洲和全球的生产者服务业务流动显示出高度功能连接，在英格兰东南部地区呈现一种功能多中心的城市间关系。相反的案例是，英国的利物浦和曼彻斯特相隔不到 50 千米，但它们没有群聚效应来形成城市区域。这种城市间高度功能连接与集成的基础，在于区位功能专业化分工。第三，形成有效的区域治理结构，特别是利益协调机制，这是一体化发展的根本保障。行政边界对物理运输模式、基础设施管理、融资的有效性和环境可持续等形成高度挑战性。因此，需要一种区域层面的战略与规划、政策集成以及利益协调机制。第四，促进落后地区平衡发展，促进发达地区充分发展，增强区域整体实力和竞争力。这是一体化发展的目标。区域一体化发展更多地是差异化发展，发挥各自优势和所长，充分放大“借用规模”效应、溢出效应以及网络效应，形成各自功能特色，实现互补共赢。

区域一体化发展的本质及核心问题是共性的，但区域一体化发展的战略定位及模式则不同，具有明显的个性色彩。这需要我们结合时代特征、中国特色、长三角特点进行深入研究，特别是从国家战略的角度，明确长三角一体化发展的战略定位及模式。我个人初步看法是：第一，长三角一体化发展要面向全球，以全球化为导向，成为我国对外开放的新高地，代表国家参与全球合作与竞争。也就是，长三角一体化发展并不限于以区域内联系或国内联系为主导的区域发展，也不仅仅是成为国内高质量发展的一个重要增长极或带动全国高质量发展的动力源，而是要深度融入经济全球化，成为跨国公司全球产业链离岸或近岸布局的理想地区，成为世界经济空间版图中的一个重要发展区域。因此，上海全球城市发展的四大功能（全球资源配置功能、科技创新策源功能、高端产业引领功能、对外开放枢纽门户功能）应该延伸和覆盖到长三角一体化发展之中。第二，长三角一体化发展要有国际高标准的制度创新，营造有利于全球资源要素集聚、流动和配置的良好营商环境，创造能使创新创业活力强劲迸发的各种条件。也就是，长三角一体化发展不仅要有打通区域内资源要素流动与合理配置的制度创新，而且更要有打通区域与全球之间资源要素双向流动与有效配置的制度创新；不仅要营造区域内协调一致的良好营商环境，而且更要营造适应全球化资源配置的良好营商环境。因此，长三角一体化发展的制度创新要有统一的与国际惯例接轨的高标准，以及营造良好营商环境的集体性行动。第三，长三角一体化发展在重点领域、重点部门、重要方面要有高度的系统集成，尽快形成具有重大国际影响力的区域核心竞争力，打造长三角世界品牌。

这种区域一体化发展的战略定位及其模式，意味着长三角不只是三省一市区域，也不只是中国的长三角，而且还是全球的长三角。因此，在我们推进长三角一体化发展进程中必须引入新理念、抱以新胸怀，具有不同于传统做法的落笔手势和手法。

（1）过去，我们只着眼于行政区划内的发展规划，依据自身的自然禀赋和比较优势，在行政边界“一亩三分地”上配置资源，谋求各自发展。区域之间的合作与协同只是作为地方发展的一种外生性补充。这已在我们日常工作中形成了根深蒂固的内向化观念。在长三角一体化发展背景下，我们必须树立起外向化发展的新理念，将地方发展寓于区域一体化之中，将区域一体化发展寓于全球化进程之中。在此过程中，寻求自身发展机遇，发挥各自独特优势，在增强长三角区域的全球竞争力的总体要求下来规划自身发展蓝图，并形成地方发展的内生性需求。

（2）过去，我们都立足于资源要素与大规模投资驱动，从而对资源要素与投资的争夺成为地方政府的一个主题，地方之间的政策竞争成为区域发展的主要动力之一。因此，形成了区域内竞争大于合作的基本格局，合作只有在不影响既有资源要素分配格局的情况下才得以开展。在长三角一体化发展背景下，我们必须树立起以创新发展作为区域一体化发展基本动力的新理念，形成“合作大于竞争”的新格局。区域内的竞争，主要是创新发展方面的竞争。这种竞争将促进更广泛的创新扩散，形成更多的创新群集。而在创新发展中，则可以寻找到更多的合作机会，构筑更多的合作平台，打造更多的合作载体，促进更多的合作项目，形成更多的合作成果，从而也促进区域一体化发展。

（3）过去，我们是在“零和博弈”中追求地方利益最大化，造福一方，保一方平安，“各扫门前雪”已成为一种潜意识。尽管在基于地方利益最大化的目标追求中，一些正的外部性对区域发展有积极作用，但作用相当有限；而更多负的外部性，甚至往往以邻为壑对区域发展产生消极影响。在长三角一体化发展背景下，必须树立起“非零和博弈”的地方利益最大化的新理念，在区域共享收益最大化中获得更多地方利益。这就要求我们服从和服务国家战略，顾全长三角一体化发展的大局，更好地协调发展和做大“蛋糕”，从而在分享更多共赢成果中实现自身发展。

在上述新的发展理念指导下，我们在推进长三角一体化发展的实际操作中，要着手打破传统格局，力争塑造新的发展格局。

首先，要打破沿袭已久的传统中心—外围的区域发展格局。长期以来，上海作为首位城市，在长三角处于中心位置，而周边城市及地区则作为外围。在这样一种等级制的空间结构中，外围的资源大量向中心集聚，而中心对外围的扩散和辐射则相对有限。推进长三角一体化发展，必须构建基于网络连接的区域一体化发展格局，即以城市为载体的各种各样节点相互连接的网络体系。这些节点之间是一种平等关系，只不过是因连通性程度不同而有主要节点与次要节点之分，各自在网络中发挥着不同的作用。而且，节点之间有着多层次的网络连接，存在不同类型的子网络，并非都向首位城市进行连接。因此，在长三角区域中，除上海之外，还应该有以杭州、南京、合肥等为核心的子网络发展。

其次，要打破三省接轨、融入上海的单向关联格局。在这种单向关联格局中，所谓的接轨、融入上海只是单方面、被动地承接上海的溢出效应、产业梯度转移等，同时这也不利于上海有效疏解非核心功能和提升核心功能等级。推进长三角一体化发展，必须构建双向连通的关联格局，特别是上海也必须主动接轨、融入其他城市和地区。这样，才能增强长三角网络连通性并发挥网络化效应，才能促进区域内更多的资源要素流动和合理配置，呈现出区域一体化发展的强大生命力和活力。

最后，要打破长期以来形成的功能单中心和垂直分工的空间格局。以上海独大、独强的功能单中心以及与周边城市及地区的垂直分工体系，不仅不利于增强区域整体竞争力，而且也不利于上海自身发展，因为世界上没有一个城市是全能、超能的。推进长三角一体化发展，必须重构功能多中心及水平协同分工的空间格局，即核心城市发挥龙头带动作用，各地各扬所长，形成专业化功能分工。这就要求上海按照建设卓越全球城市的要求，集中力量提升城市能级和核心竞争力，充分发挥全球资源配置的核心功能，南京、杭州、合肥、苏州等城市依据比较优势和特长发展某些特定功能及产业，形成各具特色功能的中心，甚至在某些功能的发展水平上超过核心城市，从而形成不同城市间的功能互补及相互之间功能水平分工，包括诸如航运、贸易、金融功能的区域水平分工，科技创新功能的区域水平分工以及区域产业链的水平分工等。这样，才能有效整合城市群的资源，形成城市间高度功能连接，从而充分提升长三角地区的国际竞争力和影响力。

为构建长三角一体化发展的新格局，首先需要打造相应的基础设施。这种区域一体化发展的基础设施，既是推进各项长三角一体化发展措施及其工作的基石，又是对长三角一体化发展产生深远影响的硬核。然而，人们通常关注的是交通、能源、信息等硬件的基础设施，这固然是非常重要的，但对于推进区域一体化发展来说是不够的；推进区域一体化发展，还应打造商务的基础设施、政策平台的基础设施。从长三角的现实情况看，在交通、信息等硬件基础设施方面已经有了较好的基础，目前的建设力度也很大，关键是后两个基础设施，目前还比较薄弱。

（1）健全互联互通的交通、信息基础设施网络。围绕建设畅行快捷长三角、安全高效长三角的目标，组织编制和实施各专项规划，以全面提升长三角交通、信息设施互联互通水平和能源互济互保能力。组织编制《长三角区域城际铁路网规划》，统筹都市圈城际铁路规划布局，着力加强地县级主要城镇间快捷交通联系，推进技术制式和运营管理一体化，实现运营管理“一张网”。组织编制《长三角民航协同发展战略规划》，统筹指导区域民航协同发展，科学配置各类资源，全面提升长三角世界级机场群的国际竞争力。率先建设高速泛在信息网络，重点推进5G、数据中心、量子通信等新一代信息基础设施协同建设。实施长三角打通省界断头路专项行动，尽快形成跨省交通网络化，更好发挥同城效应。按照开工一批、竣工一批、储备一批的要求，加快推进建设高铁、高速公路、国省道、天然气管网、电力等基础设施项目。

（2）完善统一高效的商务基础设施。以构建统一开放有序透明的市场环境为目标，重点从促进商务活动互联互通、优化营商环境等方面入手，以重点领域供应链体系、标准体系建设为重点，实现规则对接，进一步消除市场壁垒和体制机制障碍。进一步加强各地信息系统、征信系统建设以及相互衔接和连通，推进实施跨区域联合奖惩，率先在国内形成“失信行为标准互认、信用信息共享互动、惩戒措施路径互通”的跨区域信用联合奖惩模式。打造信用长三角一体化平台，实现三省一市信用信息的按需共享、深度加工、动态更新和广泛应用。在市场监管的基本信息、数据内容互联互通的基础上，共建监管标准衔接、监管数据共享、监管力度协同的合作机制，强化日常监管工作联动，健全市场监管合作体系，提升区域综合监管执法水平。建立长三角城市群间互联互通的工业互联网平台，促进基于数据的跨区域、分布式生产和运营，深入推动长三角智慧应用。建设一批跨区域的技术研发和转化平台，构建区域性的紧密互动的技术转移联盟。

（3）构建政策平台的基础设施。尽管目前长三角已形成了合作与协同的机制，三省一市的相关机构也逐步建立了情况通报机制，比如加强各地方立法的相互沟通，商议立法新增项目、立法的标准等，但这方面的基础设施总体上是薄弱的，甚至某些方面是欠缺的。要在已经形成的决策层、协调层和执行层“三级运作”机制的基础上，进一步深化完善常态长效体制机制，构建协调推进区域合作中的重大事项和重大项目等政策平台，加强跨区域部门间信息沟通、工作联动和资源统筹，推动人才资源互认共享、社会保障互联互通、食品安全监管联动等方面的合作。要构建公众参与区域政策的新型平台，形成公众参与政策制定与实施的作用机制，增强区域合作政策协调机制的有效性。

在构建三大基础设施的基础上，推进长三角一体化朝着四大集成的方向发展。一是经济集成。区域内各类城市之间具有潜在差异化的产业分工，形成开放型的区域产业链，特别是全球城市中的现代服务业与二级城市中其他类型服务活动的分工。二是关系集成。区域内不同城市之间信息、思想、人员、资本的强烈流动，包括由现代服务业日常活动引起的有形和无形流动。三是组织(网络)集成。通过现代服务业网络、产业价值链网络、创新及技术服务网络、交通网络、信息网络、政府网络、非政府组织网络、社会网络等，以不同方向、不同尺度连接区域内城市，并实现其互补性。四是政策集成。在区域层面存在着战略与规划、政策，乃至协调机制。

除了一体化的基础设施外，推进长三角一体化发展还需要有相应的载体。因为在区域一体化过程中，这种资源要素流动与配置并不是随机、无序、发散性的，而是基于相对稳定、固定的组织载体，从而是持续、有序、收敛性的。但这种资源要素流动的组织载体并不仅仅是我们过去通常所说并所做的具体项目，例如周边城市和地区承接上海外移或溢出的具体项目，或跨地区共建的合作项目，包括产业项目、科技项目、文化创意项目、部分社会项目（养老）、教育培训项目、医疗保健项目等。如果把项目比喻为水池子里的鱼，以项目为载体无非就是把这一水池子里的鱼放到另一个水池子里，或者把两个水池子合并为一个水池子来养鱼。这是有一定局限性的。一是从一个水池子放到另一个水池子，并没有增加鱼的数量，反而造成大家“抢鱼”的过度竞争现象；二是强行把鱼换到另一个水池子，有一个能否存活和良好生存的水土服不服的问题；三是鱼换水池子只是“一锤子买卖”，有一个合作可否持续问题。我认为，长三角一体化发展的主要载体是连接各大小水池子的接口（管道及龙头），首先是水的流动，然后是鱼的流动。这一接口越大，水池间有越多的活水，水池里的鱼就越多，鱼也就越能找到自己最理想的栖息地，鱼在水池间的流动也就越可持续。因此，关键在于构建这种基于网络的接口，作为长三角一体化发展的主要空间组织载体。具体来说，有以下主要类型。

（1）大都市区。这是长三角一体化发展的基础性空间组织载体。区域一体化发展的逻辑顺序通常是从大都市区走向城市群，而不是倒过来。这种大都市区由于地理上的毗邻，具有同城化程度高、联系较紧密、经济社会等方面联系的综合性较强、借用规模效应较明显、功能互补性较强等特点。因此，长三角地区各大都市区建设是当前一体化发展的重中之重。长三角一体化示范区建设在某种程度上是缩小版的大都市区建设，主要为大都市区建设提供可借鉴的经验及示范。大都市区建设主要解决城际轨交、不同城市功能定位、资源统筹使用、人员流动自由便利化、大都市区管理机构等问题。

（2）各种类型的廊道。这是长三角一体化发展的专业性空间组织载体。这种专业性的廊道，通常既源于大都市区，又超越大都市区向外延伸，作为一种城市群的中介，诸如目前的G60科技走廊，以及今后需要发展的专业化产业走廊、贸易走廊、生态廊道等。这种空间组织载体的特点是专业性强、以水平分工为主导、集聚密度高、关联紧密、具有品牌形象等。专业性廊道建设重点在于构建共享平台、标准化平台、交易平台，推进联盟化集聚和网络化运作。

（3）双向飞地。这是长三角一体化发展的重要空间组织载体。这种双向飞地主要基于产业链构造的基本逻辑，母地与飞地之间存在较强的产业关联，诸如在母地进行成果孵化，到飞地进行产业化，或者在飞地进行初级加工，到母地进行深加工等。这种空间组织载体的特点是上下游关联性强、共同参与度较高、经济联系紧密、运作管理较统一等，通常采取不同类型的园区形式。双向飞地建设的重点在于建立产业链分工、发挥园区集聚效应、形成合理的财税分享机制、实行园区统一管理体制等。

最后，特别要指出的是，如何形成有效的区域治理结构，特别是利益协调机制。这是推进长三角一体化发展的重要制度保障。在区域治理中，国内外都共同面临一个重大难题，就是如何处理好地点空间与流动空间之间的关系。因为在区域发展中，同时存在着地点空间与流动空间，除非在一个行政管辖区内。作为地点空间，有明确的各自行政管辖区边界和物理边界；作为流动空间，则是无边界的，是交集的、渗透的。这两个并存的空间具有天生结构性的“精神分裂症”。特别是在我国目前分税制的条件下，难以实行一些跨地区的基本统筹，更加凸显了这一“分裂症”，严重影响资源要素的充分流动和合理配置。因此，这关系到长三角一体化发展能否有实质性推进、能否达到战略定位的目标以及能否取得预期成效。

从国外经验来看，区域治理越来越趋向于既不是一种没有政府的纯粹“民间”治理，也不是政治性地构建一个单一区域空间的政府治理，而是一种国家、地方政府、企业等共同参与的混合治理结构。在这一混合治理结构中，根据各国和各地不同情况，又有所侧重，呈现不同协调模式。

一是以英国英格兰城市群、日本太平洋沿岸城市群为代表的中央政府特设机构主导协调模式。政府主导规划法案的制定和实施，并运用产业政策、区域功能分工、大交通、自然环境等许多专项规划与政策进行协调。二是以欧洲西北部城市群的市（镇）联合体为代表的地方联合组织主导协调模式。其明确了政府不干预规划的具体内容，市（镇）联合体可以对基础设施、产业发展、城镇规划、环境保护以及科教文卫等一系列活动进行一体化协调。三是以美国东北部城市群和北美五大湖城市群为代表的民间组织为主、政府为辅的联合协调模式。其由半官方性质的地方政府联合组织“纽约区域规划协会”（RPA）、跨区域政府机构“纽约新泽西港务局”等和功能单一的特别区共同协调。随着市场化趋势加速，民间组织在区域协调中的地位和作用越来越突出。长三角一体化发展的区域治理结构及其协调模式，可借鉴国际经验，并结合中国特色及长三角特点进行探索和实践。目前，主要是地方政府主导协调模式，成立长三角联合办公室是这方面的一个重要尝试。在保持现有行政区划的条件下，也可构想设立跨地区专业管理局，统筹管理区域某些如港口运输、环境治理等特殊专业事项，类似于跨区域政府机构“纽约新泽西港务局”。另一方面，要积极推进长三角行业协会、智库、企业家联合会、金融公会、教育联盟等跨地区民间组织发展，搭建区域内各种平等对话的平台，让更多的企业和民间组织参与到区域治理中来，形成多种利益集团、多元力量参与、政府组织与非政府组织相结合、体现社会各阶层意志的新公共管理模式。

在区域治理中，规划引导是一种重要的协调机制。除了国家层面的长三角一体化发展战略和国土空间方面的规划，解决区域的发展定位、城市体系、轴带模式等宏观问题外，区域协调更为关注城市生态发展、环境保护、技术手段等实际的细节问题，更多发挥专业技术的沟通与协调角色，以专项规划研究和引导为重点。这种更容易促成不同利益主体达成共识。这些专项规划研究通常采取大型化策略，即兼顾多种管辖性、考虑多个目的性和强调多种相关问题的综合性（包括环境、经济、生物群落等）、引入多方利益相关者、注重多尺度操作性（在不同的地理尺度采用不同的管制措施和政策）。因此，特别要指出的是，不能单纯由政府部门来研究这些专项规划，而要由利益相关者成立一个多部门的联合机构，包括协会、专业委员会等民间力量，关键是聚焦各方关注的问题，重在建立一个对话和信息交换的有效平台，能够用先进的科学和技术辅助决策，找准各方利益结合点和平衡点，协调多方面利益，就相关问题达成共识。这些专项规划研究要有十分严谨细致的科学方法，保证基础数据的准确性和翔实性，提高研究的细致和深入程度，得出应该如何治理，应该如何进行资源集成的结论，从而具有很强的权威性。但这不是政府权力的权威性，而是技术的权威性。这些专项规划研究的数据和结论都要真实详尽地在网上公布，对全社会开放，供政府、企业和公众随时取用。

在区域一体化发展中，地方利益最大化是客观存在的，地方政府“屁股指挥脑袋”也是一种常态。我们不能忽视这一现实，更不能刻意淡化这种利益存在，而是要建立起一个有效的利益协调机制。其前提是，在各项区域合作中，必须把涉及的不同利益诉求摆到桌面上来，使各地利益及其相关者利益显性化、明晰化、格式化，运用科学的评判标准及方法对利益链进行合理切割，对各方利益诉求进行评估，形成利益识别机制。在此基础上，寻求利益共享和共赢的最大公约数，形成利益分配机制。对于一些可交换的利益，例如水务、碳排放权、排污权、用地指标等，探索建立事权交易制度。对于一些明显受损的利益，建立相应利益补偿机制，诸如生态保护补偿等。为保证合作中的各方正当权益不受侵犯，要探索建立权益保护及解决利益争端机制。目前，这方面工作是比较薄弱的，但也是难度很大的，不仅是硬件建设的问题，而且更是制度、软件建设的问题，甚至会触及深层次的体制机制改革。

长三角一体化发展，是时代的要求，国家战略的需要。它既要有深入的理论研究，找出规律性的东西；又要有创新的实践，走出自己的道路。但愿这套丛书能在理论指导与实践总结中发挥应有的作用。

上海市经济学会会长

上海全球城市研究院院长

首届长三角一体化发展专家咨询委员会委员

2020 年 5 月

前　言

2018 年 11 月 5 日，习近平总书记在首届中国国际进口博览会上明确宣布“将支持长江三角洲区域一体化发展并上升为国家战略”，“同‘一带一路’建设、京津冀协同发展、长江经济带发展、粤港澳大湾区建设相互配合，完善中国改革开放空间布局”，拉开了长三角一体化国家战略的序幕。中华人民共和国成立 70 多年来，我国生产力布局经历过几次重大调整。“一五”时期，苏联援建的 156 项重点工程，有 70% 以上布局在北方，其中东北占了 54 项。后来，毛泽东在《论十大关系》中提出正确处理沿海工业和内地工业的关系，20 世纪 60 年代中期开展“三线”建设。改革开放以后，实施了设立经济特区、开放沿海城市等一系列重大举措。20 世纪 90 年代中后期以来，在继续鼓励东部地区率先发展的同时，相继作出实施西部大开发、振兴东北地区等老工业基地、促进中部地区崛起等重大战略决策。中共十八大以来，党中央高度重视区域战略性布局，从区域协调转向都市区发展，提出了京津冀协同发展、长江经济带发展、共建“一带一路”、粤港澳大湾区建设、长三角一体化发展、黄河流域生态保护和高质量发展等新的区域发展战略。

长三角是我国经济发展最活跃、开放程度最高、创新能力最强的区域之一，应当成为我国建设世界级城市群都市区的先行者。长三角是我国对内对外开放两个扇面的关键枢纽，肩负着对内带动中西部地区发展、对外参与全球合作竞争的双重任务，必须以一体化的创新突破来更好地服务全国发展大局。早在 2003 年，习近平在浙江工作期间，便已提出“八八战略”，“进一步发挥浙江的区位优势，主动接轨上海、积极参与长江三角洲地区交流与合作，不断提高对内对外开放水平”。2016 年，国务院批复了《长江三角洲城市群发展规划》，长三角高质量一体化是区域协调发展的重要战略支撑。2019 年 3 月，《政府工作报告》中提出“将长三角区域一体化发展上升为国家战略，编制实施发展规划纲要”。2019 年 5 月，中央政治局会议审议《长江三角洲区域一体化发展规划纲要》，为长三角高质量一体化发展指明了方向。当前，长三角一体化发展也到了全面提升的新阶段。从全球看，是大势所趋，城市群已经成为世界经济重心转移的重要承载体，决定着未来世界政治经济发展的格局。从国内看，是中央确定的重大战略，城市群也是引领我国经济转型发展的“主引擎”、创新发展的“主阵地”。习近平总书记对长三角作出重要指示，希望长三角地区实现更高质量的一体化发展，更好引领长江经济带发展，更好服务国家发展大局。从自身看，是内在要求。

在此背景下，本书将聚焦长三角城市群历史演进和发展现状，阐释长三角一体化的重要意义及理论逻辑，探讨长三角高质量一体化的机制路径，着重从交通网络、创新互动、平台协作及一体化示范区等专题模块入手来探讨长三角一体化进程。全书共八个章节：

第一章为长三角一体化国家战略的重要意义与思路任务。从长三角历史演进来阐述长三角一体化是区域协调发展的必然趋势，从全球趋势、国内发展和自身要求来看长三角一体化是高质量发展的重大举措。在此基础上，从发展现状、战略要求等角度介绍长三角一体化作为国家战略的发展思路与重点任务。

第二章为长三角高质量一体化的实施机制与推进路径，主要从国家层面和沪苏浙皖一市三省层面阐述长三角一体化的具体实施机制和重点推进路径。首先，从长三角地区发展现状来看长三角一体化的基础所在和目标定位。其次，从国家层面来阐述长三角一体化推进的工作机制以及具体实施路径，包括交通网络、科创产业等方面。最后，介绍一市三省围绕《长江三角洲区域一体化发展规划纲要》推进长三角一体化的具体路径。

第三章为综合交通与长三角高质量一体化发展，探讨综合网络体系完善对于长三角一体化的作用。选取纽约、东京等典型世界级城市群的交通网络布局作为案例，研究其交通发展的特征及对长三角的启示。从学理层面阐述长三角综合交通网络完善对长三角经济格局演变的影响机制，并进行实证检验。在此基础上，提出综合交通发展促进长三角一体化的路径。

第四章为创新网络与长三角高质量一体化发展。创新是引领发展的第一动力，也是长三角城市群发展的内生动力，本章主要研究长三角创新能力的空间分布。首先，回顾和梳理城市群创新演进的空间结构理论。其次，利用空间模型分析长三角创新能力的空间分布及其特征。最后，采用计量方法实证分析长三角空间创新能力分布的影响因素，为长三角合理配置创新要素提供启示。

第五章为空间平台与长三角高质量一体化发展。众多空间平台载体支撑起长三角高质量一体化，本章选取上海自贸区、“飞地经济”、G60 科创走廊及虹桥商务区等典型平台作为分析对象，包括上海自贸区带动长三角新一轮改革开放、“飞地经济”推进长三角城市分工协作、G60 科创走廊提供一体化先行制度探索、虹桥商务区打造长三角高端商务新中心，研究重点平台推进与长三角一体化发展。

第六章为长三角生态绿色一体化发展示范区。长三角生态绿色一体化发展示范区围绕生态绿色、一体化、高质量来推进，在不改变行政隶属情况下打破行政壁垒，是长三角高质量一体化发展的先行探索。本章围绕长三角生态绿色一体化发展示范区的建设基础、建设意义和建设路径展开，重点介绍长三角生态绿色一体化发展示范区中的重点项目及合作，进而展示长三角生态绿色一体化发展示范区建设全貌。

第七章为世界级城市群与长三角高质量一体化发展。世界级城市群是长三角城市群发展的目标，通过一体化体制机制创新来建设城市群都市圈。在此过程中，浙江大湾区为长三角世界级城市群打造平台、一体化助推长三角世界级城市群培育、新基建为长三角世界级城市群注入内核，本章即从这三个层面进行阐述。

第八章为展望。在总结前文研究的基础上，提出长三角高质量一体化进程中会遇到的难点，进而展望未来的方向及政策启示。

本书的特色主要在于：

一是系统介绍长三角一体化的历史演进、现实发展以及未来趋势。从区域发展的必然趋势出发，落脚到高质量发展的重大举措，对长三角一体化的必然性、历史性以及现实性进行系统阐述。在此基础上，介绍长三角一体化推进过程中的现实基础、总体思路、主要任务等，并从国家层面和一市三省的角度介绍长三角一体化的实施机制与推进路径。

二是围绕交通、创新、平台、示范区等重点领域进行研究，全方位展示长三角一体化进程中的重点工作。在综合交通上，以世界级城市群交通发展为切入口，结合理论分析与实证分析阐述综合交通发展对长三角一体化的重要意义。在创新能力上，利用空间计量模型分析长三角创新能力空间分布，为创新要素资源配置提供参考。在空间平台上，选取上海自贸区、“飞地经济”、G60 科创走廊、虹桥商务区作为重点对象进行研究。在示范区上，分析长三角生态绿色一体化发展示范区的建设状况，研究不改变行政隶属情况下打破行政壁垒的价值。

三是以世界级城市群作为发展目标提出长三角高质量一体化发展的未来趋势及方向。纵观世界发展脉络，世界级城市群是拉动经济发展的重要增长极，长三角地区作为世界第六大城市群，应当成为我国经济发展的重要引擎。在此基础上，本书从大湾区建设、一体化机制及新基建等层面入手，探讨长三角世界级城市群建设的趋势及路径，并对长三角高质量一体化发展进行展望。

目　录

专栏目录

第一章

长三角一体化
国家战略的重要意义
与思路任务

党的十九届五中全会明确指出：“优化国土空间布局，推进区域协调发展和新型城镇化。坚持实施区域重大战略、区域协调发展战略、主体功能区战略，健全区域协调发展体制机制，完善新型城镇化战略，构建高质量发展的国土空间布局和支撑体系。”长三角是我国经济发展最具活力、创新能力最强的区域之一，实施长三角一体化国家战略对于完善我国改革开放空间布局具有重要意义。本章将从长三角历史演进来阐述长三角一体化是区域协调发展的必然趋势，从全球趋势、国内发展和自身要求来看长三角一体化是高质量发展的重大举措。在此基础上，从发展现状、战略要求等角度来介绍长三角一体化作为国家战略的发展思路与重点任务。

第一节　长三角一体化：区域协调发展的必然趋势

2018 年 11 月，习近平总书记在首届中国国际进口博览会上强调“支持长江三角洲区域一体化发展并上升为国家战略，完善中国改革开放空间布局”。现阶段，长三角一体化正在如火如荼推进当中，这是区域协调发展理念的生动实践。

一、上海经济区与城市协作

早在 1982 年，国务院就下发了《关于成立上海经济区和山西能源基地规划办公室的通知》，探索建立一个不同于以往行政区划、经济协作区式的新的经济区域和经济网络，提出建立上海经济区的问题，提出要发挥区域经济的综合优势，促进横向经济联系的发展。1983 年 3 月，国务院上海经济区规划办公室正式成立。上海经济区的范围确定为：以上海为中心，包括长江三角洲的苏州、无锡、常州、南通和杭州、嘉兴、湖州、宁波、绍兴等10个城市。1984年，上海经济区扩大为上海市和江苏、浙江、安徽、江西四省。国务院上海经济区规划办公室在组织经济区内发展规划的过程中，首次提出“一体化”概念，以建立先进的专业化分工协作的经济体系。1985年，长江三角洲沿海经济开放区成立，包括江苏的苏州、无锡、常州及它们所辖的12个县（市），浙江的嘉兴、湖州及它们所辖的4个县，以及上海市所辖的10个县。1988年6月，国务院上海经济区规划办公室撤销。

1990年全国两会期间，著名社会学家费孝通结合对长江三角洲地区的调研，以民盟名义向中央提交了《关于建立长江三角洲经济开发区的初步设想》。1992年，长三角15个城市的协作办主任联席会议制度在自发倡议下建立。自此，长三角一体化进程重新开始。1996年，在各城市的要求下，联席会议上升为城市经济协调会，升格为市长峰会，并发布年度工作报告。

专栏1-1

费孝通与长三角的“设想”

改革开放初期，上海的发展一度陷入瓶颈，在新的历史时期，上海在全国经济发展中应该处于怎样的位置呢？1990年春夏，时任民盟中央主席的社会学家费孝通发出了一个响亮的声音：上海是长江三角洲区域发展的龙头，也是中华巨龙的龙头。“上海是龙头”的设想后被中央采纳，并写入正式文件之中，为后来长江三角洲区域一体化发展和国家区域发展总体布局的战略定位提供了参考。1982年1月，费孝通四访江村后“更上一层楼”，走出江村，研究小城镇、大中城市，进而研究以大中城市为中心的区域经济发展。费孝通在观察和研究特定行政区域内的经济和社会现象时，看到了一种超越行政区域的区域经济发展的事实，萌发了区域经济的概念。1987年和1988年，在区域发展研究中，费孝通和民盟中央先后向中共中央提出“建立临夏和海东经济协作区”“建立黄河上游多民族经济开发区”的建议。

为了实现中国的发展战略目标，吸收国际经验，实行改革开放，邓小平提出，在中国内地要造几个香港。1990年3月3日，邓小平分析世界格局和中国的优势时指出，“上海是我们的王牌，把上海搞起来是一条捷径”。1990年春节前后，费孝通学习邓小平有关论述，结合长江三角洲的现实进行比较分析，发觉内陆还缺少一个和香港相当水平的经济中心。费孝通以此为议题与钱伟长、高天等民盟中央领导进行了多次商讨，认为建立“内地香港”，地处长江三角洲的上海最有条件。同年 4 月 9 日，民盟中央向中共中央提出建议，报送了《关于建立长江三角洲经济开发区的初步设想》。费孝通认为，长江三角洲是我国与世界发生联系的一个枢纽地带。在这里建立经济开发区，对于促进以上海为中心的长江三角洲的腾飞，从而带动全国经济的发展，具有战略意义。这个开发区以上海为龙头，江、浙为两翼，长江流域为腹地，通过陇海铁路大动脉与西北原材料基地和三线所蕴藏的技术力量相沟通，加速发展外向型经济。上海应成为全国最大的经济中心，恢复其在东亚应有的地位。这是我国改革开放深入发展过程中的一个战略性建议。

◇ 资料来源：根据澎湃新闻“费孝通和‘长三角一体化’设想”(https://m.thepaper.cn/newsDetail_forward_8310840)整理.

二、“八八战略”与长三角一体化发展

在浙江工作期间，习近平提出“八八战略”，要求进一步发挥浙江区位优势，主动接轨上海、积极参与长江三角洲地区交流与合作，不断提高对内对外开放水平。改革开放以来，浙江以内源发展为主导，不断创新体制机制，形成了以民营经济、开放经济、块状经济为特色的发展模式。在此过程中，浙江充分利用了良好的区位优势。对外，浙江是沿海省份，港口运输等资源丰富；对内，浙江毗邻上海，位于长三角重要位置，能够充分整合资源。21 世纪初我国加入世界贸易组织，迎来了全球化发展的重要战略机遇。在此背景下，浙江充分利用好区位优势，全面接轨上海，不断成为我国开放经济发展高地。2002 年 12 月 6 日，习近平在湖州调研时指出，主动接轨上海，进一步明确我们在长江三角洲经济圈中的位置，积极发挥在该地区经济整合与协调发展中的作用，是我们的当务之急。2003 年 5 月，浙江省委、省政府下发《关于主动接轨上海积极参与长江三角洲地区合作与交流的若干意见》，成立“浙江省接轨上海参与长三角合作领导小组”。2005 年，长三角地区主要领导的定期会晤——座谈会机制，由时任浙江省委书记的习近平提议设立，首次座谈会于 2005 年底在杭州召开，会议提出，两省一市要着重在推进区域科技创新体系

建设、提升自主创新能力，共同构建交通网络、打造长三角物流中心，合作发展服务业，建立长三角“环保联盟”等方面加大力度，深化合作，促进共同发展。

习近平在浙江工作期间指出：“主动接轨上海，是新时期浙江开放战略很关键的一招，接轨上海，就是接轨机遇，就是接轨发展，就是接轨国际化和现代化。”“要紧紧抓住接轨上海、参与长三角经济合作与发展的机遇，把我省的区位优势转化为对外开放优势，把体制优势转化为国际竞争优势，把特色经济优势转化为出口优势，在发展开放型经济上实现新突破。”①上海是我国经济金融中心，正在打造全球科创中心，浙江推进长三角一体化需要更高层次全面接轨上海，“学习上海的大思路、大手笔、大气魄，学习上海的世界眼光、战略思维和远见卓识”。

找准位置才能推进“接轨上海”和“长三角区域交流合作”，跳出浙江才能更好地优化区域配置来发展浙江。习近平在浙江工作期间，明确指出在推进长三角一体化过程中，要充分挖掘各地区位优势，这为嘉兴、湖州、宁波、舟山等地区参与长三角一体化赋予了丰富内涵。一方面，推进长三角一体化建设，浙江要看清楚自身在长三角区域中的位置和作用，认识到上海的龙头地位和带动作用。“在这一地区，上海是长江三角洲经济发展的龙头，其功能是很明确的；上海作为新世纪的国际大都市，其地位是无可取代的：上海作为国际经济、金融、贸易、航运的中心，其作用也正在日益凸显。”另一方面，浙江要与上海等长三角城市形成差异化路径，充分发挥民营经济和制造业大省的优势，积极呼应上海产业结构的调整和城市功能的升级，承接上海产业的辐射和转移，分工协作、抱团出击，共同培育区域性的主导产业和支柱产业，形成布局合理、协作关系紧密的生产体系，既能承接上海资源外溢，又能形成比较优势。

三、长三角城市群联动发展

2007年，时任上海市委书记的习近平提出“深化、放大、提升、搭台”的一体化思路，长三角联动发展，一加二大于三。在推动长三角区域

① 习近平．干在实处　走在前列：推进浙江新发展的思考与实践［M］．北京：中共中央党校出版社，2006．

合作中，上海要重点做好“深化、放大、提升、搭台”工作，在加强合作、互动共进中实现共赢。在此基础上，习近平指出了到2020年基本建成“四个中心”和社会主义现代化国际大都市的总体目标，大力推进产业结构战略调整，加快形成服务经济为主的产业结构。要积极推动“三二一”产业共同发展，在加快服务业发展中推进结构调整，形成服务经济为主的产业结构，这是上海“四个中心”建设的战略性产业支撑，也是上海必须长期坚持的产业发展方针。要重点发展金融业，进一步发挥资本市场的核心作用，完善金融市场，集聚金融机构，优化金融环境，加快形成金融市场中心、金融产业创新中心、金融服务中心和金融人才集聚中心。

在长三角合作中，习近平明确指出要加快城市群联动发展，推动沪浙合作交流向全方位、深层次发展，努力实现市场相通、体制相融、资源共享、交通共联、人才互通、产业互补。要放大长三角地区协调发展的效应，推动长江流域乃至更大范围的区域协调发展。要进一步提高合作交流层次和水平，在党委、政府层面，努力提升相互沟通协商的水平；在企业、民间层面，注重发挥市场在资源配置中的基础性作用，共同提升区域整体市场化水平。要更加积极主动地搭建各种平台，着力增强金融、期货、产权、技术等各类要素市场服务功能；要抓住上海世博会机遇，与浙江及其他兄弟省区市一道，更好地放大世博会效应，共享世博会带来的发展机遇和成果。

对于上海的定位，习近平明确指出要把上海未来发展放在全国发展的大格局中，推进浦东综合配套改革，以一往无前的勇气、克难攻坚的胆识和先行一步的锐气，努力取得突破性进展，要为全国的改革开放探索新路、积累经验、提供示范。要把握好“三二一”产业发展之间的关系、扩大产业规模和提升产业素质的关系、发展产业和降低消耗的关系、自身发展与服务全国的关系。要加强对全市产业发展的指导协调，紧扣国家战略，使上海产业发展规划成为国家战略的一部分。上海有责任率先探索推进国有经济又好又快发展的新路，也为全国其他地区的国资国企改革提供经验和借鉴。海不辞水，故能成其大；山不辞土石，故能成其高。上海成其大，就在于它能包容，上海就要有一种自觉，一定要有包容心。上海办特奥、迎世博，是一个非常难得的推动精神文明建设的有效载体，也是一个极具号召力的响亮主题，是一个千载难逢的契机。

2014 年 5 月，习近平总书记在上海考察期间特别强调，要继续完善长三角地区合作协调机制，努力促进长三角地区率先发展、一体化发展。2014 年 12 月 2 日，长江三角洲地区三省一市主要领导座谈会在上海召开。会议认真贯彻落实中共十八届三中、四中全会精神和习近平总书记关于长三角合作重要指示，综合分析了当时国际国内新形势以及长三角地区一体化发展面临的新情况、新机遇，深入交流了三省一市 2014 年以来深化改革创新、推动经济转型升级的政策举措和经验做法，重点围绕“积极参与‘一带一路’和长江经济带国家战略，在新的起点上推进长三角地区协同发展”的主题，就深化重点领域改革、深入推进经济结构调整、加强重点专题合作、完善区域合作协调机制等事项进行了深入讨论。2016 年 5 月 25 日，国务院发布《国务院关于长江三角洲城市群发展规划的批复》（国函〔2016〕87 号），原则同意《长江三角洲城市群发展规划》，强调有关部门要切实履行职能，研究制定支持长江三角洲城市群发展的具体政策，在有关规划编制、体制创新、项目安排等方面给予积极支持。

四、长三角一体化上升为国家战略

2018 年 11 月，习近平总书记宣布“支持长江三角洲区域一体化发展并上升为国家战略”，同“‘一带一路’建设、京津冀协同发展、长江经济带发展、粤港澳大湾区建设相互配合，完善中国改革开放空间布局”。2019 年 3 月，《政府工作报告》提出“将长三角区域一体化发展上升为国家战略，编制实施发展规划纲要”。2019 年 5 月，中央政治局会议审议通过《长江三角洲区域一体化发展规划纲要》，长三角地区一体化进入国家大战略时期。习近平总书记对长三角一体化发展的一系列重要指示，不仅是对长三角发展的明确要求，也是立足全国、面向世界的战略部署。推进长三角高质量一体化发展，上海要进一步发挥龙头带动作用，苏浙皖要各扬所长。

坚持新发展理念，龙头带动、各扬所长。新形势下推进长三角一体化发展，必须坚持以习近平新时代中国特色社会主义思想为指导，坚持新发展理念，紧扣“一体化”和“高质量”两个关键，坚持龙头带动、各扬所长，聚焦重点区域、重点领域、重大平台、重大项目，以一体化发展带动高质量发展，建设全国发展强劲活跃增长极，高水平参与国际合作与竞争，充分展示中国特色社会主义制度的优越性。

共同完善长三角一体化发展推进机制。要共同育新机开新局、更好服务国家大局；要共同优化和稳定产业链、供应链；要共同开辟“绿水青山就是金山银山”新境界；要共同加强现代化基础设施建设；要共同强化公共服务便利共享；要共同放大长三角生态绿色一体化发展示范区引领效应；要共同打造国际一流营商环境；要共同完善长三角一体化发展推进机制。

以“共同体”意识审视推进一体化发展。要更加自觉地以“共同体”的意识审视和推进长三角一体化发展，把“共同体”的意识进一步弘扬开来，把一体化发展的“硬核”打造得更加强大、更有竞争力，强化分工合作、整体联动，各扬所长、相互赋能，使长三角真正成为休戚与共的区域共同体、发展共同体、命运共同体。

以“强功能”思路服务和助力全国发展。要更加自觉地以“强功能”的思路服务和助力全国发展。最关键的就是要坚持面向全球，全面增强集聚配置全球资源的能力；要强化创新突破和高端引领，在全球产业链价值链中占据更有利的位置；要构建网络节点和战略通道，推动形成以国内大循环为主体、国内国际双循环相互促进的新发展格局。上海将积极发挥龙头作用，主动对接、搭好平台、做好服务，推动长三角实现更高质量的一体化发展。①

第二节　长三角一体化：高质量发展的重大举措

长三角一体化发展到了全面提升的新阶段，从全球看是大势所趋，长三角是世界经济重心转移的重要承载体，决定着未来世界政治经济发展的格局。从国内看是中央确定的重大战略，长三角是引领我国经济转型发展的“主引擎”、创新发展的“主阵地”。从自身看是内在要求，长三角是对内对外开放两个扇面的关键枢纽。

① 长江三角洲区域一体化发展规划纲要.

一、从全球看是大势所趋

城市群已经成为世界经济重心转移的重要承载体，决定着未来世界政治经济发展的格局。从第一次工业革命以来，世界经济重心不断以英国→整个欧洲大陆→北美→日本的路径转移，而世界核心城市群也沿着大巴黎地区→波士顿-纽约-华盛顿城市群、以芝加哥为中心的五大湖沿岸城市群→日本太平洋沿岸城市群转移。①进入21世纪，世界经济重心继续转向亚太地区，中国超级大城市群崛起乃大势所趋，长三角尤其处于首发地位，承接的是世界经济重心转移，将会成为世界第六大城市群。

城市群是城市发展到成熟阶段的最高空间组织形式，主要是指在特定地域范围内以1个或更多特大城市为核心，由至少3个大城市为构成单元，依托发达的交通通信等基础设施网络所形成的空间组织紧凑、经济联系紧密，并最终实现高度同城化和高度一体化的城市群体。目前，国际上公认的世界级城市群有5个，分别是美国东北部大西洋沿岸城市群、北美五大湖城市群、日本太平洋沿岸城市群、英伦城市群、欧洲西北部城市群。②

长三角城市群是我国综合实力最强、一体化程度最高的城市群。经过多年快速发展，长三角城市群在以下四个方面与世界级城市群的差距正在逐渐缩小。

一体化的空间结构，是加速城市群一体化发展的重要支撑。NOAA（美国国家海洋和大气管理局，National Oceanic and Atmospheric Administration）发布的2008年至2017年长三角灯光亮度图显示，长三角城市群“一核五圈四带”的空间结构日益清晰。过去，长三角地区夜间灯光以点状分布为主，上海、南京、杭州等城市形成较亮光点，其他中小城市则稀疏点缀其间。目前，合肥、南京、上海、杭州、宁波组成的“Z”字形轮廓愈发清晰，除新规划进入的合肥城市圈，其他城市圈均已由点串联成面，一个超大规模的城市群逐步显现。

---

① Fang C, Ma H, Wang Z, et al. The sustainable development of innovative cities in China: Comprehensive assessment and future configuration[J]. Journal of Geographical Sciences, 2014, 24 (6): 1095－1114.

② 郑艳婷. 中国城市群的空间模式——分散性区域集聚的理论背景、形成机理及最新进展[J]. 地理科学进展, 2020 (2): 1－14.

一体化的联动发展体系，是推动城市群协同、协调发展的重要基础。随着城市群内各类交通基础设施建设的稳步推进，各城市间的联系日益频繁，并在更多领域显现。有非春运期间人口迁徙数据表明，沪、宁、杭、合等长三角区域内核心城市的外来人口主要来自区域内其他的中小城市，同时上海的人口也大量向周边城镇流动，间接表明这一地区各城市间的互动合作非常频繁。此外，各省市间的文化交流、医疗合作、生态环境共抓共治等多领域的合作成果也不断涌现。

一体化的城市职能分工体系，是实现城市群融合发展和高质量发展的根本所在。目前，长三角城市群已进入了差异化竞争的崭新阶段，各城市的产业特色十分明显，部分城市的产业实力较为雄厚，形成各具特色的产业体系。比如，上海以金融、批发和零售、汽车制造等产业为主；南京以文化、旅游、节能环保等产业为主；杭州以电子商务、文创产业和信息服务业为主；合肥以汽车及零部件、装备制造、家用电器和电子信息等产业为主。

一体化的公共服务体系，是实现城市群充分、平衡发展的主要手段。随着先进制造业和现代服务业快速发展，长三角城市群的城镇居民生活方式日益智能化与现代化，绿色低碳能源、交通、市政基础设施和公共服务等民生领域智慧化程度快速提高，满足城镇居民个性化需求的定制化服务也应运而生，极大提高了人民群众的生活质量。

二、从国内看是中央确定的重大战略

城市群是引领我国经济转型发展的“主引擎”、创新发展的“主阵地”。中共十八大以来，中央高度重视区域协调发展战略。习近平总书记对长三角作出重要指示，希望长三角地区实现更高质量的一体化发展，更好引领长江经济带发展，更好服务国家发展大局。在新形势下促进区域协调发展，要按照客观经济规律调整完善区域政策体系，发挥各地区比较优势，促进各类要素合理流动和高效集聚，增强创新发展动力，加快构建高质量发展的动力系统，增强中心城市和城市群等经济发展优势区域的经济和人口承载能力，形成优势互补、高质量发展的区域经济布局。我国经济由高速增长阶段转向高质量发展阶段，对区域协调发展提出了新的要求。不能简单要求各地区在经济发展上达到同一水平，而是要根据各地区的条件，走合理分工、优化发展的路子。要形成几个能够带动全国高质量发展的新动力源，特别是京津冀、长三角、珠三角三大地区，以及一些重要城市群。不平衡是普遍的，要在发展中促进相对平衡。这是区域协调发展的辩证法。

2013 年，我国经济进入“新常态”，经济增速不断放缓、产业结构不断调整、前期刺激政策不断消化，但经济发展依旧面临着诸多挑战。一是由高速增长转向高质量发展，能否跨越中等收入陷阱？我国经济增长不断从高速增长转向中高速增长，但这并不意味着我国经济衰退；更多地意味着我国经济需要转变增长动力机制，从要素驱动、投资驱动转向创新驱动、效率驱动，实现高质量发展，迈过中等收入陷阱。二是人口红利逐渐消失，人才红利如何发挥？改革开放 40 多年来，我国依靠着充裕的劳动力资源实现经济高速增长。但随着经济不断发展、收入日益提高，人口红利不断消失。要实现创新驱动发展，首要依靠的是人才，人才红利如何发挥作用成为我国经济转型升级的关键问题。三是经济增长与环境污染脱钩，绿色发展如何实现？绿水青山就是金山银山，实现经济增长与环境污染脱钩、实现绿色发展，是我国经济高质量发展的内在要求。同时，如何将生态资源转化为经济资源，也是绿色发展的必然趋势。四是中美贸易摩擦扩展至金融、科技领域，发展新优势如何培育？新一轮的中美贸易摩擦已经从贸易领域，蔓延到金融领域、科技领域。美国的目的在于遏制我国快速发展，培育新优势成为我国应对贸易摩擦的关键所在。在此背景下，布局京津冀、粤港澳、长三角、长江经济带等城市群都市圈，对于完善我国改革开放空间布局具有重要战略意义。

譬如粤港澳大湾区建设，国家发布了《粤港澳大湾区发展规划纲要》，充分认识和利用“一国两制”制度优势、港澳独特优势和广东改革开放先行先试优势，解放思想、大胆探索，不断深化粤港澳互利合作，进一步建立互利共赢的区域合作关系。在空间布局上构建极点带动、轴带支撑网络化空间格局，以香港、澳门、广州、深圳四大中心城市作为区域发展的核心引擎，辐射带动泛珠三角区域发展。在合作机制上，主要聚焦基础设施、创新、产业协同发展、生态环境保护、打造优质生活圈、促进“一带一路”建设、合作平台等七大重点领域，包括深入实施创新驱动发展战略，建设全球科技创新高地和新兴产业重要策源地；加强基础设施建设，畅通对外联系通道，提升内部联通水平；促进产业优势互补，培育若干世界级产业集群；拓展粤港澳大湾区在教育、文化、旅游、社会保障等领域的合作，打造优质生活圈。

京津冀在合作政策上，行政推动为主导，市场无形之手的配置作用不太明显，在市场化资源配置上存在空间差异。通过发布《京津冀协同发展规划纲要》《京津冀旅游协同发展行动计划（2016—2018年）》等，推进交通、立法、休闲娱乐一体化发展，不仅要打破城市间的空间限制，更重要地是打破体制障碍和行政区域限制。由于相关政策上有强烈的行政色彩，使得整个京津冀协同发展中的资源配置出现了巨大的空间差异。在合作机制上，以环保和交通为重点，形成分工合作有序、突出整体优势的产业协调机制，立足各自比较优势、立足现代产业分工要求、立足区域优势互补原则、立足合作共赢理念，实现产业发展布局一体化。最大的特点是通过寻求发展来解决环境和社会经济问题，如通过产业转移、加大投入、生态补偿等实现区域协同发展。①

对于长三角而言，一体化主要在《长江三角洲区域一体化发展规划纲要》和《长三角地区一体化发展三年行动计划（2018—2020年）》的指引下，积极推进各个领域一体化发展步伐。推进长三角一体化发展，重点要在地理边界上互联互通、行政边界上协同合作、动能转换中推进项目、创新发展中集聚人才，充分释放市场活力、改革动力、要素潜力，包括以基础设施互联互通打破地理边界、以有效合作机制打破行政边界、以强化重点项目建设推动新旧动能转换、以优质人才集聚打造创新高地。到2025年，长三角一体化发展取得实质性进展。到2035年，长三角一体化发展达到较高水平，成为最具影响力和带动力的强劲活跃增长极。

三、从自身看是内在要求

长三角是我国对内对外开放两个扇面的关键枢纽，肩负着对内带动中西部地区发展、对外参与全球合作竞争的双重任务，必须以一体化的创新突破，更好地服务全国发展大局。产业和人口向优势区域集中，形成以城

① 任宏，李振坤．中国三大城市群经济增长的影响因素及其空间效应[J]．城市问题，2019(10)：63-68．

市群为主要形态的增长动力源，进而带动经济总体效率提升，这是经济规律。所以要破除资源流动障碍，使市场在资源配置中起决定性作用，促进各类生产要素自由流动并向优势地区集中，提高资源配置效率。在这个过程中，如何缩小区域和城乡差距始终是区域现代化进程中面临的重要问题。长期以来，非均衡发展、梯度发展主导下的传统区域发展战略，强调以区域或产业发展的不平衡来推进区域现代化进程，优先发展条件较好区域，形成较高的梯度，发展到一定阶段后，产业、资金、技术、人才等会由发达地区向落后地区推移，带动落后地区发展。传统区域发展战略把区域内部的不平衡发展视作区域发展的动力来源，而忽视了区域发展的统筹协调性，从而难以解决区域和城乡发展差距扩大问题，不利于区域长久高质量发展，但在一体化理念指引下，可以提高联动协同，让要素在更大范围畅通流动，凝聚更强大的合力，促进区域高质量发展。

一方面，长三角区域合作基础好，是最有条件实现一体化的区域。在我国经济版图中，长三角可谓实力强大、地位特殊。沪浙苏皖一市三省地域面积 35.9 万平方千米，常住人口 2.2 亿，分别占到全国的 1/26 和 1/6，经济总量占全国的近 1/4，长三角城市群已成为国际公认的世界级城市群之一。①作为我国经济最具活力、开放程度最高、创新能力最强、吸纳外来人口最多的区域之一，长三角还是“一带一路”与长江经济带的重要交会地带，在国家现代化建设大局和全方位开放格局中具有举足轻重的战略地位。长三角还是我国区域一体化起步最早、基础最好、程度最高的地区，习近平总书记在浙江、上海工作期间，就高度重视长三角一体化发展，担任总书记后又多次作出重要指示。2014 年 5 月，习近平总书记在上海考察时，强调继续完善长三角地区合作协调机制，加强专题合作，拓展合作内容，加强区域规划衔接和前瞻性研究，努力促进长三角地区率先发展、一体化发展。从长期来看，一体化的长三角是国家参与国际竞争并走向舞台中心的主要平台，一体化的长三角是支撑中华民族伟大复兴的重要基石。从短期来看，长三角一体化对中国经济社会发展具有重要意义和关键作用。

另一方面，长三角发展也面临着“成长的烦恼”。2008 年至 2019 年，长三角一市三省的经济总量不断提高，产业结构不断调整，但经济增

① 长江三角洲区域一体化发展规划纲要.

长速度正在放缓，意味着一市三省也进入新常态时期，发展理念需要转变，从高速增长转向高质量发展（见图 1 - 1）。与此同时，长三角一市三省的用地面积不断减少，开发强度趋近红线，但用地价格不断上升，绿色

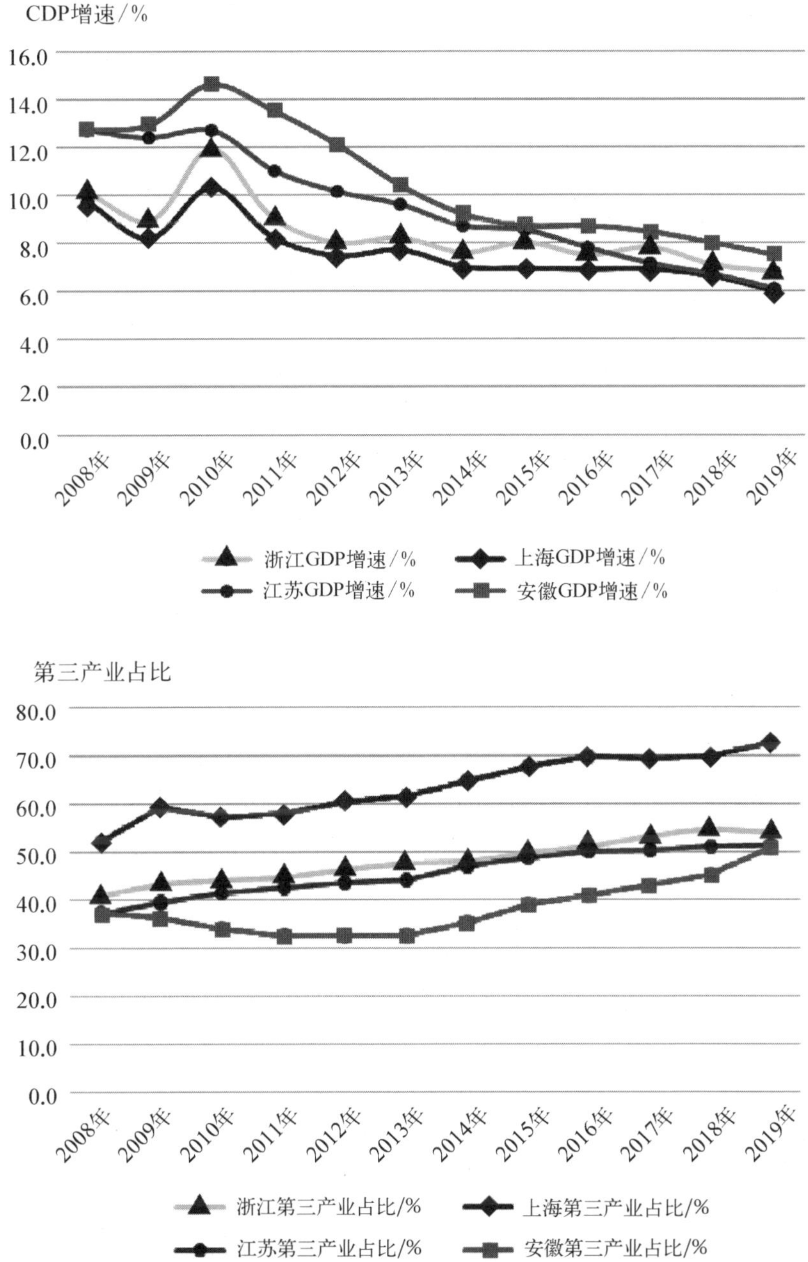

图 1 - 1　一市三省经济增速及产业结构比例

资料来源：上海、江苏、浙江和安徽各年度统计年鉴.

生态约束突出。尤其是上海，能够开发的土地面积不断减少，土地价格居高不下，一直处于高位运行的状态（见图1－2）。在此背景下，需要通过一体化的体制机制创新，在一市三省区域内进行资源优化配置，以此来达到高质量发展的目标。一体化发展有利于推动长三角地区打破行政藩篱，发挥一市三省比较优势，加快要素自由流动，建设统一开放的市场体系，系统集成、全面深化改革成果，强化跨区域共建共享共保共治，进一步提升整体实力和综合竞争力。

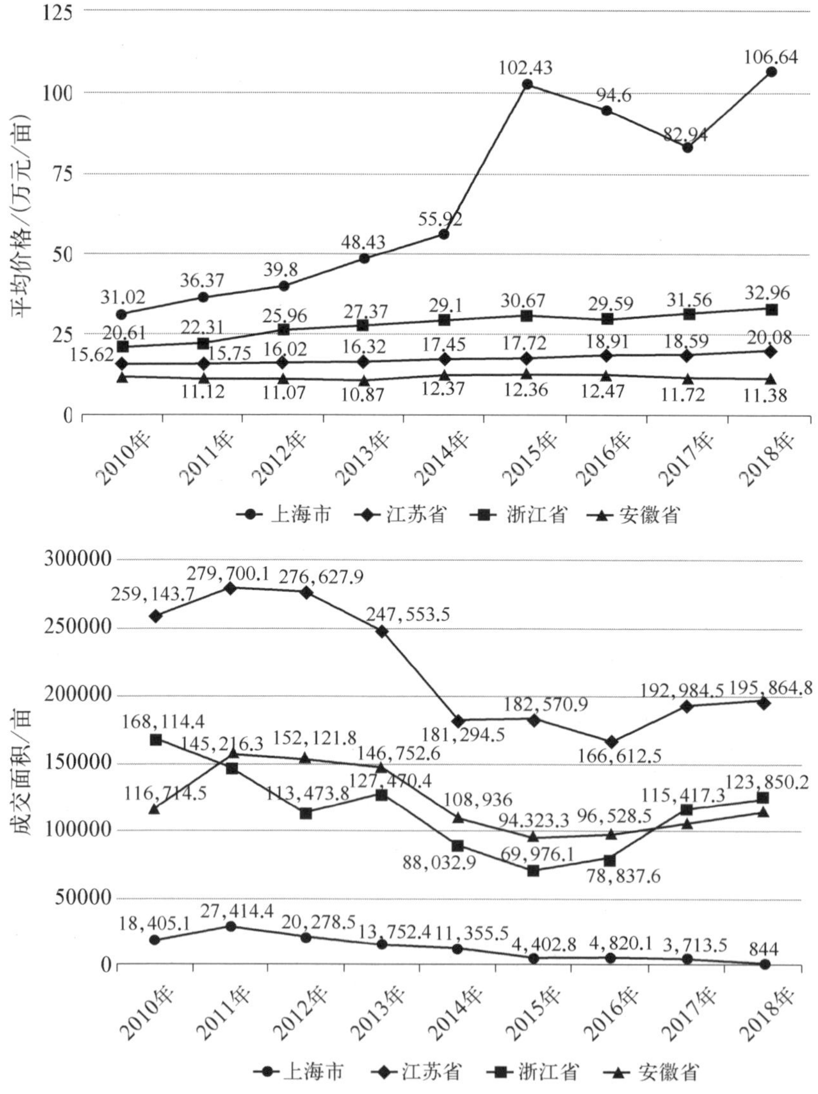

图1－2　一市三省供地面积及用地价格

资料来源：上海、江苏、浙江和安徽各年度统计年鉴.

长三角一体化的目标还是在于能够助推长三角成为世界级城市群，为全国区域协调发展提供经验和样本。从 1982 年上海经济区提出，形成长三角雏形，到现在长三角一体化上升为国家战略，可以说长三角一体化是区域发展的必然趋势，也是我国高质量发展的重要举措，对内对外都具有重大意义。从全球大趋势来看，长三角一体化是参与世界级城市群竞争的必然要求；从国内来看，长三角一体化是党中央部署的重大战略举措，是我国经济发展的主引擎；从长三角自身来看，长三角一体化也是一市三省发展到今天的内在要求。在推进一体化过程中，长三角需要形成统一开放、竞争有序的商品和要素市场。要实施统一的市场准入负面清单制度，消除歧视性、隐蔽性的区域市场壁垒，打破行政性垄断，坚决破除地方保护主义。要全面放宽城市落户条件，完善配套政策，打破阻碍劳动力流动的不合理壁垒，促进人力资源优化配置。要健全市场一体化发展机制，深化区域合作机制，加强区域基础设施、环保、产业等方面的合作。

第三节　长三角一体化：作为国家战略的发展思路与重点任务

中共十八大以来，党中央提出了京津冀协同发展、长江经济带发展、共建“一带一路”、粤港澳大湾区建设、长三角一体化发展、黄河流域生态保护和高质量发展等新的区域发展战略。长三角一体化经过几十年的探索实践，已经形成了扎实基础。尤其是十八大以来，我国经济社会快速发展，上海、江苏、浙江、安徽等长三角地区以供给侧结构性改革为主线，深化创新驱动战略，有效推进经济发展方式转变，这为长三角更高质量一体化奠定了扎实基础。

一、一体化促进了长三角区域快速发展

我国经济发展的空间结构正在发生深刻变化，中心城市和城市群正在成为承载发展要素的主要空间形式。中华人民共和国成立 70 多年来，我国生产力布局经历过几次重大调整。“一五”时期，苏联援建的 156 项重点工程，有 70% 以上布局在北方，其中东北占了 54 项。后来，毛泽东在

《论十大关系》中提出正确处理沿海工业和内地工业的关系，20 世纪 60 年代中期开展“三线”建设。改革开放以后，实施了设立经济特区、开放沿海城市等一系列重大举措。20 世纪 90 年代中后期以来，在继续鼓励东部地区率先发展的同时，相继作出实施西部大开发、振兴东北地区等老工业基地、促进中部地区崛起等重大战略决策。中共十八大以来，党中央提出了京津冀协同发展、长江经济带发展、共建“一带一路”、粤港澳大湾区建设、长三角一体化发展、黄河流域生态保护和高质量发展等新的区域发展战略。[①]长三角一体化经过几十年的探索，已经形成了扎实基础。

一是一市三省经济更高质量发展。2015 年至 2019 年，上海、江苏、浙江、安徽等地经济增长势头良好，均呈现较好的发展态势。其中，上海经济总量从 25 123.45 亿元增加至 38 155.32 亿元，增长了 51.87%；江苏经济总量从 70 116.38 亿元增加至 99 631.5 亿元，增长了 42.09%；浙江经济总量从 42 886.49 亿元增加至 62 352 亿元，增长了 45.39%；安徽经济总量从 22 005.63 亿元增加至 37 114 亿元，增长了 68.66%。不仅如此，一市三省的产业结构也不断升级，第三产业所占比重不断提升。2015 年至 2019 年，上海市第三产业所占比重从 67.76% 增加至 72.74%，江苏省第三产业所占比重从 48.61% 增加至 51.3%，浙江省第三产业所占比重从 49.76% 增加至 54%，安徽省第三产业比重从 39.09% 增加至 50.8%（见表 1－1）。除安徽省之外，其他省市服务业均已占据当地经济的“半壁江山”，进入服务业社会，说明长三角地区经济体量雄厚、产业结构合理。

表 1－1　2015—2019 年一市三省经济规模及产业结构

	上　海			江　苏		
时间/年	地区生产总值/亿元	第三产业/亿元	第三产业所占比重/%	地区生产总值/亿元	第三产业/亿元	第三产业所占比重/%
2015	25 123.45	17 022.63	67.76	70 116.38	34 085.88	48.61
2016	28 178.65	19 362.34	68.71	77 388.28	38 152.00	49.30
2017	30 133.86	20 783.47	68.97	85 900.90	43 169.40	50.252
2018	32 679.87	22 842.96	69.9	92 595.4	47 205.2	51
2019	38 155.32	27 752.28	72.74	99 631.5	51 064.7	51.3

① 习近平．推动形成优势互补高质量发展的区域经济布局[J]．求是，2019 (24)．

续表

时间/年	浙江			安徽		
	地区生产总值/亿元	第三产业/亿元	第三产业所占比重/%	地区生产总值/亿元	第三产业/亿元	第三产业所占比重/%
2015	42 886.49	21 341.91	49.76	22 005.63	8 602.11	39.09
2016	47 251.36	24 001.00	50.79	24 407.62	9 883.60	40.49
2017	51 768.00	27 279.00	52.69	27 518.70	11 420.40	41.50
2018	56 197	30 724	54.7	30 006.82	13 526.72	45.1
2019	62 352	33 688	54	37 114	18 860.4	50.8

资料来源：上海、江苏、浙江和安徽各年度统计年鉴.

二是一市三省开放程度不断加深。经济快速增长，促使长三角地区对外开放程度日益加深，为长三角一体化奠定了深厚的开放基础。2015 年至 2019 年，一市三省的对外开放程度都快速提升。例如，上海进出口总额从 28 060.88 亿元增加至 34 046.82 亿元，增长了 22.97%。江苏进出口总额从 33 870.6 亿元增加至 43 379.7 亿元，增长了 28.07%；利用外商投资从 393.6 亿美元增加至 626 亿美元，增加了近一倍。浙江进出口总额从 21 566 亿元增加至 30 832 亿元，增加了 42.97%；利用外商投资从 278 亿美元增加至 436.5 亿美元，增长了 57.01%。安徽进出口总额从 3 036.6 亿元增加至 4 632.48 亿元，增加了 52.55%；利用外商投资从 39.4 亿美元增加至 236 亿美元，呈现几何式增长（见表 1－2）。

表 1－2　2015—2019 年三省一市进出口及利用外资情况

时间/年	上海		江苏	
	进出口/亿元	外商直接投资/亿美元	进出口/亿元	外商直接投资/亿美元
2015	28 060.88	509.78	33 870.6	393.6
2016	28 664.37	589.43	33 634.8	431.4
2017	32 237.82	401.94	40 022.1	554.3
2018	34 009.93	469.37	43 802.4	605.2
2019	34 046.82	502.53	43 379.7	626

续表

	浙江		安徽	
时间/年	进出口/亿元	外商直接投资/亿美元	进出口/亿元	外商直接投资/亿美元
2015	21 566	278	3 036.6	39.4
2016	22 202	281	2 933.8	41.1
2017	25 604	346.9	3 631.6	90.6
2018	28 519	430.6	4 234.45	60.8
2019	30 832	436.5	4 632.48	236

资料来源：上海、江苏、浙江和安徽各年度统计年鉴.

三是一市三省创新能力日益增强。创新是经济高质量发展的核心动力，长三角地区是我国经济的区域增长极，亦是区域创新的重要拉力，创新能力的日益增强能够有效推动长三角一体化。2015 年至 2019 年，上海市发明专利授权量从 17 601 项增加至 22 700 项，增加了28.97%；江苏省发明专利授权量从 36 000 项增加至 40 000 项，增加了11.11%；浙江省发明专利授权量从 23 300 项增加至 34 000 项，增长了45.92%。由于安徽省 2019 年数据尚未公布，比较 2015 年至 2018 年的发明专利授权量，从 11 180 项增加至 14 846 项，增长了 32.79%，也处于较好的增长势头（见表 1－3）。

表 1－3 2015—2019 年一市三省创新能力情况

	上海		江苏	
时间/年	国内专利发明申请授权数/项	R&D 经费/万元	国内专利发明申请授权数/项	R&D 经费/万元
2015	17 601	4 742 443.3	36 000	15 065 065.2
2016	20 086	4 900 778	40 952	16 575 417.9
2017	20 681	11 390 599	42 000	23 193 243
2018	21 331	13 071 948	42 508	24 445 186
2019	22 700	15 000 000	40 000	27 099 768

续表

时间/年	浙　江		安　徽	
	国内专利发明申请授权数/项	R&D 经费/万元	国内专利发明申请授权数/项	R&D 经费/万元
2015	23 300	8 535 689.1	11 180	3 221 421.9
2016	26 576	9 357 877.1	15 292	3 709 223.8
2017	28 700	12 600 000	12 440	5 649 198
2018	33 000	14 161 644	14 846	6 489 541
2019	34 000	16 211 520	82 524	7 540 000

资料来源：上海、江苏、浙江和安徽各年度统计年鉴及统计公报.安徽 2019 年国内专利发明申请授权数和 R&D 经费尚未公布.

二、推动长三角一体化发展的战略要求

当前，长三角一体化形成了决策层、协调层和执行层的工作架构，决策层为一市三省主要领导座谈会，协调层为长三角地区合作与发展联席会议，执行层包括长三角区域合作办公室等。从规划而言，也是“一张图”考虑，主要涉及《长三角地区一体化发展三年行动计划（2018 — 2020 年）》（以下简称《三年行动计划》）和《长江三角洲区域一体化发展规划纲要》（以下简称《规划纲要》），其中《三年行动计划》涉及交通能源、科创产业、信息领域、信用领域、环保领域、公共服务领域、商务领域等七个方面。

《规划纲要》为长三角一体化从顶层设计上指明了方向，推动长三角一体化发展，要立足中国特色社会主义进入新时代的历史方位，准确把握战略定位、发展目标和推进路径，确保长三角一体化发展始终朝着《规划纲要》方向不断前进。

把握“一极三区一高地”的战略定位。“一极”是全国发展强劲活跃增长极，这是 2018 年 11 月习近平总书记在上海考察期间对长三角一体化发展的基本定位，具体要求是长三角要激发市场主体活力，提高创新策源能力，提升参与全球资源配置和竞争能力，在促进我国经济提质增效升级中发挥“稳定器”和“主引擎”作用，增强对全国经济发展的影响力和带动力。“三区”是全国高质量发展样板区、率先基本实现现代化引领区、区

域一体化发展示范区，这是新时代建成社会主义现代化强国、服务中国特色社会主义建设大局赋予长三角的战略重任，具体要求是长三角在推动高质量发展、建设现代化经济体系、促进区域一体化发展方面要当好排头兵，先行先试，为全国其他地区做出榜样、树立标杆。“一高地”是新时代改革开放新高地，这是推进更高起点的深化改革和更高层次的对外开放对长三角提出的新使命新任务，具体要求是长三角要进一步加快各类改革试点举措集中落实、率先突破和系统集成，以更大力度、更高水平推进全方位开放，加快构建改革开放再出发的新格局。

把握两阶段发展目标。《规划纲要》提出了分阶段发展目标和具体指标，为推动长三角一体化发展明确了目标导向。按照“十四五”结束的2025年和基本实现社会主义现代化的2035年两个关键时间节点，《规划纲要》提出长三角一体化发展到2025年要取得实质性进展，到2035年要达到较高水平。同时，《规划纲要》还提出了中心区人均GDP与全域人均GDP差距、研发投入强度、5G网络覆盖率、跨界河流断面水质达标率等一系列有针对性的量化指标，作为推动长三角一体化发展的工作指引和检验一体化成效的重要标准。

把握分区域、分领域的推进路径。一体化发展是区域协调发展的高级形态，比协调、协同发展的要求更高、难度更大，不可能一蹴而就，必须结合不同区域、不同领域的一体化基础，分区域、分领域有序推进。从区域看，《规划纲要》按照以点带面、依次推进的原则谋划了一体化发展的圈层结构，要求推动形成上海自贸试验区新片区、长三角生态绿色一体化发展示范区、中心区27个城市、一市三省全域的一体化发展格局。从领域看，《规划纲要》根据不同领域的一体化条件差异，要求分层次统筹推进，对跨省重大基础设施建设、环境保护、区域协同创新等已经具备条件的领域，要加快一体化发展；对营商环境建设、市场监管联动、公共服务共享等一定程度上具备条件的领域，要注重建立健全体制机制，逐步提高一体化水平；对尚不具备条件的领域，要注重融合、联通、协调、互动，不断缩小发展差距。

三、推进长三角一体化发展的重点任务

自上升为国家战略以来，长三角一体化发展正在加快推进，焕发出勃

勃生机，“一体化”意识和“一盘棋”思想深入人心，社会共识高度凝聚，工作机制业已形成。当前，要围绕《规划纲要》部署的重大任务重点抓好落实工作。

加快构建区域协调发展新格局。《规划纲要》着眼于推动城市乡村和区域板块的协调发展，围绕加强区域联动、加快都市圈一体化、促进城乡融合和推进跨界区域共建共享部署了重点任务。要加强区域联动，以提升上海大都市服务功能为重点进一步发挥上海龙头带动作用，强化江苏、浙江、安徽分工合作和差异化发展，加快中心区一体化发展带动长三角地区整体发展。要加快都市圈一体化进程，提升都市圈内同城化水平，加强上海大都市圈与南京、苏锡常、杭州、宁波、合肥都市圈协调联动。要促进城乡融合发展，形成联通中心城市、县城、中心镇、中心村的基础设施网络，提升农村基本公共服务水平和乡村发展品质，全面推进人的城镇化。要推进跨界区域共建共享，发挥省际毗邻地区的天然区位优势，共建省际产业合作园区，共同推动跨界生态文化旅游发展，探索建立省际毗邻区域协同发展新机制。

全面推进重点领域一体化发展。《规划纲要》立足全方位融入、全领域融合、全区域融通，围绕产业体系、基础设施、生态环境、公共服务、对外开放、体制机制六大领域部署了一体化任务。要加强协同创新产业体系建设，走“科创+产业”道路，以科创中心建设为引领打造产业升级版和实体经济发展高地。要提升基础设施互联互通水平，统筹推进跨区域基础设施建设，形成互联互通、分工合作、管理协同的基础设施体系，加强对一体化发展的支撑保障。要强化生态环境共保联治，把保护和修复生态环境摆在重要位置，加强生态空间共保，努力建设绿色美丽长三角。要加快公共服务便利共享，在推动高质量发展的基础上创造高品质生活，使一体化发展成果更多更公平地惠及全体人民。要推进更高水平协同开放，在更深层次、更宽领域以更大力度协同推进对外开放，优化营商环境，构建开放型经济新体制。要创新一体化发展体制机制，破除制约一体化发展的行政壁垒和体制机制障碍，形成要素自由流动的统一开放市场，为更高质量一体化发展提供强劲的内生动力。

着力抓好两个重点区域的探索试验。《规划纲要》聚焦长三角生态绿色一体化发展示范区、上海自贸试验区新片区两个重点区域，部署了高水平高标准建设重点任务。示范区建设要牢牢把握严格保护生态环境这一前提，率先探索将生态优势转化为经济社会发展优势、从项目协同走向区域一体化制度创新，深化市场化改革，示范引领长三角一体化发展。新片区建设要对标国际上最具竞争力的自由贸易园区，强化开放型经济集聚功能，立足投资自由和贸易自由，加快实现资金自由、运输自由和人员从业自由，提升网络信息服务能力，创新税制安排，打造与国际通行规则相衔接、更具国际市场影响力和竞争力的特殊经济功能区，带动长三角新一轮改革开放。

第二章

长三角高质量一体化的实施机制与推进路径

长三角地区在国家现代化建设大局和全方位开放格局中具有举足轻重的战略地位，推动长三角一体化发展，增强长三角地区创新能力和竞争能力，提高经济集聚度、区域连接性和政策协同效率，对引领全国高质量发展、建设现代化经济体系意义重大。当前，《长江三角洲区域一体化发展规划纲要》和《长三角地区一体化发展三年行动计划（2018 — 2020年）》已经落地实施，从协同创新产业体系、基础设施互联互通、生态环境共保联治、公共服务便利、高水平对外开放等角度推进长三角高质量一体化。本章将从长三角地区发展现状来看长三角一体化的基础所在和目标定位，从国家层面来阐述长三角一体化推进的工作机制以及具体实施路径，包括交通网络、科创产业等方面，介绍一市三省围绕《长江三角洲区域一体化发展规划纲要》推进长三角一体化的具体路径。

第一节 长三角一体化的基础与目标

长三角是自然浑成的平原地区，人口密集，各城市地域相邻、文化相近，历史上人员交流和经济往来密切，城市间多层次、宽领域的合作机制日臻完善，具有坚实的产业及经济合作和发展基础。

一、交通区位

从全球范围看，长三角位于亚太经济区、太平洋西岸的中间地带，处于西太平洋航线要冲，具有成为亚太地区重要门户的优越条件，是我国参与经济全球化的主体区域，在我国的开放格局中具有举足轻重的战略地位。从我国区域格局看，长三角位于“T”形战略轴线核心区域，集“黄金海岸”和“黄金水道”的区位优势为一体。随着交通基础设施的完善，长三角由铁路、公路、水路以及航空等配套组成的立体交通网已经初步形成，对外交通联系更为密切。

在港口航运方面，通江达海，水系和港湾众多，拥有由上海、宁波、苏州、南京、南通等港口组成的面向国际、连接南北、辐射中西部的现代化港口群，与世界 160 多个国家和地区的 300 多个港口有着经贸联系，是我国最重要的港航门户。同时，长三角港口群通过长江“黄金水道”联通资源丰富、工农业产品产量占全国半数的长江流域，具有极为广阔而发达的腹地和市场，对长江流域乃至全国发展具有重要的带动作用。

在航空运输方面，拥有上海虹桥、上海浦东、杭州萧山、南京禄口、苏南硕放、宁波栎社等国际机场，机场密度位居全国之首，且超过美国每 1 万平方千米 0.6 个机场的密度。航线覆盖超过 90 个国际（地区）城市和全部国内重要城市，其中上海浦东国际机场、上海虹桥国际机场、杭州萧山国际机场和南京禄口国际机场的年客流量均超千万，是我国重要的航空客流和物流枢纽。

在铁路运输方面，铁路网密集，2015 年苏浙沪两省一市每万平方千米铁路营业里程达 280.3 千米，远高于全国 126.0 千米/万平方千米的平均水平。长三角拥有上海、南京、杭州等全国性和区域性铁路客货运综合枢纽，通过京沪、沪汉蓉、沪昆铁路等线路与全国铁路网直通，有利于长三角辐射带动中西部地区发展。近年来，城际铁路和轨道交通迅速发展，沪宁城际、宁杭高铁、沪杭高铁、杭甬高铁、宁启客专、甬台温高铁、宁安城际等线路先后开通，上海等中心城市通过轨道交通连接都市圈周边区域，增强了城市之间的交通联系，进一步推动了长三角区域一体化深入发展，也使长三角核心区对苏北、浙西南、皖江城市带等区域的辐射带动效应不断增强。

在公路运输方面，高速公路网四通八达，包括沪宁、沪杭甬、宁杭、甬台温等十余条主要线路，2015 年高速公路总里程达到 6 104.8 千米，密度达 589.3 千米/万平方千米，接近发达国家平均水平，多数乡镇实现了 15 分钟上高速公路，基本实现高速公路全覆盖。近年来，长三角不断推进干线公路向中小城市和特色城镇延伸。此外，区域内各城市十分注重公路客货交通运输枢纽体系以及城市公共交通网络建设，区域对内对外公路运输网络不断完善。

总之，优越的交通区位有益于长三角汇集人流、物流、资金流、知识流等各类生产要素，有力推进了经济社会各领域的持续发展，也对长三角进一步带动长江经济带发展，充分连接国内外市场，参与国际竞争与区域重组等发挥了重要作用。

二、经济发展

长三角城市群是我国经济最具竞争力和活力的城市群之一，既是我国经济发展的重要增长极，也是我国参与国际竞争的重点区域。长三角发展经济基础好，产业水平高，其经济发展水平明显处于国家前列，在此将长三角主要经济指标与京津冀、珠三角两大城市群作横向对比，更能体现长三角的经济现状（见表 2－1）。

表 2－1 长三角城市群与京津冀、珠三角城市群经济指标对比

城市群	土地面积/万平方千米	常住人口/万人	常住人口占全国比重/%	地区生产总值/亿元	地区生产总值占全国比重/%	人均地区生产总值/元
长三角	21.17	16 000	11.6	15	20.2	93 724.7
京津冀	21.6	11 200	8.1	7.56	10.16	67 491.5
珠三角	5.47	6 000	4.3	6.78	9.12	114 281

资料来源：刘秉镰，王钺.京津冀、长三角与珠三角发展的比较及思考[J].理论与现代化，2020(3).

其中，长三角城市群根据长三角一体化国家战略要求包括苏浙沪皖三省一市全域，京津冀城市群根据 2014 年国家明确提出的京津冀协同发展战略，范围包括北京市、天津市和河北省全域，珠三角城市群包括广州、深圳、佛山、东莞、中山、珠海、江门、肇庆、惠州 9 个城市。由表 2－1 可知，长三角城市群的 GDP 总量超过了京津冀城市群和珠三角城市群，以 11.6%的人口创造了全国超过 20%的经济总量，经济规模处于国内城市群的第一梯队，但是这在一定程度上可能是人口数量和土地规模的红利。从经济密度上看，珠三角领先于京津冀和长三角，2016 年京津冀的经济密度为 0.35 亿元/平方千米，长三角为 0.71 亿元/平方千米，都低于珠三角的 1.24 亿元/平方千米。固定资产投资反映的区域潜力、社会生产以及产业水平，都与经济发展能力息息相关。2010 年到 2016 年，沿海三大城市群固定资产投资都呈增长趋势，相对而言长三角的增长幅度最大，说明资本供给方面长三角具有领先的优势（见图 2－1）。

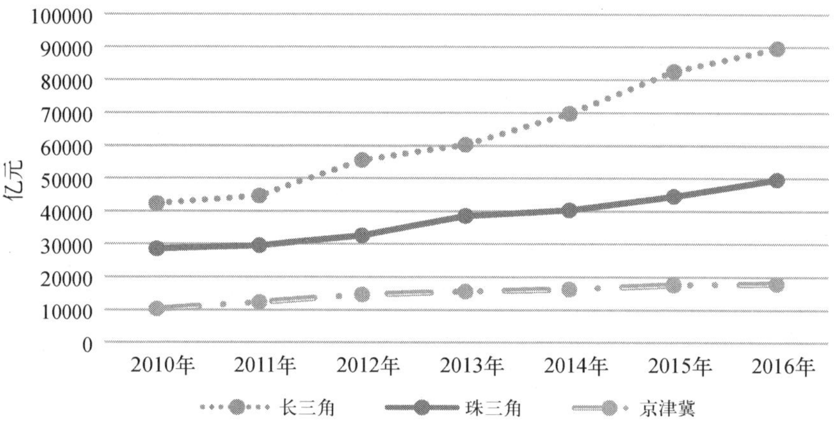

图 2－1 沿海三大城市群的固定投资额（2010 — 2016 年）

资料来源：刘秉镰，王钺.京津冀、长三角与珠三角发展的比较及思考[J].理论与现代化，2020(3).

三、产业发展

从产业结构来看，长三角 2016 年三次产业结构为 4.10∶41.36∶54.54，已经进入产业结构的“三二一”模式（见图 2－2）。2010 — 2016 年，长三角城市群第二产业占地区生产总值比重持续下降，第三产业比重

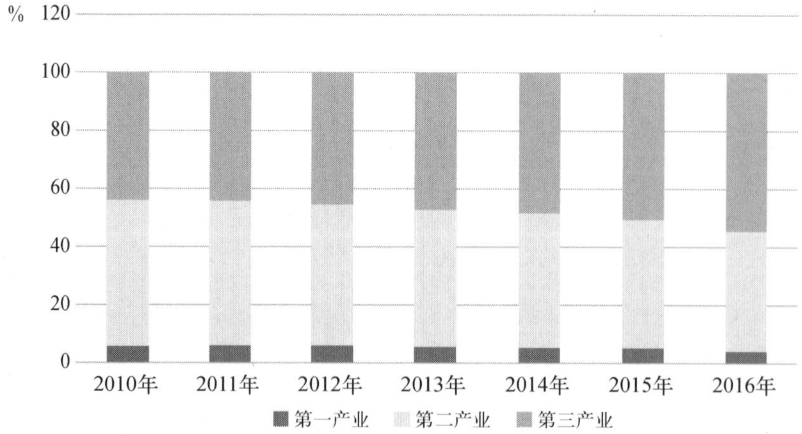

图 2－2 长三角产业结构变化（2010 — 2016 年）

资料来源：上海市、江苏省、浙江省和安徽省《统计年鉴》.

持续上升，这与全国产业结构的变化趋势一致，反映出长三角正在由传统产业结构向现代化产业结构升级换代的趋势。

从产业功能来看，长三角第二产业增加值占全国第二产业增加值的比重一直比较高，2010—2015年这一比重一直维持在25%左右，2016年下降到21%，第三产业增加值占全国第三产业增加值的比重一直保持在21%以上（见图2-3）。这说明长三角产业发展对于全国产业结构变迁至关重要，长三角工业服务业发展水平明显领先全国，是中国经济发展的领头羊和示范区。

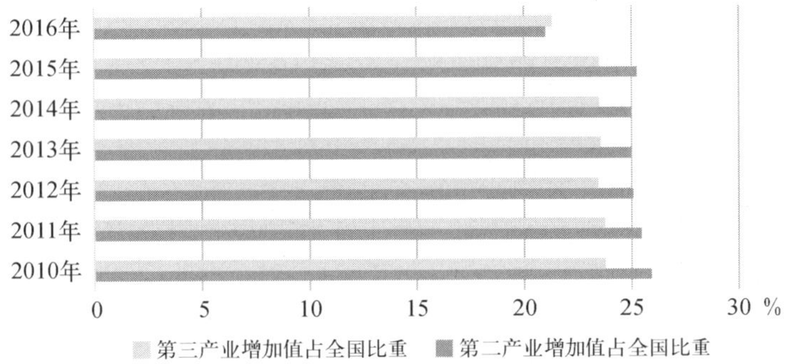

图2-3　长三角第二、三产业增加值占全国第二、三产业增加值的比重（2010—2016年）

资料来源：上海市、江苏省、浙江省和安徽省《统计年鉴》.

四、基础与目标[①]

经济社会发展全国领先。深入实施“八八战略”等重大战略部署，勇挑全国改革开放排头兵、创新发展先行者重担，经济社会发展取得举世瞩目的成就，成为引领全国经济发展的重要引擎。经济实力较强，经济总量约占全国1/4，全员劳动生产率位居全国前列。社会事业加快发展，公共服务相对均衡，社会治理共建共治共享格局初步形成，人民获得感、幸福感、安全感不断增强。

科技创新优势明显。科教资源丰富，拥有上海张江、安徽合肥两个综合性国家科学中心，全国约1/4的“双一流”高校、国家重点实验室、国家工程研究中心。区域创新能力强，年研发经费支出和有效发明专利数均

① 长江三角洲区域一体化发展规划纲要.

占全国1/3左右，上海、南京、杭州、合肥研发强度均超过3%。科创产业紧密融合，大数据、云计算、物联网、人工智能等新技术与传统产业渗透融合，集成电路和软件信息服务产业规模分别约占全国1/2和1/3，在电子信息、生物医药、高端装备、新能源、新材料等领域形成了一批国际竞争力较强的创新共同体和产业集群。

开放合作协同高效。拥有通江达海、承东启西、联南接北的区位优势，口岸资源优良，国际联系紧密，协同开放水平较高。拥有开放口岸46个，进出口总额、外商直接投资、对外投资分别占全国的37%、39%和29%，自由贸易试验区探索形成了国际贸易“单一窗口”等一批可复制可推广经验，首届中国国际进口博览会成功举办。统一市场体系联建共享，“一网通办”“最多跑一次”“不见面审批”等改革成为全国品牌，营商环境位居前列。设立长三角区域合作办公室，建立G60科创走廊等一批跨区域合作平台，三级运作、统分结合的长三角区域合作机制有效运转。

重大基础设施基本联通。交通干线密度较高，省际高速公路基本贯通，主要城市间高速铁路有效连接，沿海、沿江联动协作的航运体系初步形成，区域机场群体系基本建立。电力、天然气主干网等能源基础设施相对完善，防洪、供水等水利基础设施体系基本建成，光纤宽带、4G网络等信息基础设施水平在全国领先。

生态环境联动共保。绿水青山就是金山银山理念深入人心，“千村示范、万村整治”工程谱写美丽中国建设新篇章，新安江流域生态补偿形成可复制可推广经验，全国森林城市、环保模范城市和生态城市较为密集，河长制湖长制率先施行并在全国推广。空气、水、土壤污染联防联治联动机制逐步完善，太湖、淮河等流域合作治理取得明显成效。333条地表水国考断面中水质Ⅲ类及以上占77%，41个城市细颗粒物（PM2.5）平均浓度较2015年下降19%。

公共服务初步共享。公共服务体系相对完善，依托名牌高校成立了4家跨区域联合职业教育集团，城市医院协同发展联盟成员已覆盖长三角30个城市112家三甲医院，养老服务协商协作机制初步建立。跨区域社会保障便利化程度明显提高，目前参保患者跨省异地就医直接结算近23.6万人次，结算医疗费用约54亿元。

城镇乡村协调互动。城镇体系完备，常住人口城镇化率超过60%，大中小城市协同发展，各具特色的小城镇星罗棋布，城镇之间经济社会联系密切。上海中心城市辐射带动作用较好发挥，南京、杭州、合肥、苏锡常、宁波等城市群建设成效明显，同城化效应日益显现。城乡发展比较协调，城乡居民收入差距相对较小，城乡要素双向流动，形成了可复制可推广的乡村成功发展模式。

到2025年，长三角一体化发展取得实质性进展。跨界区域、城市乡村等区域板块一体化发展达到较高水平，在科创产业、基础设施、生态环境、公共服务等领域基本实现一体化发展，全面建立一体化发展的体制机制。到2035年，长三角一体化发展达到较高水平。现代化经济体系基本建成，城乡区域差距明显缩小，公共服务水平趋于均衡，基础设施互联互通全面实现，人民基本生活保障水平大体相当，一体化发展体制机制更加完善，整体达到全国领先水平，成为最具影响力和带动力的强劲活跃增长极。具体而言，包括以下内容：一是城乡区域协调发展格局基本形成。上海服务功能进一步提升，苏浙皖比较优势充分发挥。城市群同城化水平进一步提高，各城市群之间高效联动。省际毗邻地区和跨界区域一体化发展探索形成经验制度。二是科创产业融合发展体系基本建立。区域协同创新体系基本形成，成为全国重要创新策源地。优势产业领域竞争力进一步增强，形成若干世界级产业集群。创新链与产业链深度融合，产业迈向中高端。三是基础设施互联互通基本实现。轨道上的长三角基本建成，省际公路通达能力进一步提升，世界级机场群体系基本形成，港口群联动协作成效显著。能源安全供应和互济互保能力明显提高，新一代信息设施率先布局成网，安全可控的水网工程体系基本建成，重要江河骨干堤防全面达标。四是生态环境共保联治能力显著提升。跨区域跨流域生态网络基本形成，优质生态产品供给能力不断提升。环境污染联防联治机制有效运行，区域突出环境问题得到有效治理。生态环境协同监管体系基本建立，区域生态补偿机制更加完善，生态环境质量总体改善。五是公共服务便利共享水平明显提高。基本公共服务标准体系基本建立，率先实现基本公共服务均等化。全面提升非基本公共服务供给能力和供给质量。

第二节 多措并举推进长三角高质量一体化

《长江三角洲区域一体化发展规划纲要》和《长三角地区一体化发展三年行动计划（2018—2020年）》已经落地实施，也建立起了长三角高质量一体化的工作机制，包括决策层“一市三省主要领导座谈会”，协调层“长三角地区合作与发展联席会议”以及执行层“联席会议办公室”“重点专题合作组”“长三角区域合作办公室”（见图2-4）。《规划纲要》和《三年行动计划》包含了交通能源一张网、科创产业一盘棋、信用一平台、环保一根线、民生一卡通、市场一体化等各个领域。

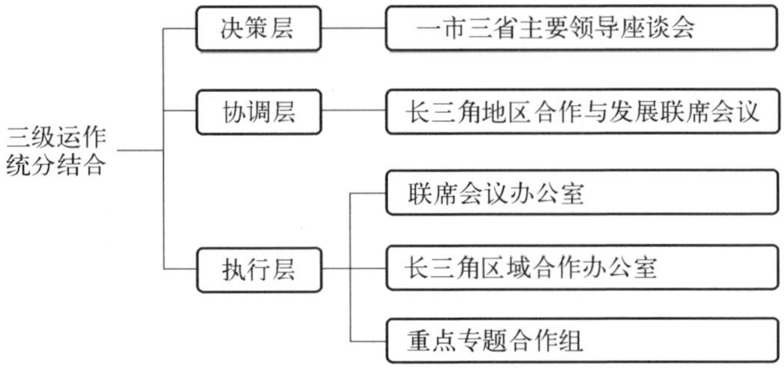

图2-4 长三角一体化三级运作合作机制

一、加强协同创新产业体系建设

长三角是我国制造业发展高地，产业门类齐全，集群优势明显，具备先发优势和高质量发展的基础和条件。创新是高质量发展的第一驱动力。长三角制造业高质量发展就是要以高质量的科技创新供给带动区域经济转型升级，在国家急需特别是容易被人“卡脖子”的产业领域率先谋划、着力攻坚，兼顾经济效益与社会效益，在重点产业领域打造长三角产业集群区域品牌，建设世界级产业集群。

一是聚焦“卡脖子”技术，构建需求驱动的长三角制造业协同创新体系。瞄准当下国家最急需的领域，由沪苏浙皖一市三省政府组织技术需求侧和供给侧领域专家，以需求为导向，厘清哪些地方被卡住了脖子，确定长三角制造业优先发展领域。对标“卡脖子”技术关键领域，组建协同创新中心，合力攻坚“卡脖子”关键技术。构建需求驱动的制造业协同创新体系，推动创新链、产业链深度融合，实现基础研究、技术研发、生产和应用推广体系无缝衔接。

二是着力加强区域基础研究能力建设，优化区域科技协同创新环境。支持重大科技基础设施、重要科研机构和重大创新平台在长三角布局建设。以重大项目为纽带，建立联合攻关的产学研协同创新机制。探索流动岗位工作机制、人才兼职兼薪等政策举措，促进区域人才流动。积极用好上海证券交易所科创板及注册制，助力科技型中小企业发展。在沪苏、沪浙交界处设立长三角科技一体化示范区，吸引和对接全球创新资源，打造具有全球吸引力和辐射力的科技创新极。

三是推动环保协作与制造业高质量发展深度融合。制造业高质量发展更要兼顾好社会效益，“生态优先、绿色发展”是高质量发展的必然要求。长三角要强化大气、水污染防治专项协作平台同区域一体化发展平台的联动。加强长三角地区生态环境的科学研究和科技协同创新，大力实施区域内水环境治理联动计划。深化区域环境信息共享，研究制定长三角地区水环境治理一体化标准。积极推动环保协作与长三角一体化发展的深度融合。

四是建设长三角石油基清洁能源与新材料先进制造创新中心，打造世界级石化产业集群。石化产业是我国制造业供给侧结构性改革的先行领域和绿色发展的主战场。一市三省政府要强化建设世界级产业集群认知，围绕“石油基清洁能源与新材料智能制造、绿色制造和高端制造”，组建长三角石油基清洁能源与新材料先进制造创新中心，共同努力打造石化产业长三角区域品牌，使之成为可媲美“墨西哥湾”的全球知名石化产业集群。

五是健全长三角知识产权创造和保护网络，激发区域创新活力。拥有具有自主知识产权的核心技术是推动制造业高质量发展的第一动力。完善知识产权行政执法与司法保护互补协作机制，构建上海知识产权法院集中管辖长三角地区知识产权案件的体制，区域内率先全面推广知识产权“三合一”行政管理与执法机制。布局区域知识产权联盟，建设区域公共服务平台。加强专业人才培养领域的区域合作，探索区域联合培养模式，加快培养更多既懂国际法律和惯例也熟悉实务的复合型急需人才。

产业体系协同创新是长三角一体化的重要基础。目前，长三角地区通过分工与协同推进产业体系更加协同，推进产业链与创新链深度融合，尤其是在 G60 科创走廊等平台建设上加速推进了产业体系建构。从《规划纲要》来看，产业协同主要包括以下三方面：

一是构建区域创新共同体。加强科技创新前瞻布局和资源共享，集中突破一批“卡脖子”核心关键技术，联手营造有利于提升自主创新能力的创新生态，打造全国原始创新策源地。充分发挥市场和政府作用，打通原始创新向现实生产力转化通道，推动科技成果跨区域转化。加强原始创新成果转化，重点开展新一代信息技术、高端装备制造、生命健康、绿色技术、新能源、智能交通等领域科技创新联合攻关，构建开放、协同、高效的共性技术研发平台，实施科技成果应用示范和科技惠民工程。发挥长三角技术交易市场联盟作用，推动技术交易市场互联互通，共建全球创新成果集散中心。瞄准世界科技前沿和产业制高点，共建多层次产业创新大平台。发挥长三角双创示范基地联盟作用，加强跨区域“双创”合作，联合共建国家级科技成果孵化基地和双创示范基地。

专栏 2－1

“两心共创”推动原始创新

建设综合性国家科学中心，汇聚世界一流科学家，突破一批重大科学难题和前沿科技瓶颈，是提升基础研究水平、原始创新能力，促进核心竞争力提升的国家战略。2017 年，上海张江综合性国家科学中心、合肥综合性国家科学中心先后启动建设。“两心”落地长三角，是长三角区域优势、科技资源密集优势的体现，也是建设创新型国家的战略重点所在。“两心共创”的基础与意义是：立足合肥和上海创新资源，推进“两心共创”，发挥协同效应，推动重大基础前沿科学研究、关键核心技术突破和系统集成创新，对提升国家原始创新能力以及长三角的战略地位具有重要意义。目前，合肥综合性国家科学中心的同步辐射、全超导托卡马克、稳态强磁场等 5 个大科学装置已投入运行，聚变工程实验堆、先进 X 射线自由电子激光装置、大气环境综合探测与实验模拟设施、超导质子医学加速器等项目正在加快建设，在量子信息、核聚变能源等领域仍持续保持国际领先地位。上海张江综合性国家科学中心已建和在建大科学装置项目14个，在生命科学、材料科学、化学、环境科学、信息化基础科学等多个学科前沿基础研究和高新技术研发领域也取得了重要成果。

◇ 资料来源：安徽省实施长江三角洲区域一体化发展规划纲要行动计划.

二是加强产业分工协作。围绕重点领域，全面提升制造业发展水平，按照集群化发展方向，打造全国先进制造业集聚区（见表2-2）。譬如在汽车产业，支持吉利汽车落户青浦建设研发创新中心、威马汽车落户青浦建设研发运营总部和电动汽车生产基地、国轩高科落户嘉定建设上市总部及技术中心，上汽集团浦口基地EP22纯电动乘用车生产线已建成投产。在民机产业上，江苏菲舍尔与中国商飞开展国产大飞机C919、支线客机ARJ21-700内饰件产品项目合作，促进产业合理布局。在集成电路产业上，支持华虹集团、中芯国际在长三角合理布局，华虹无锡（一期）项目开工建设。中芯国际绍兴项目基建动工，推动着绍兴集成电路产业快速发展。在服务业领域，加快服务业服务内容、业态和商业模式创新，共同培育高端服务品牌，增强服务经济发展新动能。

表2-2 长三角产业定位及合作举措

产业	举措	领域
制造业	推动传统产业升级改造，建设一批国家级战略性新兴产业基地	电子信息、生物医药、航空航天、高端装备、新材料、节能环保、汽车、绿色化工、纺织服装、智能家电
	培育一批具有国际竞争力的龙头企业	集成电路、新型显示、物联网、大数据、人工智能、新能源汽车、生命健康、大飞机、智能制造、前沿新材料，加快发展新能源、智能汽车、新一代移动通信产业，延伸机器人、集成电路产业链
	加快培育布局一批未来产业	量子信息、类脑芯片、第三代半导体、下一代人工智能、靶向药物、免疫细胞治疗、干细胞治疗、基因检测

续表

产业	举　措	领　域
服务业	联合打造一批高水平服务业集聚区和创新平台	现代金融、现代物流、科技服务、软件和信息服务、电子商务、文化创意、体育服务、人力资源服务、智慧健康养老
	大力推动服务业跨界发展	研发设计、供应链服务、检验检测、全球维修、总集成总承包、市场营销、制造数字化服务、工业互联网、绿色节能

资料来源：长江三角洲区域一体化发展规划纲要.

专栏 2－2

产业联盟助推产业分工与协作

2019 年 6 月 28 日，长三角 G60 科创走廊产业园区联盟在苏州成立。G60 科创走廊沿线是中国经济最具活力、城镇化水平最高的区域之一，在长三角一体化上升为国家战略的背景下，G60 科创走廊将扮演长三角更高质量一体化“引擎”的角色，成为区域内“中国制造”迈向“中国创造”的主阵地，成为国家创新发展的重要板块。长三角 G60 科创走廊产业园区联盟的成立，将在深化产业集群布局、加强基础设施互联互通、推进协同创新、推动品牌园区深度合作和产融结合、推广科创走廊“零距离”合作等方面发力，建成长三角地区具有独特品牌优势的协同融合发展平台。

◇ 资料来源：中国日报网“长三角 G60 科创走廊产业园区联盟在苏州成立”(https://js.chinadaily.com.cn/a/201907/01/WS5d197b00a3108375f8f2d5a9.html).

三是推动产业与创新深度融合。依托创新链提升产业链，围绕产业链优化创新链，促进产业链与创新链精准对接，打造产业链为基础、创新链为引领的产业升级版。聚焦关键共性技术、前沿引领技术、应用型技术，建立政学产研多方参与机制，开展跨学科跨领域协作攻关，形成基础研究、技术开发、成果转化和产业创新全流程创新产业链。支持龙头企业跨区域整合科研院所研究力量，鼓励科研人员深度参与产业创新活动。成立区域产业联盟。综合运用政府采购、首台套政策、技术标准等政策工具，加快科研成果从样品到产品、从产品到商品的转化。推动互联网新技术与产业融合，发展平台经济、共享经济、体验经济，加快形成经济发展新动能。加强大数据、云计算、区块链、物联网、人工智能、卫星导航等新技术研发应用，支持龙头企业联合科研机构建立长三角人工智能等新型研发平台，鼓励有条件的城市开展新一代人工智能应用示范和创新发展，打造全国重要的创新型经济发展高地。推动数字化、信息化与制造业、服务业融合，发挥电商平台、大数据核心技术和长三角制造网络等优势，打通行业间数据壁垒，率先建立区域性工业互联网平台和区域产业升级服务平台。

二、提升基础设施互联互通水平

基础设施对于区域协调发展具有先导性、战略性、基础性和服务性的作用，能够促进城乡融合发展、降低物流成本、增加居民收入和提升公共服务水平，从而促进区域一体化水平。尤其是交通基础设施建设，能够强有力地带动区域协调发展。在长三角一体化进程中，基础设施要先行，而交通又在其中处于先发地位。

交通体系不仅是区域经济一体化的动脉，也是区域产业整合的前提，是合理配置资源、提高经济运行质量和效率的重要基础。区域经济的加速发展在很大程度上依赖交通体系的支撑与服务能力。①国际与国内发展的经验表明，区域一体化发展及其功能的发挥，首先有赖于发达高效的区域综合交通体系的形成与完善。交通体系的区域一体化发展不仅能有效提高交通体系的整体效益，而且是引导区域整体协调发展的先行条件和有效手段。例如，日本东京都市圈从 20 世纪 60 年代开始多次编制都市圈规划，着重对一都三县（东京都、神奈川县、埼玉县、千叶县）都市圈范围内的高速公路、轨道交通、机场与港口航运系统进行了统筹规划，构建了方便快捷高效的区域综合交通系统，为加强城市间联系、促进都市圈整体功能布局调整、缓解都市圈内交通拥堵，发挥了显著的积极作用。

纽约、伦敦等欧美国家的大都市圈也在区域发展的各个阶段，在各级政府与企业等多元主体的协同合作下，积极推动港口、机场、高速公路、铁路等区域间交通基础设施的共建共享，促进了人口、技术、资本等经济

---

① 章志刚. 现代物流与城市群经济协调发展研究[D]. 上海：复旦大学，2005.

社会要素的区域间流动，优化了区域内各类产业经济功能的合理配置与布局，区域一体化发展速度得到了显著提升。①

自2000年以来，长三角交通一体化发展已经取得了一定的成果。一方面，枢纽型机场、枢纽型港口、高铁网络和高速公路网络等区域性快速交通骨干网络已经基本形成。但随着区域经济社会一体化发展速度的加快，各级城市人口郊区化不断深入，区域产业经济布局加快转型升级，城市人口和产业功能结构的改变对区域内快速交通出行的需求不断提升，对区域性交通联系提出新的要求。另一方面，上海浦东、虹桥等枢纽型机场，沪杭、沪宁两条高铁和高速公路等交通系统的运输能力正在逐渐接近饱和，区域交通体系的网络密度有待加强，运输能力和区域服务能力仍需提升。

打造长三角交通一体化要从四个方面入手。第一，作为长三角的核心航空枢纽，上海虹桥机场和浦东机场的运营能力均已达到饱和状态，区域服务能力达到极限，发展面临瓶颈。而区域其他机场（如杭州萧山、南京禄口、无锡苏南等）的客货流吞吐份额正在不断提升。因此，长三角机场群的整体功能和效率仍有待提升，功能分工合理、市场定位清晰的差异化发展格局仍有待形成，才能更好地满足长三角一体化发展对航空交通的巨大需求。

第二，长三角港口群“一体两翼”的发展格局基本形成。上海港作为核心港，其货运和集装箱吞吐量得到长足发展，但其增速逐年放缓，区域分担率下降，而且在货运集疏运方面仍面临较大的压力，客观上存在转型发展的要求。与此同时，宁波舟山港、长江内河港货运市场份额逐步上升，上海港也不断加强与区域其他港口的合作，推进长三角港口群的协作发展。

第三，长三角主要铁路枢纽站的客运规模均得到大幅增长。然而，高铁运营能力仍较为有限，运营班次不足，从而造成高铁网络的整体均衡性和沿线车站利用率不足，仍然难以满足长三角这一高密度城市群地区日益增长的城际出行需求。再者，新建高铁站点与城市内部轨道交通等公共交通网络的衔接不畅，更使得交通网络的整体效率和出行速度难以提高。

---

① 方大春，杨义武．高铁时代长三角城市群交通网络空间结构分形特征研究［J］．地域研究与开发，2013（2）：52－56．

第四，区域内道路交通网络的一体化发展亟待加速。京沪高速、沪宁高速等高速公路近年来拥堵现象日益频繁，运输能力趋于饱和；省际公路中的“断头路”现象仍然存在，城市间、行政区间的交通联系尚未实现高效通畅。根据纽约、伦敦、东京等发达国家大都市圈的发展经验，随着今后城市间、行政区间一体化发展的加快，未来对公路交通的需求必将远远超过现有公路交通网络的承载能力。因此，打通行政区间的交通阻碍，新建扩建现有高速公路网络，提高公路网络建设密度，提升高速公路运输通行能力，已经成为迫在眉睫的重要任务。

能适应长三角高质量一体化发展需要的、高效便捷的区域综合交通网络，是建设具有国际竞争力的区域城市群的必要支撑条件。未来，区域综合交通网络的建设应着重推动从单一（城市）枢纽向多级多中心网络互补格局的转型升级发展，强调城市间、区域间、不同交通方式和网络间的分工协作与互补发展。上海作为长三角的核心城市，应为长三角整个区域提供面向国家和全球的客货运输枢纽型交通服务。因此，应打破行政边界，加强与区域内其他城市和行政区间的各种交通联系。上海也应重视加强区域性物流中转枢纽基地的选址与建设，采取货运过境分流措施，避免货运交通对城市内部交通的干扰。同时，长三角各主要核心城市都应与区域发展廊道和高速运输廊道相结合，积极构建次级、专业化交通枢纽，实现功能互补和整体效益优先，布局上实现共建共享和分工协作。

区域性综合交通网络的建设应服务于区域性核心功能区的规划和建设发展，加强重要功能性节点间的纵向和横向联系，形成辐射加环状的交通网络。①核心城市与次级中心城市之间、次级中心城市之间、机场港口高铁站等各类交通枢纽之间、交通枢纽与区域性物流集散枢纽基地之间的交通连接应成为区域交通网络建设的重点，加强各类产业功能区和核心节点与机场、港口、高铁、高速公路等区域快速交通的衔接和整合，以促进区域性物流和客流高效运输交通体系的形成和功能提升，加快推动公铁水、江海河联运系统的建设和发展。

区域综合交通网络的整体效率和服务质量的提高不仅要依靠高铁、高速公路、枢纽型机场等区域交通骨干体系的建设，也有赖于各层级交通网

---

① 王郁. 打造区域综合交通网络，促进长三角高质量一体化发展[N]. 第一财经，2019-01-16.

络间和交通方式间的顺畅衔接，有赖于区域交通大动脉与城市内部交通毛细血管间的便捷联系与换乘。因此，推动长三角区域交通一体化发展，也要重视城市内部轨道交通等交通体系与区域性主干网络的衔接与换乘，改善机场、高铁等大型对外交通枢纽与轨交、公交等市内交通网络的高效联系，在提高综合交通系统性整合协调水平和层次性服务的基础上，改善与提升区域交通出行的整体效率和服务质量。

基础设施互联互通能够串联起长三角一体化发展，“要想富，先修路”，长三角在推进一体化过程中加快架构综合网络、协同推进能源基础设施建设，串联起长三角一体化发展的新格局。同时，以新基建为契机，加快数字经济赋能，打造数字长三角。

一是协同建设一体化综合交通体系。共建轨道上的长三角，加快建设集高速铁路、普速铁路、城际铁路、市域（郊）铁路、城市轨道交通于一体的现代轨道交通运输体系，构建高品质快速轨道交通网。合力打造世界级机场群，构建分工明确、功能齐全、联通顺畅的机场体系，提高区域航空国际竞争力。巩固提升上海国际航空枢纽地位，增强面向长三角、全国乃至全球的辐射能力。协同推进港口航道建设，推动港航资源整合，优化港口布局，健全一体化发展机制，增强服务全国的能力，形成合理分工、相互协作的世界级港口群。围绕提升国际竞争力，加强沪浙杭州湾港口分工合作，以资本为纽带深化沪浙洋山开发合作，做大做强上海国际航运中心集装箱枢纽港，加快推进宁波舟山港现代化综合性港口建设。

专栏 2－3

南通新机场，助力世界级机场群建设

在国家层面《长江三角洲区域一体化发展规划纲要》（以下简称《纲要》）正式提出：规划建设南通新机场，成为上海国际航空枢纽的重要组成部分。上海国际航空枢纽目前有两个主力机场，浦东国际机场、虹桥国际机场，《纲要》把南通新机场纳入上海国际航空枢纽，名正言顺一锤定音为上海“第三机场”。南通江段未来过江通道的总规模是 9 座，其中崇启大桥、沪苏通长江公铁大桥、临永过江隧道（江北海门临江新区至江南海门海永镇）、崇海过江通道等 4 座过江通道直接把上海崇明与南通海门、启东两区市无缝对接。值得注意的是，在人文、血脉渊源方面，南通辖启东市、海门区，在上海崇明岛上有“飞地”启隆、海永。在语言体系上，启海沙地话与上海崇明话同宗同族。历史上的苏北、江北概念，多指扬州、盐城一带，南通在其发展历程中，受上海的辐射，要远远超过受省城南京等大城市的影响。南通有很多建筑工程队深入上海城市建设之中，并脱胎换骨切入上海房地产开发商阵营，中南置地、鹏欣、恒盛、证大等早已成为注册沪上的生力军。在越江交通大幅度改善之后，随着南通新机场（上海第三机场）的通航，南通作为距离上海最近的节点城市之一，将加速与大上海融合，成为长江北翼的沿江龙头城市。

◇ 资料来源：根据凤凰网财经“南通新机场选址评审咨询会召开，助力长三角世界级机场群建设”（https://finance.ifeng.com/c/7jtFVYAe5FQ）整理.

二是共同打造数字长三角。加快构建新一代信息基础设施，推动信息基础设施达到世界先进水平，建设高速泛在信息网络，共同打造数字长三角。加快推进 5G 网络建设，支持电信运营、制造、IT 等行业龙头企业协同开展技术、设备、产品研发、服务创新及综合应用示范。深入推进 IPv6 规模部署，加快网络和应用升级改造，打造下一代互联网产业生态。支持电信运营企业分步实施建网，在上海、杭州、南京、苏州、宁波、无锡等率先建技术试验网。支持行业龙头企业及长三角重点 IT 企业开展相关技术、设备、产品研发和服务创新，使长三角成为全球 5G 应用最活跃的地区之一。合力建设长三角工业互联网。积极推进以“互联网+先进制造业”为特色的工业互联网发展，打造国际领先、国内一流的跨行业跨领域跨区域工业互联网平台。统筹推进省与省之间工业互联网建设，推动企业内外网改造升级，积极参与国家标识解析与标准体系构建。加快建设以跨行业跨领域跨区域平台为主体、企业级平台为支撑的工业互联网平台体系，推动企业上云和工业 App 应用，促进制造业资源与互联网平台深度对接。

三是协同推进跨区域能源基础设施建设。加快建设浙沪联络线，推进浙苏、苏皖天然气管道联通，加强液化天然气（LNG）接收站互联互通和公平开放。积极推进浙江舟山国际石油储运基地、芜湖 LNG 内河接收（转运）站建设，支持 LNG 运输船舶在长江上海、江苏、安徽段开展航运试点。完善电网主干网架结构，提升互联互通水平，提高区域电力交换和供应保障能力。协同推动新能源设施建设，因地制宜积极开发陆上风电与光伏发电，有序推进海上风电建设，鼓励新能源龙头企业跨省投资建设风能、太阳能、生物质能等新能源。加快推进浙江宁海、长龙山、衢江和安徽绩溪、金寨抽水蓄能电站建设，开展浙江磐安和安徽桐城、宁国等抽水蓄能电站前期工作，研究建立华东电网抽水蓄能市场化运行的成本分摊机制。加强新能源微电网、能源物联网、“互联网+智慧”能源等综合能源示范项目建设，推动绿色化能源变革。

三、强化生态环境共保联治

坚持生态保护优先，把保护和修复生态环境摆在重要位置，加强生态空间共保，推动环境协同治理，夯实绿色发展生态本底，努力建设绿色美丽长三角。长三角地区虽然是我国经济发展活跃、开放程度高、创新能力强的区域之一，但各省市之间，甚至省内各地区之间，经济社会状况、自然资源禀赋、气候条件等方面有较大差异，而且各地污染防治能力和水平也千差万别。推进长三角地区生态环境质量整体改善，要以更宽的视野、更广的胸怀，整合各地区力量，持续协同、深度发力。

一是完善长三角跨地区联防联控治理模式。实施长三角区域生态环境治理的联合立法和协同执法，建立陆海统筹的生态系统保护修复和污染防治区域联动模式。构建并完善长三角跨地区生态环境应急预警机制，形成大气和水污染的专业化治理合力。完善跨界河流交接断面水质目标管理，制定跨界河流综合整治和生态修复规划，共享污染源监控信息，实现管网互联互通，联合开展河道综合整治。建立统一的区域空气质量监测体系。

二是构建长三角区域生态补偿机制。按照“谁受益、谁付费”的原则，科学界定补偿主体和受偿主体。制定合理的补偿标准，采取资金补偿、实物补偿、能力补偿、政策补偿等方式，建立多维长效的区域生态补偿机制，实现长三角区域生态环境治理的成本共担与收益共享。

三是可考虑设立区域生态环境合作发展基金，制定基金使用与管理细则。在政府投入的基础上，扩大资金来源，多渠道引入社会资本。区域生态环境合作发展基金必须用于生态环境治理项目，对企业提供环保节能激励税收政策，对科研单位实行环保科技优先奖励制度，制定生态环保产业补助政策。

四是强化区域生态环境治理机构建设。可考虑成立区域生态环境治理专项委员会，一方面负责长三角区域生态环境建设规划的制定和完善，组织跨地区生态环境工程的建设，协调重大生态环境建设项目审批和落地选址等；另一方面协调不同地方利益，并监督区域内地方政府生态环境治理的行为和效果。长三角各地方原有的环保部门也要进一步明确其职责。

五是鼓励社会公众参与区域生态环境治理。及时公布各项生态环境共建共享标准和指标，强化公众参与的公开性和透明度，形成政府、市场和社会共同参与生态环境治理的良好局面。

绿色发展是长三角一体化的题中之义，生态环境共保联治需要一市三省加强生态领域的合作，包括加强生态保护、协同推进环境治理以及加强环境监管。在一体化发展进程中，也积累了新安江流域生态补偿等众多典型经验，可以进一步推广，以此来构建起生态领域合作的新机制。

一是共同加强生态保护。切实加强生态环境分区管治，强化生态红线区域保护和修复，确保生态空间面积不减少，保护好长三角可持续发展生命线。加强自然保护区、风景名胜区、重要水源地、森林公园、重要湿地等其他生态空间保护力度，建立以国家公园为主体的自然保护地体系。强化省际统筹，加强森林、河湖、湿地等重要生态系统保护，提升生态系统功能。实施湿地修复治理工程，恢复湿地景观，完善湿地生态功能。推动流域生态系统治理，强化长江、淮河、太湖、新安江、巢湖等森林资源保护，实施重要水源地保护工程、水土保持生态清洁型小流域治理工程、长江流域露天矿山和尾矿库复绿工程、淮河行蓄洪区安全建设工程、两淮矿区塌陷区治理工程。

二是推进环境协同防治。扎实推进水污染防治、水生态修复、水资源保护，促进跨界水体水质明显改善。强化能源消费总量和强度“双控”，进一步优化能源结构，依法淘汰落后产能，推动大气主要污染物排放总量持续下降，切实改善区域空气质量。推动固体废物区域转移合作，完善危险废物产生申报、安全储存、转移处置的一体化标准和管理制度，严格防范工业企业搬迁关停中的二次污染和次生环境风险。统筹规划建设固体废物资源回收基地和危险废物资源处置中心，探索建立跨区域固废危废处置补偿机制。全面运行危险废物转移电子联单，建立健全固体废物信息化监管体系。严厉打击危险废物非法跨界转移、倾倒等违法犯罪活动。

三是推动生态环境协同监管。完善跨流域跨区域生态补偿机制，建立健全开发地区、受益地区与保护地区横向生态补偿机制，探索建立污染赔偿机制。在总结新安江流域生态补偿机制试点经验的基础上，研究建立跨流域生态补偿、污染赔偿标准和水质考核体系，在太湖流域建立生态补偿机制，在长江流域开展污染赔偿机制试点。积极开展重要湿地生态补偿，探索建立湿地生态效益补偿制度。健全区域环境治理联动机制，强化源头防控，加大区域环境治理联动，提升区域污染防治的科学化、精细化、一体化水平。

专栏 2－4

新安江流域生态补偿机制值得借鉴

新安江流域生态补偿是习近平生态文明思想的生动实践，新安江流域生态补偿机制是全国首个跨省生态补偿机制试点。2012 年财政部、生态环境部及安徽、浙江两省正式实施全国首个跨省流域生态补偿机制试点，正式签订《新安江流域水环境补偿协议》，中央财政每年拿出 3 亿元，安徽、浙江各拿出 1 亿元，两省以水质“约法”，共同设立环境补偿基金，专门解决跨流域环境污染问题。新安江进入浙江省界的各监测点每年都会取水检测，若达标，安徽省可获得 2 亿元生态补偿。所获补偿金，继续用于新安江流域环境整治和生态保护。围绕新安江的生态环境保护，自动闭合成一个“良性循环圈”。

2015 年起，皖浙两省又启动为期三年的第二轮试点，除中央财政资金支持之外，皖浙两省出资均提高到 2 亿元。2018 年 10 月中旬，皖浙两省签订第三轮生态补偿协议，规定 2018—2020 年，两省每年各出资 2 亿元，共同设立新安江流域上下游横向生态补偿资金，延续流域跨省界断面水质考核。经过各方面积极探索和共同努力，新安江流域生态补偿机制试点取得显著成效，探索出了一批可复制、可推广的生态文明制度机制。当前，新安江流域生态补偿机制改革已进入建立系统化、制度化、常态化、长效化机制的关键阶段，推深做实新安江流域生态补偿机制，也是建设新安江-千岛湖生态补偿试验区、新安江生态经济示范区的重要支撑。

◇ 资料来源：根据安徽省生态环境厅“新安江流域生态补偿机制试点成果丰硕”（http://sthjt.ah.gov.cn/hbzx/gzdt/sxdt/120248181.html）、中国经济网“新安江流域生态补偿机制试点六年 给我们带来什么？”（http://www.ce.cn/cysc/newmain/yc/jsxw/201804/23/t20180423_28915213.shtml）等资料整理.

四、加快公共服务便利共享

长三角区域一体化发展上升为国家战略是新时代改革再深化、开放再提速的重要标志，也是我国贯彻新发展理念的又一重大战略举措。在全面深化“放管服”改革的背景下，长三角地区必须以改革创新为抓手，全面提升区域公共服务一体化高质量发展水平。①

促进数据共享和平台互通，提升区域政务服务便利化标准化水平。政务服务一体化、高质量发展是区域经济社会高速发展的首要前提。为了提高政务服务水平，近几年来，长三角地区启动了新一轮政府效能改革和政务服务提升工程，如上海的“全网通办、全市通办、全域共享”、江苏的“不见面审批”、浙江的“最多跑一次”改革等，均取得了显著成绩。但是，数据壁垒和平台隔离在省（市）行政区域内仍然存在，在一定程度上影响着各地各级政府的服务效率和政务一体化进程。因此，促进长三角区域一体化发展，首先必须实现区域之间的政府数据共享和平台互通，建立一体化的政务网平台。同时，各地、各领域开发的移动平台，都要尽快地统一规划、互联互通，让广大群众、企业在整个长三角地区享受快捷、方便、一体化的行政审批和各类政务服务。在此基础上，可将各地“放管服”改革的已有经验加以总结提升，制定统一的长三角地区政务服务标准。另外，长三角区域一体化发展上升为国家战略，必须以打造具有全球竞争力的世界级城市群为目标。因此，长三角地区的政务服务标准必须对标国际标杆，借鉴国际先进的政务服务理念、技术和方法，打造符合国际化、现代化、数字化城市群要求的，在国内具有引领和示范效应的政务服务新高地。

建立一体化政府监管体系，促进生活品质和公共服务的整体改善。政

① 于迎，唐亚林．长三角区域公共服务一体化的实践探索与创新模式建构[J]．改革，2018（12）：92－102．

府监管体系和监管能力的现代化，直接影响政务服务质量和公众生活品质。在实施一体化、高质量发展的背景下，长三角地区必须本着对区域发展和区域民众高度负责的精神，建立一体化、联动性、高效率的政府监管体系。在生态环境监管方面，应科学制定区域范围内的生态功能区和空气、水土质量标准，以最坚强的决心、最严厉的措施加强生态环境保护，回应民众对清洁空气、无污染水土的最基本要求，满足广大群众对美好生态环境的追求。在市场监管方面，应建立统一的市场监管规则、统一的市场标准、统一的信用体系，营造公开、公平、公正的市场环境，彻底清除假冒伪劣产品赖以生存的土壤，坚决维护食品、药品安全，提升人民群众的生活幸福感和满意度。在统一执法方面，建立专门领域的制度化、常态化议事协调机构，加强对文化市场、教育培训机构、养生健身场所、医疗卫生机构等的专项治理和联合执法，弘扬主旋律和正能量，维护城乡居民的身心健康。通过这一系列的努力，可打造在国内乃至全球范围内享有良好声誉与发展潜力的高品质市场环境和公共服务环境。

打破行政壁垒和条块分割，促进公共服务资源的合理流动与优化配置。我国的公共服务资源，基本上是以行政区为界进行统筹和分配的。这样的分配体制，在一定范围内效率是较高的，推动了行政辖区公共服务水平的提升。但另一方面，受经济发展水平、地方政府财政的影响，各地的公共服务发展水平尚不均衡，不仅不利于小康社会的全面建成，也给区域经济的一体化、高质量发展造成了障碍。公共服务若是不均衡，高端人才就会向核心地区聚集，城市的辐射范围、拓展空间和发展前景也会受到影响。而如果区域范围内的公共服务水平相对均衡，则会大力促进各种经济要素更大范围、更合理的配置，从而促进区域经济社会一体化、高质量发展。目前，我国部分大城市的交通拥堵、就医困难、住房昂贵，很多都是因为教育、医疗、卫生等公共服务资源分配不均衡造成的。不突破公共服务均等化的瓶颈，就无法实现城市的健康发展和城市群的高质量发展。因此，长三角地区必须彻底打破行政壁垒，让各种公共服务资源根据经济社会发展规律和市场需求真正流动起来，在流动中实现效益最大化和公共服务均等化。各地应摆脱陈旧思想观念的束缚，坚决克服本位主义，坚持一体发展、协调发展，共商区域发展大计，共谋长远发展大局，共兴国家振兴大业。

发挥政府、市场、社会多重优势，提高公共服务的统筹度和满意度。公共服务的一体化、高质量发展，必须充分发挥政府的主导作用、市场的决定性作用和社会的辅助作用。为此，长三角地区的一市三省已经作出了很大的努力。譬如，省际断头路很多已经打通，城际高铁乃至城际轨道交通飞速发展，跨省公交线路日益增加。2018 年 12 月 1 日，上海、杭州、宁波三地的 526 座城轨车站、1 万多台闸机向用户提供二维码进站互联互通服务。2019 年，合肥、苏州、南京等长三角城市也纳入了地铁二维码进站互联互通服务。教育领域，上海、苏州之间已经进行了成功合作。而在医保异地结算方面，长三角地区也领先全国取得了重大突破。在此基础上，应拟订长三角地区教育、文化、医疗、养老、旅游等公共服务的整体布局和空间规划，明确政府之间的责任和义务。引导市场主体按照区域总体规划积极参与到公共服务建设中来，充分发挥市场的资源配置功能。对于急需发展而市场主体积极性不高的特殊领域，可以采取政府补贴的形式予以激励。此外，必须采取灵活多样的方式，最大限度地激发公民个人、社会组织参与公共服务的热忱与潜力，打造共建共享、互惠互利的公共服务共同体。

创新绩效考核与评估机制，保障区域公共服务和谐健康可持续发展。传统的政府绩效考核与评估机制往往是依一地发展情况为考核标准的，尚未将促进区域协调发展涵盖在内。从这个角度来说，若不能对绩效考核标准作出一些改变，恐在一定程度上不利于区域发展取得突破性进展。因此，为了推动区域一体化、高质量发展，除了需要统筹制定发展规划、建立议事协调机构外，还必须创新绩效考核与评估方式，如弱化单个省（市）及其管辖的下级政府的绩效考核评估，强化一体化区域、城市群的整体绩效考核；弱化单一的以 GDP 为中心的考核评估，强化区域之内以功能分区为基础的考核评估；弱化短期经济增长的考核，强化中长期经济社会发展质量和发展潜力的考核。为了保障国家战略的全面实施，建议研究制定长三角区域一体化、高质量发展的评估指标体系，从政务服务、市场监管、社会治理、生态保护、公共服务等方面全面评估长三角区域一体化实现程度，及时总结经验、查漏纠偏，真正把长三角打造成区域合作的典范，为新发展理念的贯彻落实提供新的可复制、可推广的经验。

公共服务完善能够让所有人共享长三角一体化的红利，切实感受到长三角一体化所带来的实惠。一方面，需要以标准统一来引领一体化发展，全面实施基本公共服务标准化管理，以标准化促进基本公共服务均等化、普惠化、便捷化。另一方面，需要加强教育、医疗、文旅等重点领域的合作。

一是推进公共服务标准化便利化。提升公共服务便利化水平，创新跨区域服务机制，推动基本公共服务便利共享。建立异地就医直接结算信息沟通和应急联动机制，完善住院费用异地直接结算，开展异地就医门急诊医疗费用直接结算试点工作。推动诚信记录共享共用，健全诚信制度，建立重点领域跨区域联合奖惩机制，不断提升各类主体的诚信感受度。加强信用建设区域合作，优化区域整体信用环境。聚焦公共服务、食品药品安全、城市管理、全域旅游、生态环保、安全生产等领域，实行失信行为标准互认、信息共享互动、惩戒措施路径互通的跨区域信用联合惩戒制度。

二是共享高品质教育医疗资源。协同扩大优质教育供给，促进教育均衡发展，率先实现区域教育现代化。鼓励沪苏浙一流大学、科研院所到安徽设立分支机构。推动高校联合发展，加强与国际知名高校合作办学。优化配置医疗卫生资源，大力发展健康产业，持续提升人民健康水平。推动大中城市高端优质医疗卫生资源统筹布局，采取合作办院、设立分院、组建医联体等形式，扩大优质医疗资源覆盖范围。依托优质医疗资源、现代医药产业、养老产业，制定区域产业资本和品牌机构进入当地养老市场指引，培育养老从业人员专业化市场，支持民营养老机构发展。

专栏 2－5

长三角医保结算全覆盖

2019 年 9 月 25 日，长三角地区异地就医门诊费用直接结算工作阶段总结会在安徽举行。会上，新一批统筹区加入联网覆盖范围，标志着长三角地区全部 41 个城市实现医保“一卡通”。长三角异地就医门诊费用直接结算运行情况总体良好，直接结算量稳步上升。截至 2019 年 9 月 15 日，长三角门诊直接结算总量达 26.4 万人次，涉及医疗总费用 5 900 余万元。其中，上海参保人员在三省结算 10 万人次，上海与三省参保人员异地结算比例约为 1∶1.6，包括上海在长三角地区异地养老的老人在内，越来越多的上海参保人员从中受益。随着覆盖面不断扩大，知晓度不断上升，结算量还在稳步增长，为长三角群众带来了实实在在的获得感。

◇ 资料来源：华夏时报“41 个城市全覆盖　累计结算超百万人次　长三角医保一体化按下‘快进键’”（https://baijiahao.baidu.com/s?id=1670293855720773671&wfr=spider&for=pc）.

三是推动文化旅游合作发展。加强文化政策互惠互享，推动文化资源优化配置，全面提升区域文化创造力、竞争力和影响力。推动美术馆、博物馆、图书馆和群众文化场馆区域联动共享，实现城市阅读一卡通、公共文化服务一网通、公共文化联展一站通、公共文化培训一体化。深化旅游合作，统筹利用旅游资源，推动旅游市场和服务一体化发展。依托区域内长江、沿海、知名河流、名湖、名山、名城等特色资源，共同打造一批具有高品质的休闲度假旅游区和世界闻名的东方度假胜地。建设旅游信息库，建立假日旅游、旅游景区大客流预警等信息联合发布机制。探索推出“畅游长三角”“惠民一卡通”“旅游护照”等产品，改善游客旅游体验。

五、推进更高水平协同开放

当前经济全球化面临巨大挫折，多边贸易体系面临威胁，单边主义、贸易保护主义日趋盛行，全球化正在经历一段低潮期。相反，中国成为自由贸易的捍卫者，无论是“一带一路”国际合作高峰论坛，还是中国国际进口博览会，中国在多个场合都展现出积极推进全球化的姿态。在推进全球化的进程中，中国主动对接高水平贸易投资规则，以制度型开放向全球释放红利。这既是中国经济的内在发展需要，也是世界经济的福祉。过去 40 多年，中国发展得益于开放，未来中国发展，也将以更高水平的开放惠及世界。长江三角洲地区是中国经济发展最活跃、开放程度最高、创新能力最强的区域之一，更是中国改革开放的前沿阵地。推进长三角一体化进程，需要进一步强化制度创新和功能重构，深化开放合作，优化营商环境，将长三角打造成具有国际竞争力的世界级开放城市群。

一是构建现代产业区域价值链。依托长三角超大规模的市场优势，能够吸引更多以市场需求为导向的跨国公司，并将研发中心、运营中心、物流中心、资金中心等高附加值环节转移到长三角。从全国范围来看，长三角在产业基础、基础设施、人力资本等方面都有着较为明显的优势，更加突出的优势是市场优势。2018 年中国人均 GDP 排名前十的城市中，长三角有 6 个，上海、江苏、浙江则在人均 GDP 全国排名中分列第二、第四和第五，长三角还是中国目前最富裕以及市场潜力最大的地区。长三角须以国内需求为导向，在区域价值链分工中重新定位，如上海在研发、金融等价值链核心环节进行积极探索；江苏重在与制造业密切相关的运营和服务环节培育新优势；浙江则依托互联网优势扩大物流和渠道影响；安徽利用要素成本较为低廉的优势承接价值链的生产环节；同时以上海自贸区为价值链中心，在长三角地区构建更加开放、更有深度和更加可控的国内区域价值链。

二是以开放创新为引领，培育国际级科创中心。进入知识经济时代，世界主要城市群的中心城市功能及其产业结构更多通过强化配置全球科技创新资源来实现转型升级。美国纽约、日本东京、英国伦敦都因此成为全球科技浪潮的重要发源地。未来国际竞争将是新兴科技产业的竞争，如新一代信息技术、芯片、人工智能、机器人、航天航空、高档数控机床、激光等领域都属于全球研发投入最集中、创新最活跃、应用最广泛、辐射带动作用最大的技术创新领域，中国需要在这些领域争取实现突破，从而跻身创新型国家前列。

上海自贸区临港新片区定位为“特殊经济功能区”，更多的是要瞄准下一轮新兴科技产业的竞争，打造与新兴科技产业相兼容的新制度供给体系，培育长三角科创硅谷。集成电路、人工智能、生物医药等领域是引领未来的产业，也是上海创新发展的主攻方向。上海自贸区临港新片区依托长三角数据海量、场景丰富、市场巨大等优势，必须实现关键领域“卡脖子”技术重点突破，同时依靠长三角完善的产业配套体系，共同打造立足区域、服务全国、辐射全球的世界级先进制造业集群。在联动发展中，上海自贸区临港新片区不但要引领江苏、浙江、安徽自贸区的创新协同，探索实施新一代产业政策和发展政策，还要实施监管协同，在风险可控的情况下将新功能片区拓展到长三角其他自贸区。同时，以信息化为事中事后监管核心力量，以人工智能与大数据为核心，推进长三角智慧监管一体化模式，配套建立事后终身追责制，坚持以风险防控为底线，全面提升新兴产业风险防范水平。

专栏 2－6

上海自贸区临港新片区引领开放新步伐

2019 年 8 月 6 日，国务院印发《中国（上海）自由贸易试验区临港新片区总体方案》，标志着临港新片区正式设立。增设上海自贸试验区新片区，是习近平总书记在 2018 年 11 月首届中国国际进口博览会上宣布的重大开放举措之一。先行启动面积为 119.5 平方千米，将对标国际上公认的竞争力最强的自由贸易园区，实施具有较强国际市场竞争力的开放政策和制度，加大开放型经济的风险压力测试。临港新片区强调要打造“更具国际市场影响力和竞争力的特殊经济功能区”，通过加快建立与国际通行规则相衔接的制度体系，更好地满足由商品和要素流动型开放向规则等制度型开放转变的要求。同时，加强长三角协同创新发展，并聚焦集成电路、人工智能、生物医药、民用航空等重点产业，将“建设具有国际市场竞争力的开放型产业体系”放在更加突出的位置。

◇ 资料来源：央视新闻“新时代　新作为　新篇章|上海自贸区临港新片区：开放新步伐　创新加速度”(https://baijiahao.baidu.com/s?id=1641482595628997145&wfr=spider&for=pc).

三是打造宜居宜业的人才高地。全球化新形势下，各国都在以前所未有的力度争夺国际高端人才，尽可能为国际人才流动提供更加自由便利的政策。长三角地区作为人才高地，不但要以更加开放的引才政策和环境吸引国际人才，更要以完善的公共服务，优化国际人才环境，留住国际人才。上海自贸区临港新片区目前在国际人才便利化方面有很大的政策突破，不仅通过签证、停居留政策，实施更加便利的人才流动政策，而且让境外人士参加中国相关职业资格考试。外国专业人才可以在特殊经济功能区自由执业，并且享受境外人才个人所得税税负差额补贴政策。上海下一步要积极探索城市群国际高端人才的共享模式，以营造良好的人才环境为前提，以人才的市场化配置为基础，促进国际人才商业保险互通、教育医疗资源共享、人才优惠政策联动，搭建各类服务人才的创新创业平台，建设国际人才共享的载体。不求所在，但求所用；不求所有，但求所为。争取在长三角自贸区先行先试区域一体化的人才政策，在集成电路、人工智能、生物医药等重点领域，建立高端人才评价互认机制，积极逐步推进高级专业技术人才和高技能人才的资格、职称互认，为区域高层次人才合理流动创造条件。

四是形成统一的长三角区域营商环境。当前，WTO 改革迫在眉睫，多边贸易体系面临前所未有的生存危机。21 世纪的贸易投资新议题包括农业、劳工、环境、政府采购、投资、知识产权保护、服务贸易、原产地标准、国有企业等，不仅覆盖货物贸易，也包括很多传统规则中回避的服务以及投资等敏感领域。长三角实施的是引领性的高水平开放，就必须构建与国际通行规则相衔接的制度体系。在制度环境方面，对标国际最高标准，实施更加深入的开放、更加全面的开放、更加系统的开放和更加公平的开放。这也与党中央提出的“向制度型开放转变”相契合。长三角要以自贸协定为框架蓝本，对标自贸试验区的标准和政策，在市场准入、标准互认、政策协调、规则对接等方面进行推广复制和先试先行，通过建立与高标准国际贸易投资规则相适应的管理方式，以开放倒逼体制机制改革，打造国际化、法制化、市场化、便利化营商环境。通过接轨国际惯例和通行规则，破除体制机制障碍，降低企业跨国交易成本；通过创新经济管理模式，推进实施国际产业园发展战略，提升城市管理、国际规范、人文环境、法治社会、诚信体系、公共服务等领域的国际化水平。

长三角是我国对外开放高地，在一体化机制下，需要推进更高水平的开放发展。一方面，需要一市三省协作共同打造高水平开放平台，尤其是利用好进口博览会、跨境电子商务等平台载体。另一方面，一市三省需要加快协作，进一步优化营商环境，更好地吸引外商投资促进本地发展，提升国际化水平。从现阶段来看，长三角地区以“一带一路”为统领，加快对内对外双向开放。具体而言，包括以下三点：

一是共建高水平开放平台。高水平举办中国国际进口博览会，打造规模更大、质量更优、创新更强、层次更高、成效更好的世界一流博览会。加强综合服务、专业贸易等线下展示交易平台建设，联合打造海外投资和专业服务平台。强化进口博览会参展商对接服务，推进招商引资项目协同，共同策划和开展贸易投资配套活动。加强进口商品通关便利化协同，强化安保、环境、交通等各项保障。加强长三角地区各类品牌展会和相关贸易投资活动协调联动，提升整体效果和影响力。积极对接全球电子商务新模式新规则新标准，联合加强数字化贸易平台建设，加强跨境电商国际合作，推动国际贸易制度创新、管理创新、服务创新。加快上海、南京、杭州、合肥、宁波、苏州、无锡、义乌跨境电子商务综合试验区建设，合力打造全球数字贸易高地。加快义乌国际贸易综合改革试验区建设。推动外贸业务流程改造和各环节数据共享，促进贸易监管数字化转型、便利化发展。

专栏 2-7

eWTP 打造全球商业共同体

2016 年以来，阿里巴巴集团提出了世界电子贸易平台（eWTP）倡议，呼吁顺应当前数字经济飞速发展的时代潮流，更好帮助中小微企业发展，促进全球普惠贸易和数字经济增长，孵化互联网时代的全球化贸易新规则。eWTP 倡议提出后，得到了国际社会包括联合国机构在内的国际组织、政府机构、工商界、智库学者的积极回应和高度认同。2016 年 9 月，eWTP 作为二十国集团工商界活动（B20）的一项核心政策建议，得到二十国集团（G20）领导人的回应和支持，被写入二十国集团领导人杭州峰会公报。

长三角各城市积极行动，助力 eWTP 建设。2019 年 10 月 9 日，一列承载着“跨境人”希望和梦想的中欧班列从义乌铁路口岸缓缓驶出，预计 15 天后，抵达万里之外的欧洲中心比利时列日市，届时包括橡胶制品、家居用品等在内的 20.22 万件跨境包裹将送到欧洲客户手上。eWTP 菜鸟号是义乌开通的第 11 条国际货运班列，也是长三角区域首条跨境电商中欧班列，途经欧亚五国，最终抵达比利时列日市，然后通过菜鸟部署在比利时列日市的 eHub、欧洲区域干线网络和欧洲末端配送网络，快速分发至其他欧洲国家。以前，跨境电商主要通过空运寄送包裹，小部分通过海运，空运价格高，海运周期长。国际货运班列是介于两者之间的第三种国际运输方式，具有稳定性强、安全性高等特性，非常适合跨境包裹运输，尤其是在欧洲国家，绿色环保的铁路运输更受欢迎。此外还能解决无法空运商品的进出口问题，丰富跨境电商品类。

◇ 资料来源：根据经济参考网“长三角首条跨境电商中欧班列开通”（http://www.jjckb.cn/2019-10/09/c_138458197.htm）整理.

二是协同推进开放合作。进一步扩大制造业、服务业、农业领域对外开放，逐步放宽市场准入机制，不断提升协同开放合作水平。加快金融市场对外开放，逐步放宽银行业外资市场准入机制。积极引进境外专业服务行业，有序推进服务贸易创新发展试点，完善跨境交付、境外消费、自然人模式下服务贸易准入制度，提升服务贸易自由化便利化水平。稳步扩大对外投资，进一步优化结构、拓展布局、创新方式、提升水平，共同推动对外投资可持续高质量发展。加强国际对接合作，在对外投资相对密集的国家和地区，布局建设一批集物流集散、加工制造、展示展销、信息资讯等多功能于一体的境外系列服务站。依托长三角一体化对外投资合作发展联盟，携手打造面向全球的综合服务平台，鼓励企业联合走出去。共同推进境外安全保障体系建设，增强风险防范能力。

三是合力打造国际一流营商环境。深化口岸合作，加强协调对接，提升通关一体化水平。加快建设具有国际先进水平的国际贸易“单一窗口”，推动港航物流信息接入，实现物流和监管等信息的全流程采集。建立进出口商品全流程质量安全溯源管理平台，开发信息化电子标签，整合生产、监测、航运、通关数据共享和业务协同，实现全链条监管。统筹区域内中欧班列资源，提高班列双向常态化运行质量效益。全面对接国际高标准市场规则体系，打造稳定、公平、透明、可预期的市场环境。提升外商投资管理和服务水平，全面实施外商投资准入前国民待遇加负面清单管理制度，放宽外资准入限制，健全事中事后监管体系。共同加强国际知识产权保护，加大侵权违法行为联合惩治力度，协同开展执法监管。建立健全外商投资企业投诉工作机制，保障外国投资者和外商投资企业合法权益。

专栏 2－8

长三角国际贸易“单一窗口”合作共建协议签约

2020 年 6 月 6 日，在 2020 年度长三角地区主要领导座谈会上举行了“长三角一体化发展重大合作事项”签约仪式，长三角国际贸易“单一窗口”合作共建作为商务（口岸）领域合作项目参加签约。长三角一市三省单一窗口建设起步较早，在国家标准版单一窗口大环境下，各地积极拓展地方特色功能，彼此间有数据共享和互联互通诉求。

此次签约，标志着长三角国际贸易“单一窗口”合作进入了新的阶段，一市三省商务（口岸）部门将坚持创新、协调、绿色、开放、共享的发展理念，深入贯彻实施长三角一体化发展战略和国家大数据发展战略，开展国际贸易“单一窗口”互联互通，逐步汇集长三角地区国际贸易链数据，形成数据共享便捷、平台覆盖广泛、功能丰富融合、机制保障有力的长三角国际贸易“单一窗口”合作共建模式。下一步，一市三省商务（口岸）部门将深入贯彻落实长三角地区主要领导座谈会议精神，充分协商、优势互补、互利共赢，以企业需求为导向，利用新技术新手段，为企业提供全流程、“一站式”跨境贸易信息服务，为口岸监管部门提供安全可靠的技术支撑，进一步帮助企业降本增效，优化口岸营商环境，通过加强数据交换共享、融合利用和安全管理，携手共建长三角国际贸易“单一窗口”服务品牌，打造长三角国际贸易信息服务有机整体，提高国际竞争力。

◇ 资料来源：上海市商务委员会“长三角国际贸易‘单一窗口’合作共建协议在2020年度长三角地区主要领导座谈会上签约”（https://sww.sh.gov.cn/swdt/20200609/6f5b04de3ed14607b1199e80b5a12042.html）.

第三节　一市三省实施长三角国家战略机制

上海、江苏、浙江、安徽一市三省围绕《长江三角洲区域一体化发展规划纲要》等国家政策，都发布了推进长江三角洲区域一体化发展的规划或者行动计划，助推着长三角地区高质量一体化发展。一市三省聚焦数字经济、新能源、公共服务、环境保护、交通设施等关键领域，结合各地方比较优势，在增强科技创新策源能力、完善基础设施网络布局、加强生态环境共保联治、推进公共服务普惠便利、全面扩大开放和建立统一大市场体系等方面加快推进一体化发展，旨在促进长三角地区各项事业发展不断取得新突破、新成效。

一、上海：聚焦重点领域协同推进

上海是长三角的龙头城市，不可否认，长三角一体化发展需要以上海为龙头牵引，而上海建设全球科创中心，也需要借力长三角发展。一是借力于长三角区域的产业分工体系，加速要素配置流动。二是借力于长三角的城市化进程，建设长江经济带和长三角城市群。三是借力于长三角城市群区域科技创新中心建设，合理定位城市群区域科技创新中心的功能与布局，重点发挥城市群区域科技创新中心体系中五大机构即实验室、企业技术中心、工程研究中心、工程技术研究中心、外资研发机构的作用。在此进程中，上海需要加快重点领域发展，从而推动长三角一体化。2014 年 5 月，习近平总书记对上海作出建设具有全球影响力的科技创新中心的重要指示。六年来，从量子密钥分发系统的安全距离扩展至 200 千米，到墨子号量子科学实验卫星发射升空；从首架 C919 大型客机一飞冲天，到实现克隆猴“中中”“华华”呱呱坠地……一批标志性原创成果竞相涌现，一批世界级科技设施迅速集聚，上海开放型创新生态加快形成，科技创新中心建设成果丰硕，不断成为区域科技创新中心，引领长三角甚至全国发展。

（一）上海建设全球科技创新中心的基础，是建设长三角区域科技创新中心

上海市的区域科技创新中心发展的基本特征，是以各类企业为主导的基础性研究为核心的研究体系。目前上海正向现代服务业为主导的区域创新中心转型，促进区域创新中心服务体系逐渐完善。①江苏省区域科技创新中心发展的基本态势，是建设以重大装备类产业为主导、产学研结合为主体的应用性研究创新中心和多元化区域创新中心。这一发展态势，推动了区域产业结构的升级和贸易结构的优化，提升了区域创新能力。浙江省区域科技创新中心发展的基本特征，是建设以中小企业和民营企业为主体的创新中心，呈现出“离散”性特征。浙江省在区域创新中心建设上富有特色，逐渐形成了以“离散”为特征的“浙江模式”。在研发公共服务平台基地建设和管理中，对科技资源的整合重在强调面向功能、择优互补、自愿组合，形成平台“虚拟组织”运行模式，以民营经济为主导的区域创新中心。技术溢出效应呈现出各类企业主动吸收科创成果的态势。

长三角城市群区域创新中心发展中的主要问题：一是缺乏长三角区域

① 许宁生. 科创中心建设背景下上海集成电路产业创新与发展[J]. 世界科学，2019（11）：30－31.

统一的创新中心建设布局规划和区域创新体系协调机构；二是区域性创新中心之间的创新能力存在较大的差距；三是长三角区域技术引进有余，区域创新中心的自主创新能力不足；四是区域创新中心拥有的科技资源布局分散，区域内缺乏联动机制，难以发挥集群效应。

长三角城市群区域创新中心建设协调发展的对策建议：一是调整长三角科技研发布局，优化整合各类科技资源，加快高科技资源的集聚。发展打造一批国家重点实验室、省部级重点实验室，建立高科技研发基地、科技产业化中试基地和科研人才培养基地，形成统一高效、层次分明、功能完善的科技创新平台体系。依托各类高校和科研机构建设跨省科技创新服务平台，营造良好的科技创新环境。二是完善科技规划管理，建立高效有序的政策支持和法律法规，在税收、信贷和市场准入方面给予相关的政策倾斜和优惠，鼓励企业创新攻关，提高自身技术含量，转变发展方式。在资源支持方面，加强区域科技基础设施和资源的投入建设，增加大型科学仪器设备建设，建立自然科技资源、科学数据、科技文献等公共科技资源数据库，并且向科技企业公开，为其提供良好的科技创新条件，引导培育科技创新企业的主体地位。在合作平台建设方面，建立长三角区域科创中心建设平台，创建企业与高校、科研机构以及相关工程技术研究中心的联系合作平台，鼓励科研院所和行业龙头企业组建产业技术创新战略联盟和应用产业化平台，推动高技术企业成为技术创新活动和创新成果应用的主体，加速科技成果产业化运作，提升产业核心竞争力。

（二）长三角世界级城市群建设的前提，是发展巨型城市区域

上海未来的目标，是建设全球城市。建设全球城市的目标，催生了长三角多中心巨型城市区域发展。上海建设全球城市，将促进以金融业为代表的全球性服务业的快速增长。因此，上海城市的经济基础、空间结构和社会组织均会发生较大的变化。在长三角区域发展中，全球性的高级生产性服务业，新国际劳动分工下的跨国公司总部，纷纷向发达城市转移。长三角核心区域，依托上海建设全球城市的发展态势，形成多中心巨型城市区域的基本框架初露端倪。

长三角的多中心巨型城市区域，是围绕着中心城市服务业发展和制造

业向外转移，城市功能不断强化的大合作区域。这个合作区域在城市群的作用下，不断地向外扩散，与边缘地区的制造业建立起了密切的协作关系，从而支撑了中心城市和边缘地区的长期可持续发展。长三角的多中心巨型城市区域，是超大尺度的区域空间（特别是多中心巨型城市区域），正成为国家经济发展的重要载体与依托。巨型聚集区的规模比目前的城市群更大。多中心巨型城市区域格局及其变化的研究表明，长三角地区“核心-外围-边缘”三大地带空间格局显著，并在此空间格局基础上表现出一定的“多中心空间结构”特征。长三角在多中心巨型城市区域的发展中，城市群脉络日趋清晰，成为全球城市网络的重要节点。长三角二级城市群的基本雏形也已显现。在长三角多中心巨型城市区域的空间结构与功能演变，以及巨大的人口、经济规模下，应运而生的二级城市群的能级，不断地演变出新的城市功能。

（三）建立长三角地区城市突发公共事件合作应对机制

长三角地区加强区域安全环境联防、联控、联治，共同构建城市区域安全屏障，是长三角一体化的重要内容。长三角区域突发公共事件合作应对协调主体是长三角城市政府的联盟，重点范围应是长三角核心区域的跨省城市，长三角区域合作应对协调的突发公共事件的主要内容应是：关系到民生发展与社会稳定的突发公共事件，包括经济、社会、人口、资源、环境的城市安全与社会稳定。

突发公共事件城市合作应对协调的主要内容。公共卫生事件类，重点建立长三角区域突发公共卫生事件的城市合作应对协调机制。长三角区域突发公共卫生事件主要分为两大类：一是法定报告的传染病大流行；二是重大动物疫情。长三角城市力争不发生法定报告的传染病大流行的特大型公共卫生事件。要实施最严格的食品安全制度，实施最严格的水环境保护制度，确保水环境免受污染。长三角城市力争不发生重大动物疫情。力争不在长三角城市出现我国已经消灭的和尚未发生的动物疫病。社会安全事件类，重点建立长三角区域社会安全事件类的城市合作应对协调机制。长三角区域社会安全事件主要分为四大类：一是金融突发事件；二是大规模群体性事件；三是影响市场稳定的突发事件；四是恐怖袭击事件。

长三角城市合作应对协调机制的建设任务。围绕建立长三角区域突发公共事件城市合作应对协调机制，长三角城市将重点开展以下建设任务：

一是完善长三角城市对区域突发公共事件的城市合作应对协调体系；二是健全长三角城市对区域突发公共事件的预防体系；三是提高长三角城市对区域突发公共事件的监测能力；四是提升社会突发安全事件应急处置的协调能力。

（四）上海推进建立实施“一带一路”倡议和长江经济带发展战略的区域合作协调机制

实施“一带一路”倡议和长江经济带发展战略，完善对区域合作机制的设想。在长江流域各区域合作与发展的历史和现状基础上，借鉴国内外区域合作协调机制的经验，坚持深化内涵、完善机制、整合资源、有序推进、调动多方面积极性，建立组织简单、保障有力、行动高效的长江流域联动合作协调体制与机制。在长江流域三大城市群间的互动合作机制上有所创新。长江流域三大城市群间互动合作机制要以长江流域三大城市群为主要平台，建立完善跨区域城市群联动合作，推动跨区域城市群间产业分工、基础设施、环境治理等协调联动。重点探索建立城市群管理协调模式，创新城市群要素市场管理机制，破除行政壁垒和垄断，促进生产要素自由流动和优化配置。主要在区域利益共享机制、基础设施共建共享机制和区域环境联防联控联治等方面发挥作用。

上海服务和参与建设“一带一路”和长江经济带发展战略的基本设想。一是国际航运中心的龙头。促进江海联运、多式联运发展，带动长江航运发展。第一，巩固上海枢纽港地位，深化落实上海国际航运中心“一体两翼”的发展战略，促进长江港口群联动发展。第二，加强长江黄金水道综合运输体系建设。目前，长江黄金水道中上游面临着大坝，下游面临着大桥等障碍。在这样的条件下，黄金水道建设不能仅局限于万吨轮直通，要转换思路，在依托水运基础上，加强沿江高速公路、高速铁路建设，特别是加强高速铁路的货运建设，形成水、铁、公综合运输体系。同时，长江水运可通过驳运体系，由矿产驳运拓展到集装箱驳运，使上海港成为沿江港口国际航线的重要中转港。第三，加快长江航运的“四个标准化”建设，推动江海直达运输和江河直达运输。通过地方性适度补贴，对支线航运企业进行政策扶持，推动长江沿线港口至洋山的江海直达运输，提高水水中转比例。鼓励和引导内河集装箱运输发展，在集装箱船舶通行权、费收、适箱货“散改集”等方面给予政策扶持，推动内河船舶至外高桥港区的直达运输。推广标准化船型的应用，提高船员适航范围。

二是国际贸易中心的龙头。发挥上海国际贸易中心龙头作用，打造长江经济带贸易一体化大通道。第一，提高上海市场开放度，成为连接对内、对外贸易的枢纽节点。长江经济带经济总量占据全国一半，拥有广阔的内地市场。充分发挥上海通江达海的优势，推进长江经济带开放开发，成为我国向东对外开放的桥头堡。大力提高上海市场开放度，加快形成货物贸易和服务贸易同步发展、国际市场和国内市场相互融通的发展格局，成为连接长江流域腹地和国际市场的枢纽节点。第二，提升上海国际贸易能级，辐射带动长江经济带贸易发展。上海要构建现代市场体系、集聚高能级的贸易主体、营造国际标准的商贸环境，带动长江流域的贸易发展。全面提升上海大宗产品交易和定价功能、国际展览与跨国采购功能、总部经济功能、国内商贸流通功能、服务贸易功能、离岸贸易功能，打造多功能综合平台，构建区域无障碍市场，辐射带动沿江城市的贸易发展。第三，加强与沿江地区电子通关衔接，推进贸易便利化。进一步完善上海口岸贸易便利化，实现上海海关分类通关关区全覆盖，进行通关无纸化改革。沿江城市要加强电子通关建设，并与上海进行无缝对接，通过信息化、网络化大力发展电子商务，重点打造长江经济带电子商务大平台。

（五）上海多措并举推进长三角一体化发展①

上海是长三角城市群的龙头，需要更好地发挥辐射带动作用，所以上海在推进长三角一体化进程中需要提升城市服务能级。与此同时，围绕全球科创中心建设等目标，加快科技创新策源地打造、完善城市基础交通网络，加快政策协同带动长三角区域发展。不仅如此，上海是全球城市，具有很高的国际化水平，在一体化过程中，需要加快内外市场联动开放，形成国内国际开放循环的新格局。

一是提升上海服务辐射能级。持续深化“五个中心”核心功能建设，增强国际金融中心资源配置功能，提升在全球贸易网络中的枢纽作用，巩固世界级国际海空枢纽港地位，大力集聚跨国公司和培育本土跨国公司。持续打响上海“四大品牌”：打响优质高端的“上海服务”品牌，扩大服

① 上海市贯彻《长江三角洲区域一体化发展规划纲要》实施方案.

务半径和辐射范围；打响享誉全球的“上海制造”品牌，加快发展高端制造、智能制造、绿色制造和服务型制造；打响时尚繁荣的“上海购物”品牌，以支持品质消费、时尚消费、服务消费为发力点，建设一批具有全球知名度的“上海购物”平台；推出“上海原创”的文化精品，打造城市精神标识和文化地标。

二是增强科技创新策源能力。推动张江实验室创建为国家实验室，与安徽合肥共建量子信息科学国家实验室。聚焦集成电路、人工智能、生物医药等重点领域，推动产学研用联合攻关，加快推动关键共性技术、前沿引领技术、现代工程技术和颠覆性技术不断取得突破。加快推进全面创新改革试验，深化科技人才和科研院所管理体制机制改革。创新规划土地、财政金融支持科技创新中心建设政策。拓展“科技创新券”“四新券”通用通兑范围和领域，在合力提升原始创新能力、协同推进科技成果转移转化、共建产业创新平台、强化创新政策协同等方面出台一批新举措。持续推进长三角 G60 科创走廊建设，坚持市场化、法治化导向和科技创新、制度创新双轮驱动，积极开展产业园区合作共建，加快建设全要素科技成果对接转化平台和产业协同创新中心，共同打造长三角高端制造业主阵地。

专栏 2-9

上海科创中心建设迈上新台阶

5 年来，上海着力提升科创中心策源能力，先后成立了张江实验室和上海脑科学与类脑研究中心，形成张江国家实验室建设方案，启动建设李政道研究所、张江药物实验室、复旦张江国际创新中心、上海交大张江科学园等高水平创新机构和平台，并主动参与微纳电子、量子信息、海洋等领域国家实验室建设。在重大项目方面，上海主动承接 2006 — 2020 年国家科技重大专项，积极对接科技创新 2030 重大项目，累计牵头承担国家科技重大专项项目 854 项。上海还启动了硬 X 射线装置预研、硅光子等 8 个市级科技重大专项，地方财政投入超过 40 亿元。

在关键核心技术和“卡脖子”领域，上海持续发力，全力打造集成电路创新高地，加快人工智能产业技术研发与应用，充分激发生物医药产业研发活力，全面推动战略性新兴产业发展。目前，国家重型燃气轮机等重大项目进展顺利，商用航空发动机等关键核心技术取得突破。上海在国内率先启动了千米级高温超导带材应用示范项目，打破国际垄断。新能源汽车保有量近 25 万辆，在全球城市中排名第一。

在制度供给方面，国务院 2016 年授权上海先行先试的 10 项改革举措，已基本落地。在海外人才永久居住便利服务制度、天使投资税制等方面，形成了一批可复制推广的改革举措。在国务院批复的两批 36 条可复制推广举措中，有 9 条为上海经验，占总数的 1/4。为推进科技体制地方配套改革，上海 5 年来发布超过 70 个地方配套政策，涉及 170 多项改革举措，取得了显著成效。目前，上海全社会研发投入占 GDP 比例达 4%，比 5 年前提升 0.35 个百分点。每万人口发明专利拥有量达到 47.5 件，比 5 年前翻了一倍。综合科技进步水平指数始终处在全国前两位，科技对经济发展的贡献稳步提高。

◇ 资料来源：央广网"'卡脖子'领域持续发力　上海科创中心建设进入深化推进阶段"(https://baijiahao.baidu.com/s?id=1629038462837669815&wfr=spider&for=pc).

三是完善基础设施网络布局。加快建设区域轨道交通网络，加快构筑"5 个方向、12 条干线"的铁路网络，促进城市轨道、市域铁路、城际铁路等不同层次轨道网络的融合，谋划统一的技术制式和运营组织保障。加快推进浦东综合交通枢纽规划建设，构建空铁联运体系，提升浦东国际机场对长三角的服务能力。建设世界级的信息基础设施标杆城市，推动 5G 网络规模部署，打造"双千兆宽带城市"。构筑"城市神经元系统"，赋能"城市大脑"。建设长三角工业互联网平台国家先行区，建立长三角工业互联网创新应用体验中心，发布工业互联网平台和专业服务商推荐目录，培育壮大专业运营商。推动上海电气、上海汽车等企业集团开展安全试点示范。

专栏 2－10

上海发力新基建

近年来，上海围绕科技创新中心、综合性国家科学中心以及新型智慧城市、下一代互联网示范城市、新一代人工智能创新发展试验区等建设，加强网络基础设施、数据中心和计算平台、重大科技基础设施等布局，总体水平一直保持国内领先。已实现全市 16 个区 5G 网络连续覆盖。建设了 15 个具有全国影响力的工业互联网行业平台，带动 6 万多家中小企业上云上平台。目前互联网数据中心已建机架数超过 12 万个，利用率、服务规模处于国内第一梯队。市大数据平台累计已汇集全市 200 多个单位 340 亿条数据，数据总体规模在国内领先。上海已建和在建的国家重大科技基础设施共有 14 个，大设施的数量、投资金额和建设进度均领先全国。

2020 年 4 月 27 日，市政府常务会议审议通过了《上海市推进新型基础设施建设行动方案（2020 — 2022 年）》，立足于数字产业化、产业数字化、跨界融合化、品牌高端化，坚持新老一体、远近统筹、建用兼顾、政企协同，抢抓新型基础设施建设为产业复苏升级带来的重要机遇，高水平推进 5G 等“新网络”建设，持续保持“新设施”的国际竞争力，加快建设人工智能等“新平台”，完善社会治理和民生服务“新终端”布局，着力创造新供给、激发新需求、培育新动能，为上海加快构建现代化产业体系厚植新根基，打造经济高质量发展新引擎。

◇ 资料来源：中央政府网“投资 2 700 亿元 上海发力‘新基建’”（http://www.gov.cn/xinwen/2020-05/08/content_5509646.htm）.

四是深化对内对外开放联动。深化跨境电商综合试验区建设，建设跨境电商零售出口海关监管作业场所，吸引跨境电商出口企业集聚。建设数字贸易交易促进平台，拓展与国际标准相接轨的数字版权确权、估价和交易流程服务功能，打造数字内容和产品资源库。推动政务服务“一网通办”，统一规范区域政务服务标准，推进高频事项接入长三角“一网通办”平台，实现线上“一地认证，全网通办”、线下“收受分离，异地可办”。

二、江苏：协同打造强劲活跃增长极

江苏是长三角一体化的积极参与者、有力推动者和坚定执行者，始终把建好“长三角的江苏”，作为推动高质量发展走在前列、加快建设“强富美高”新江苏的重大战略机遇。在服务一体化中担当重大使命，在融入一体化中拓展发展空间，在推动一体化中高质量发展，加快产业创新、基础设施、区域市场、绿色发展、公共服务、省内全域“六个一体化”，率先探索区域一体化制度创新和路径模式，努力建成全国发展强劲活跃增长极。

（一）构建现代市场体系，共推市场一体化建设

一是建立统一的市场标准，制订主体数据共建共享方案。加快出台统一数据资源目录和数据接口标准，确定数据需求清单，统一采集、归集数据，制定安全策略和安全措施，明确管理权限，共建以“覆盖全区、全面汇聚”的长三角地区市场主体基础数据库。

二是建构统一的服务平台。加快探索建立统一的区域市场规则体系，推进区域标准化合作和标准化体系建设。整合数据资源，形成统一的经济社会数据统计、发布和分析平台。结合各地优势，成立各类专业化、跨区域的共享服务平台，在法律法规、贸易和投资便利化、企业融资和合作、运输物流等方面为企业提供服务。

三是健全一体化市场融合机制。各级政府要减少人为分割市场导致价格信号扭曲的行为。进一步完善政府信用体系和政务公开体系，实现政府间的互信、互通。推进监管互认、执法互助、权责一致、运转高效，推广“科技+制度+保护+诚信”治理模式，促进规则透明、竞争有序、资源共享。

（二）共补交通之短，建设综合交通体系

一是协同构建快速交通体系。协同推进跨域高速公路联网运营，加快推进北沿江高铁过江通道布点、布线论证，加快建设东西向高铁大通道；主动对接上海机场诉求，强化两地分工与合作，加快推进南通新机场建设；以上海为中心，推进上海轻轨路线北向跨江延伸，联网并线，协同加强上海都市圈城际轨道交通网建设。

二是协同构建航运物流体系。加快在港口集团层面签订合作框架协议，与上海港、安徽港群、宁波舟山港建立港口联盟，助力上海国际航运中心建设，共建长三角世界级港口群。发挥南通在集装箱运输和江海联运功能中的巨大潜力，努力推进通州湾“长江经济带战略支点”建设。

（三）推进创新协同发展，打造长三角产业创新共同体

一是实现传统产业转型升级。加快生产要素对接由劳动密集型向技术密集型、知识密集型转变，推动先进制造业向全球价值链中高端迈进。加强传统产业与云计算、大数据、物联网、人工智能等新技术的融合，积极

发展共享经济、数字经济和现代供应链等新业态新模式。

二是积极参与长三角产业协作。主动强化与上海的产业协同，发挥江苏产业体系完整的优势，打造科技成果转化的“最佳试验场”；叠加上海金融业高度发达、江苏实体经济基础雄厚的优势，协同打造具有全球竞争力的“国之重器”和大企业。推进江苏与浙江信息技术企业的合作，推动大数据、云计算、“互联网+”等信息技术与制造业的融合发展，加快推进江苏物联网建设。

三是共建长三角创新共同体。着力提升江苏的原始创新能力和高科技成果转换能力，加强对关键性技术的协同创新和突破攻关，联合成立“产业技术创新联盟”和“长三角双创示范基地联盟”。加快落实好《助推G60科创走廊更高质量发展共建协议》，积极打造“嘉昆太”协同创新核心圈。推进苏南国家自主创新示范区、南京江北新区、无锡国家传感网创新示范区等创新功能区建设，与上海张江、合肥综合性国家科学中心及杭州国家自主创新示范区实现联动发展，合力构建具有全球影响力的产业创新功能示范区。

（四）共补生态之短，助推绿色发展

一是加快跨域规划对接，协同打造生态经济带。推进沪苏浙皖协同打造长江生态经济带，沪苏协同打造崇明世界级生态岛，苏皖协同打造江淮生态经济区和淮河生态经济带，构筑长三角绿色发展新空间。

二是完善联防共保机制，推进生态跨域治理。在环太湖、沿海、环淀山湖、苏南丘陵等跨界地区，积极推进产业政策、生态补偿政策、节水环保政策跨地协调，全面优化沪苏浙皖在长江、运河、淮河流域生态环境保护治理方面的顶层设计。扎实推进“沿江化工污染和长江口沿海化工污染同步整治、长江经济带点源污染和面源污染同步控制、化工围江和其他污染围江同步治理、支流入江口和入江支流同步管控”。加强沿江、沿海、沿河港口船舶污染物接收、转运、处置与监管。强化沿海滩涂湿地资源、岸线资源保护力度，逐步完善岸线有偿使用、退出机制，提高岸线集约利用度。

（五）江苏协同推进长三角一体化发展①

从实践来看，江苏在一体化建设中更加侧重于产业体系建构、基础设

① 《长江三角洲区域一体化发展规划纲要》江苏实施方案.

施完善、对外开放水平提升、公共服务体系建构等，从而发挥自身已有的产业优势、交通优势、开放优势等，重点在产业链、创新链等方面推进一体化建设。

一是建设协同创新产业体系。走“科创+产业”道路，加强基础性、战略性关键技术研发，组织实施前沿引领技术基础研究专项和前瞻性产业技术创新专项，集中突破集成电路、生物医药、物联网、人工智能、车联网、新材料、新能源、高端装备制造等一批“卡脖子”问题。共建产业创新大平台，以上海为龙头，以南京、苏州、无锡、杭州、合肥为重要极点，以沿沪宁产业创新带、G60科创走廊、宁杭生态经济带为支撑，推动原始创新、技术创新和产业创新，共同打造长三角科技创新共同体。依托优势产业和创新型领军企业，发挥长三角双创示范基地联盟作用，加强跨区域“双创”合作，联合共建国家级科技成果孵化基地和双创示范基地。推进创新链与产业链深度融合，聚焦关键共性技术、前沿引领技术、应用型技术，探索开展新型产业技术集成创新试点，建立政产学研多方参与机制，开展跨学科、跨领域协作攻关，形成基础研究、技术开发、成果转化和产业创新全流程创新产业链。

专栏 2－11

“江苏制造”向产业链中高端迈进

2019年以来，江苏继续以智能制造为主攻方向，新增省级智能车间200家，智能车间总数扩容到近千家，有力推动产业技术变革、优化升级，促进“江苏制造”向产业链中高端迈进。例如，通过省级“智能车间”示范验收的盐城阿特斯阳光能源科技有限公司，太阳能电池生产线根据电脑指令从单晶硅模式自动切换为多晶硅模式，产品尺寸也自动进行调整，整个过程不到10分钟。正是由于生产过程实现了智能化、集成化、可扩展化，企业今年得以承接“高端定制”，再加上智能车间的用工下降了一半，人均产值创下了400万元的行业最高水平，2019年生产逆势上扬，不仅订单饱满，利润也十分可观。包括盐城阿特斯在内，2019年江苏全省新增200家省级智能车间，智能车间总数将扩容到928家，这些智能车间覆盖了传统产业和新兴产业各个领域。

为推进江苏工业向“智能制造”转型，江苏首先进行了系统化布局，出台智能制造整体实施意见，对企业上云、工业互联网平台建设、两化融合贯标、工业 App 发展都制订了“三年行动计划”。将 20 家工业互联网平台建设纳入国家及省重点培育计划的工业互联网平台，为面广量大的企业智能制造提供了公共技术服务，新增上云企业 5 万家，有力支撑了江苏制造平稳增长和向高质量发展。

◇ 资料来源：江苏国际在线“‘江苏制造’向产业链中高端迈进”(http://gjzx.jschina.com.cn/20215/201912/t20191202_6426963.shtml).

二是推进基础设施互联互通。合力打造世界级机场群，以国家编制实施长三角民航协同发展战略规划为契机，完善区域机场协作机制，统筹空域资源利用，加快发展通用航空，促进民航、通用航空融合发展。协同推进港口航道建设，统筹沿江沿海港口布局，积极推进港航资源整合，加强联动协作，健全一体化发展机制，做优做强长三角世界级港口群北翼。深化重点领域智慧应用，支持有条件的城市建设基于人工智能和 5G 物联的城市大脑集群。支持北斗导航系统率先应用，建设南京位置服务数据中心。

三是强化生态环境共保联治。大力实施太湖流域水环境综合治理，扎实推进水污染防治、水生态修复、水资源保护，坚决打好太湖治理攻坚战。全面加强水污染治理协作，共同推进长江、京杭大运河、太湖、太浦河、淀山湖等重点跨界水体联保专项治理。认真落实国家关于开发地区、受益地区与保护地区横向生态补偿机制，跨流域生态补偿、污染赔偿标准和水质考核体系，太湖流域生态补偿机制以及湿地生态效益补偿制度。参与建立重点区域环境风险应急统一管理平台，建设江阴沿江危险化学品应急救援基地，提高环境突发事件处理能力。

四是加快公共服务便利共享。创新跨区域服务机制，建立健全异地就医直接结算信息沟通和应急联动机制，推进电子健康档案信息平台跨区域联通，完善住院费用异地直接结算，开展异地就医门、急诊医疗费用直接结算试点工作。协同扩大优质教育供给，研究发布统一的教育现代化指标体系，依托城市优质学前教育、中小学资源，鼓励学校跨区域牵手帮扶，深化校长和教师交流合作机制，利用“互联网+教育”等新模式，扩大优质教育覆盖面。推动长三角高校联合培养和学分互认，深化大学大院大所全面合作、协同创新，联手打造具有国际影响的一流大学和一流学科。

五是全面扩大对外开放合作。全面贯彻《外商投资法》，落实外商投资准入前国民待遇加负面清单管理制度，放宽外资准入限制，健全事中事后监管体系。进一步扩大先进制造业、现代服务业、现代农业领域对外开放，逐步放宽市场准入，降低汽车、飞机、船舶、装备、电子信息、新材料、新能源等行业进入门槛。高水平举办世界智能制造大会、世界物联网博览会，进一步扩大江苏国际影响力。加快金融市场对外开放，逐步放宽银行外资市场准入。加强国际合作园区建设，依托南京、苏州、无锡等重点城市和重点园区，研究制定相关政策措施，高水平打造国际总部经济聚集区。重点支持中新苏州工业园区创新发展，加快建设中韩（盐城）产业园、中德（太仓）合作创新园、中以（常州）创新园，全面提升经济技术开发区、高新技术产业开发区等开放合作水平。

三、浙江：九高九共同推进一体化

浙江是长三角一体化的积极参与者，长三角一体化也为浙江带来了重大战略机遇。浙江坚持全域融入，坚持重点突破，坚持合力推进，坚持战略协同，充分发挥绿水青山、数字经济、海洋经济、民营经济等特色优势，把浙江大湾区、大花园、大通道、大都市区建设等重大决策部署融入长三角一体化发展国家战略，统筹推进、同步实施，共同推动长三角更高质量一体化发展。浙江大湾区是现代化浙江的空间特征。突出对接上海、聚焦杭州宁波一体化发展，强化创新驱动、要素集聚和高端产业发展，体现高质量、竞争力、现代化的目标导向。浙江大湾区建设是对标世界顶级湾区，实现从“富起来”到“强起来”的关键一跃。循着大湾区建设路线图，打造全球高端要素集聚高地、产业科技创新高地、开放高地和体制创新高地，最终建成“全国现代化建设先行区，全球数字经济创新高地和区域高质量发展新引擎”。浙江省委、省政府出台了《浙江省推进长江三角洲区域一体化发展行动方案》，提出了“九高九共同”，包括高水平建设大湾区，共同构建长三角产业创新协同体系；高品质建设大花园，共同加强长三角生态环境联保共治；高标准建设大通道，共同构筑长三角基础设施互联互通网络；高能级建设大都市区，共同打造长三角城市群金南翼；

高层次扩大对外开放，共同打造长三角“一带一路”枢纽；高起点发展数字经济，共同打造长三角全球数字经济创新高地；高质量发展民营经济，共同促进长三角民营经济转型升级；高普惠共享公共服务，共同提升长三角居民美好生活水平；高效能深化“最多跑一次”改革，共同建立长三角统一开放大市场等九个方面，具体可以概括为“4+3+2”。

（一）浙江是长三角的重要组成部分，加快杭州湾经济区建设是推动长三角一体化发展的主动作为

浙江是长三角的重要组成部分，充分发挥杭州湾区域作用对于推动长三角一体化发展具有重要意义。早在 2002 年 12 月，习近平就指出，主动接轨上海，进一步明确浙江在长江三角洲经济圈中的位置，积极发挥在该地区经济整合与协调发展中的作用，是浙江的当务之急。2003 年 3 月，习近平在省委工作会议上进一步强调，要积极投身到主动接轨上海、参与长江三角洲地区合作与交流这项工作中去，通过加强交流与合作、取长补短、互促共进，不断提高浙江省的综合实力和国际竞争力。2003 年 5 月，浙江省委、省政府发布了《关于主动接轨上海积极参与长江三角洲地区合作与交流的若干意见》。2003 年 7 月，在浙江省委十一届四次全会上，习近平明确提出“八八战略”，把“进一步发挥浙江的区位优势，主动接轨上海、积极参与长江三角洲地区交流与合作，不断提高对内对外开放水平”作为其中一大战略，强调把杭州湾作为重点开发区，把“规划建设环杭州湾产业带和城市群”摆在突出战略地位，并亲自推动制定实施《浙江省环杭州湾产业带发展规划》。

此后，浙江一直把杭州湾经济区作为主动接轨上海、参与长三角地区一体化发展的重要平台。省委深入贯彻落实习近平关于长三角高质量发展和浙江工作的重要指示精神，深化细化“八八战略”，明确要求加快建设杭州湾经济区，大力发展湾区经济。2018 年 5 月，省委、省政府发布浙江大湾区建设行动计划，提出以“全国现代化建设先行区、全球数字经济创新高地、区域高质量发展新引擎”为目标，建设“一港”[高水平建设中国（浙江）自由贸易试验区，争创自由贸易港]、“两极”（增强杭州、宁波两大都市区辐射带动作用，带动杭州湾经济区创新发展、开放发展、联动发展）、“三廊”（以高新区、高教园、科技城为依托，加快建设杭州城西

科创大走廊、宁波甬江科创大走廊、嘉兴 G60 科创大走廊）、“四区”（谋划打造杭州江东新区、宁波前湾新区、绍兴滨海新区、湖州南太湖新区，将新区建设成为产城融合、人与自然和谐共生的现代化新区），聚焦产业、创新、城市、交通、开放、生态六大领域，着力实施现代产业高地建设行动、“互联网+”科创高地建设行动、现代化国际化城市建设行动、大湾区现代交通建设行动、开放高地建设行动、美丽大湾区建设行动等“六大专项行动”，这不仅是推进杭州湾区域高质量发展的战略举措，也是推动长三角地区率先发展、创新发展、优化发展的具体行动；不仅是推动杭州湾经济区创新发展、开放发展的需要，也是长三角更高质量发展的重要支撑。因此，加快杭州湾经济区建设，不仅是深化实施“八八战略”、推动浙江省高质量发展的战略举措，更是全面接轨上海、积极推进长三角一体化发展的主动作为。

（二）加快杭州湾经济区建设是浙江扬己所长，充分发挥比较优势，全面接轨上海，推动长三角一体化发展的战略举措

2003 年 3 月，习近平在沪浙两省市经济社会发展情况交流会上，明确要求浙江“虚心学习、主动接轨、真诚合作、互利共赢”，以市场机制为主导，注重发挥比较优势，以更加积极的姿态，“借上海之势，扬各自所长，实现长江三角洲地区的共同繁荣”。2018 年 5 月，习近平总书记在《关于推动长三角地区一体化发展有关情况的报告》上作出重要指示，要求“上海进一步发挥龙头带动作用，苏浙皖各扬所长”。加快杭州湾经济区建设就是浙江扬己所长，充分发挥比较优势，全面接轨上海，全力推进长三角一体化发展的战略举措。①杭州湾经济区是我国最具实力、最有活力和发展潜力的区域之一，具有发展高水平湾区经济的基础和优势。

首先，发展基础扎实。杭州湾经济区常住人口占浙江全省的 55.3%，地区生产总值占比超过 68.7%，杭州、宁波等主要城市发展强劲，嘉兴、绍兴、湖州、舟山等中心城市也各具亮点特色，成为区域经济发展的重要支撑。区域内在动力显著，区域内拥有的境内上市公司、中国民营 500 强企业分别占全省的 78%、75%，一批龙头骨干企业优势明显，特别是阿里

① 盛世豪. 着力推进长三角更高质量一体化[N]. 浙江日报，2019-01-16.

巴巴、吉利汽车、海康威视等一批具有国际影响力的企业崛起，进一步强化了杭州湾经济区的发展支撑。

其次，发展活力彰显。杭州湾经济区是我国民营经济先发地区，市场化程度高，体制机制完善，特别是近年来通过率先开展“最多跑一次”改革，公共服务水平和营商环境得到进一步提升。区域内创新要素集聚度高，2017 年从事科技活动人员数占全省的 79.4%，研发投入占 86.7%，发明专利授权量占 83.2%，创业创新势头强劲，高新区、科技城、特色小镇等特色优势显现，新主体、新业态、新技术、新产业快速崛起，推动以数字经济、智能制造、互联网金融为主体的现代化经济体系加快形成。

第三，发展潜力显著。杭州湾经济区位于“一带一路”建设和长江经济带发展两大国家战略交会点，在中央的重视支持下，杭州正以国家自主创新示范区和跨境电子商务综合试验区为依托，全力打造具有全球影响力的“互联网+创新创业中心”，宁波“一带一路”建设综合试验区成效初显，海洋经济发展示范区、舟山群岛新区、中国（浙江）自贸区、义乌国际贸易综合改革试验区、宁波温州国家自主创新示范区等国家级平台建设和西湖大学、之江实验室等科创平台建设的加快推进，以及环杭州湾经济区行动计划和国家数字经济示范省建设方案的深化实施，推动了杭州湾经济区新旧动能加快转换。

因此，加快推进杭州湾经济区建设，不仅为浙江推动“两个高水平”建设奠定了扎实基础，而且为促进长三角地区高质量一体化发展、提升整体服务国家战略能力提供了强大动力。

（三）长三角更高质量一体化发展的新征程已经开启，加快推进杭州湾经济区建设，努力为长三角高质量发展作出更大贡献

当前，长三角更高质量一体化发展的新征程已经开启，浙江省关于杭州湾经济区建设的总体思路和主要布局也已明确。浙江要按照“虚心学习、主动接轨、真诚合作、互利共赢”的原则，坚持优势互补、互惠互利、共同发展，主动接轨上海、借力上海，加快推进杭州湾经济区建设，努力为长三角更高质量一体化发展作出更大贡献。

凝聚共识。推进杭州湾经济区建设，不仅是浙江深化实施“八八战

略”，顺应发展规律、促进经济高质量发展的具体行动，也是扬己所长，主动接轨上海、全面推进长三角更高质量一体化发展的战略举措，两者目标一致，要求相同，路径相通。我们必须坚决贯彻落实习近平总书记关于长三角一体化发展的重要指示精神，凝聚共识，坚定信心，加快建立统筹协调的体制机制，加快推进杭州湾经济区建设，努力使浙江省成为推进长三角更高质量一体化发展的表率、标兵和示范。

突出重点。要把嘉兴与湖州的发展放在更加优先和突出位置，推动嘉兴与金山联手打造杭州湾北岸新区，进一步发挥杭州湾北岸在长三角一体化发展中的前沿枢纽作用。着力推进杭甬同城化发展，加快都市区现代综合交通体系建设，增强都市区高端要素集聚和创新能力，提升都市区协同发展与国际化服务功能。着力推动沪甬舟高水平合作，加快谋划建设沪甬交通通道，把前湾新区建设成为浙沪合作示范区；谋划建设沪甬舟海洋经济大走廊，在海洋经济、科技创新、高端制造等领域开展深层次合作，努力形成具有全球竞争优势的海洋经济示范区。

构筑大平台。加快实施大湾区建设计划，打造以数字经济和智能制造为核心的湾区产业主平台，推动杭州湾经济区集约高效、产城融合、绿色智慧的高质量发展。着力推动杭州、宁波与上海三大都市圈的战略协同，规划建设一批战略合作平台，协力打造具有国际影响力的世界级城市群和一流湾区。着眼推动长三角协同创新体系建设，充分发挥浙江大学、西湖大学、之江实验室等科创平台作用，前瞻布局一批高水平创新载体，整合创新资源，打造长三角创新发展新引擎。着眼打造一体化公共服务体系，加快推进智慧政务、云服务平台建设，提升杭州湾区域国际化服务功能。

扬己所长。发挥“一带一路”核心枢纽优势，重点建设以宁波舟山港为载体的高质量商贸物流体系，推动建立优势产品、企业、产能、技术、管理走出去的产能合作先行区和跨境电子商务引领区。发挥数字经济先发优势，着力谋划建设数字湾区，积极打造“互联网+”科技创新高地，推动长三角数字经济融合发展。发挥制造业体系优势，加快发展数字经济、先进制造、智能汽车、生物医药、航空航天等重量级未来产业，争创国家级军民融合创新示范区，建设世界级先进制造业集群。发挥海洋经济优势，合理布局沿海临港产业，发展特色海洋高新技术产业，推动港口资源合作，纵深推进港产城湾一体化。发挥民营经济优势，鼓励支持民营企业深度参与杭州湾经济区建设和长三角更高质量一体化，促进长三角民营企业的健康发展。

（四）浙江“4+3+2”推进长三角一体化发展[①]

浙江发布的《浙江省推进长江三角洲区域一体化发展行动方案》主要依托浙江省自身优势来助推长三角高质量一体化，可以概括为“4+3+2”。其中，“4”为以浙江大湾区、大花园、大通道、大都市区等“四大”建设来助推长三角一体化；“3”为以数字经济、民营经济、对外开放等三大浙江省的比较优势为依托来夯实长三角一体化的基础；“2”为发挥好“最多跑一次改革”、普惠共享公共服务功能，让长三角一体化的红利真正惠及每一个人。在此进程中，“四大”建设为长三角一体化提供了平台载体。

1. 高水平建设浙江大湾区

浙江大湾区建设是“四大建设”的重要组成部分，也是推进长三角一体化的重要平台载体。在空间平台上，浙江大湾区包括一环“环杭州湾经济区”、一带“甬台温临港产业带”和一通道“义甬舟开放大通道”。具体而言，浙江大湾区以“一港两极三廊四新区”为平台，“一港”为中国浙江自由贸易试验区争创自由贸易港，“两极”为杭州、宁波两大都市区，“三廊”为杭州城西、宁波甬江、嘉兴G60三大科创走廊，“四新区”为杭州江东、宁波前湾、绍兴滨海、湖州南太湖。其中，环杭州湾大湾区拥有浙江省约68%的经济总量，约55%的人口，约75%的中国民营500强企业，具备打造高水平湾区经济的实力、活力和潜力。杭州湾新区也是国家级产城融合示范区、沪甬合作示范区、浙沪合作示范区，是“一带一路”倡议、长江经济带国家战略、长三角一体化国家战略叠加的交会点。

在推进长三角一体化过程中，以环杭州湾经济区为核心，加快集聚高端创新要素，大力发展高端产业，加强科技体制改革和创新体系建设合作，建设一批高能级创新合作平台，打造全国发展强劲活跃增长极的主载体和长三角高质量一体化发展的领航地。全面对接上海全球科创中心建设，加强与长三角高端科研创新平台的全面合作，共同研究制订长三角区域全面创新改革试验方案。建成超重力离心模拟和实验装置，推进未来网络试验设施等申报国家重大科技基础设施，合力争取国家重大科研任务落

---

① 浙江省推进长江三角洲区域一体化发展行动方案.

户长三角区域，共同承接国家科技创新2030重大项目和国家科技重大专项。推动之江实验室等创建国家实验室，探索建立长三角跨区域联合实验室。加快建设西湖大学、中科院宁波材料所、中科院肿瘤与基础医学研究所、阿里达摩院、浙大杭州国际科创中心、浙江清华长三角研究院、北航杭州创新研究院、中电科长三角创新中心等重大创新平台，支持浙大国际联合学院建设浙大国际联合创新中心和国际科创城。共同提升长三角G60科创走廊合作发展水平，规划建设环杭州湾高新技术产业带，加快推进杭州城西、宁波甬江、嘉兴G60等科创大走廊建设，支持打造温州环大罗山、台州湾、绍兴、金义等科创廊道及沪湖绿色智造廊道。加快建设杭州、宁波温州国家自主创新示范区，争取自主创新示范区扩区提升。

2. 高品质建设大花园

大花园是现代化浙江的普遍形态，是浙江自然环境的底色、高质量发展的底色和人民幸福生活的底色。大花园建设是实现高质量发展和高品质生活有机结合的战略之举，在现代化浙江建设中具有独特地位和作用，凝结着习近平总书记的牵挂和重托，是全面践行习近平生态文明思想的浙江行动。要按照全域景区化的目标要求，加快建设美丽乡村、美丽田园、美丽河湖、美丽园区、美丽城市、国家公园，努力把全省建设成为生态环境优美、绿色经济发达、人民生活幸福、社会公平正义的大花园。

全面践行“两山”理念，以大花园为基础底色，坚持生态优先、绿色发展，大力推进生态文明建设，加强跨区域跨流域生态屏障、生态廊道联合共建和环境污染联防联治，合力打造生态美丽长三角。严守生态保护红线，加强自然保护区、重要水源地、森林公园、重要湿地等重要生态空间保护力度，推动集生态保护、科学研究、环境教育、生态旅游等功能于一体的自然保护地体系建设。统筹推进山水林田湖草生态保护与修复，强化矿山整治，严格保护耕地、林地、湿地和海岛，构建生物多样性保护网络。严格管控各类开发活动，不断提高空间开发质量和效率。深入推进美丽城镇和美丽乡村建设，打造整洁田园，发展美丽农业，建设美丽河湖、森林城市，不断改善城乡人居环境，着力打造“千万工程”升级版。加快推进衢州、丽水大花园核心区建设，支持湖州、衢州、丽水等地打造“绿水青山就是金山银山”实践创新基地。提升开化钱江源国家公园建设水平，支持丽水争取创建国家公园。

3. 高标准建设大通道

大通道是“两个高水平”建设和“四大”建设的战略性、基础性、先导性工程，是经济发展的大动脉、国际合作的新桥梁、美丽浙江的风景线、人民生活的幸福路，是新时代浙江发展的战略支撑，对于推动质量变革、效率变革、动力变革具有重要作用。大通道建设的目标是基本建成省域、市域、城区三个“1 小时交通圈”和现代综合交通体系。在此基础上，全力推进交通强国建设试点，推动交通发展由追求速度规模向更加注重质量效益转变，由各种交通方式相对独立发展向更加注重一体化融合发展转变，由依靠传统要素驱动向更加注重创新驱动转变，构建安全、便捷、高效、绿色、经济的现代化综合交通体系，建成基础设施强、运输服务强、创新动能强、治理能力强、支撑带动强的高水平交通强省。

加快推进联结长三角、辐射全国、通达国际的大通道大枢纽建设，高标准建成长三角区域便捷畅通的智慧交通和综合物流体系、互济互保能源供应体系、安全高效水利保障体系。加快建设集高速铁路、城际铁路、市域铁路于一体的现代轨道交通体系，提升杭州、宁波、温州、金义等综合交通枢纽功能，突出沪杭、杭绍甬舟、沪甬、沪舟、沪湖、义甬舟以及杭州湾南岸沿湾、沿海等大通道规划布局及运力提升，着力构建长三角省际省会城市和浙江省省域、市域、城区一小时交通圈。加快建设商合杭、杭绍台、杭温、金甬、衢宁、金台等铁路项目。推进沪苏湖、通苏嘉甬、沪乍杭、杭临绩、甬台温福、黄山—金华、温武吉、衢丽、沪甬、甬舟等铁路项目。谋划杭丽、金龙等铁路以及沪嘉、沪平、环太湖、杭绍、杭德、宁象等都市圈城际项目。适时启动沪杭磁悬浮规划研究。

专栏 2－12

上海港和宁波舟山港强强联手共推小洋山全域一体化开发

上海港，集装箱吞吐量全球第一；宁波舟山港，货物吞吐量全球第一。2019 年 2 月 19 日，全球港口界的这两大“世界冠军”，在上海重重握手了，这是全面落实长三角一体化发展国家战略的创新务实之举。在上海市委书记李强和浙江省委书记车俊的见证下，浙江省海港集团和上港集团在上海签署了小洋山综合开发合作协议。浙江省海港集团以人民币现金增资的方式入股上港集团下属全资子公司上海盛东国际集装箱码头有限公司。入股完成后，上港集团与浙江省海港集团分别持有盛东公司 80% 和 20% 股权。这是浙江接轨上海的重大标志性项目，也是浙沪两地全面落实长三角一体化发展国家战略的创新务实之举。

◇ 资料来源：搜狐网“上海港和宁波舟山港强强联手，共推小洋山全域一体化开发！”(https://www.sohu.com/a/295983983_166576).

4. 高能级建设大都市区

大都市区作为“大湾区的主引擎、大花园的主支撑、大通道的主枢纽”，更是浙江现代化发展的引领极。着力打造体现现代化特征、具备核心竞争力和强大发展能级的大都市区，努力使之成为长三角世界级城市群一体化发展的金南翼。在空间格局上，将呈现“四核、四带、四圈”，即以杭州、宁波、温州、金义四大都市区核心区为中心带动，以环杭州湾、甬台温、杭金衢、金丽温四大城市连绵带为轴线延伸，以四大都市经济圈为辐射拓展的“四核、四带、四圈”网络型城市群空间格局。

主动融入上海大都市圈。加强杭州、宁波都市圈与上海大都市圈协调联动，共同编制实施上海大都市圈空间协同规划，探索建立重点领域一体化体制机制。加强都市圈间重要廊道统筹布局，推动创新协同、产业合作、环境共治、服务共享。支持嘉兴建设全面接轨上海桥头堡，积极承接虹桥商务区服务功能，打造上海配套功能拓展区，提升同城化水平。支持湖州、绍兴、舟山等地积极承接上海非核心功能疏解。

推动大都市区一体化发展。着力提高杭州、宁波、温州、金义四大都市区核心城市首位度和综合能级，强化中小城市分工合作，共同建立协调融合的国土空间规划体系，加快构建快速便捷都市通勤圈，联合制定跨区域产业发展目录，着力强化生态环境联保共治，不断提升优质公共服务资源共享水平。以杭绍、杭嘉、甬绍、甬舟、嘉湖五个区域一体化合作先行区建设为突破口，加快建立都市区重大事项协调推进机制，积极探索协同治理新模式。

四、安徽：形成与沪苏浙协同格局

安徽已正式成为长三角重要组成部分，并被赋予打造具有重要影响力的科技创新策源地、新兴产业聚集地和绿色发展样板区的战略使命。在推进长三角一体化过程中，安徽推动合肥、上海张江综合性国家科学中心“两心”共创，深化沿江港口与上海、宁波舟山等港口合作，强化与上海机场战略合作，扩大异地就医门诊费用直接结算覆盖范围，推动更多事项跨区域“一网通办”。同时，推进合六经济走廊、合淮产业走廊建设，高水平打造合肥空港经济示范区，推动皖江城市带承接产业转移示范区优化升级，支持江北、江南产业集中区改革创新和高质量发展，出台皖北承接产业转移集聚区建设支持政策，不断形成与沪苏浙协同发展的新格局。

在长三角一体化发展深入推进的新阶段，随着安徽在区域发展中战略地位的提升，安徽的社会角色与历史担当也发生了实质性的转变。即从原来“东向发展”的积极融入转变为“长三角一体化”的主体推动。这种主体推动突出表现为，安徽作为长三角地区一体化发展的新成员，应更加主动作为，在长三角一体化的规划对接、战略协同、专题合作、市场统一、机制完善等方面显示能动性和建设性，在某些方面有首创精神与历史担当，并以此为切入点，为推动长三角一体化发展作出新贡献。

安徽地处长三角的西面，是长三角一体化发展的西大门，属东部沿海地区与中西部内陆地区的过渡地带，具有承东启西、连接南北、左右逢源的地理区位优势。根据安徽这一区位比较优势，安徽在融入长三角一体化之后，按照国家规划要求，应坚持以新发展理念为引领，通过组织实施五大发展建设美好安徽行动规划，抓紧建设好长三角的西大门。

（一）以创新理念为引领，把安徽建设成长三角面向全球国际市场竞争的创新发展之门

把长三角打造成具有全球影响力的科技创新高地，既是全面贯彻落实国家发展战略的迫切需要，也是长三角创新发展的内在要求。一方面，中美贸易战开始以来，随着国际贸易摩擦加剧，迫切需要大力加强核心技术、关键技术的自主创新和集成创新，支撑高新技术产业经济发展，形成国际创新优势，把由中美贸易战撕裂的产业链条修复和完善起来。另一方

面，长三角沪杭宁合四大中心城市聚集了丰富而高端的科技创新资源，全国三大综合性国家科学中心长三角拥有两个，分别布局在上海和合肥，杭州互联网技术创新水平国内最高，南京科教资源仅次于上海，四个城市都在国家创新型城市试点之列。通过优势互补，在长三角建设沪杭甬和沪宁合科技创新轴，才能形成区域发展带。近几年，安徽包括合肥的科技创新已形成自己的特色和优势，量子信息技术、科大讯飞语音技术，蚌埠的浮法玻璃、京东方10代线项目等，都已走在国际先进技术的前列，备受沪宁杭青睐。安徽应通过深化科技合作，从创新链与产业链融通上拓展区域一体化布局。

（二）以协调理念为引领，把安徽建成长三角面向中西部地区的协调发展之门

长三角城市群是我国经济社会发展的重要引擎，发挥长三角的辐射引领作用，促进东部沿海地区向中西部内陆地区有序承接产业转移，提高要素配置效率，激发内在发展活力，深化东中西互动合作，促进区域协调发展，是国家长三角城市群发展规划的重要战略目标之一。安徽作为长三角城市群的西大门，同时又是中部地区的重要省份之一，承东启西、左右逢源的地理区位优势明显，应学习和借鉴江苏促进苏南与苏北地区协调发展的经验，依托沪宁合经济发展轴的延伸，立足安徽的地理区位比较优势，充分发挥皖江城市带承接产业转移示范区的辐射作用，加强与中原经济区的合作，建设好皖北“三化”协调发展先行区。并以此推动长三角经济增长和市场空间由东向西梯次拓展，辐射中西部地区，促进区域经济协调发展。

（三）以绿色理念为引领，把安徽建成长三角面向长江经济带的绿色发展之门

按照国家关于长江经济带战略规划要求和习近平总书记的指示精神，推进长江经济带建设，要“共抓大保护，不搞大开发”，要统筹江河湖泊丰富多样的生态要素，推进长江经济带生态文明建设，构建以长江干支流为经脉、以山水林田湖为有机整体、江湖关系和谐、流域水质优良、生态流量充足、水土保持有效、生物种类多样的生态安全格局，使长江经济带成为水清岸绿天蓝产业优的生态廊道。安徽在长江经济带上拥有八百里

皖江，推进皖江绿色发展，对加快形成长江经济带生态文明建设的示范带意义重大。目前，安徽正在建立健全皖江流域生态环境协同保护机制。下一步，将深化长三角环境保护区域协作，探索建立长三角一体化生态环境共治共保共赢机制，加大区域联防联控，共御环境风险，总结推广新安江流域上下游之间生态补偿机制的经验，全面加强水生态文明建设，着力提升河湖依法管护水平，突出区域一体化主方向，努力构建沿江绿色生态体系、绿色创新体系、绿色产业体系、绿色生活体系和绿色城镇体系。

（四）以开放理念为引领，把安徽建成长三角面向丝绸之路经济带的开放发展之门

按照国家长三角城市发展规划要求，长三角一体化发展，要服务国家“一带一路”倡议，提高开放型经济发展水平，打造在亚太乃至全球有影响力的重要国际门户。中共十八大以来，特别是习近平总书记提出“一带一路”重大倡议以来，安徽积极服务于国家发展战略，主动参与长三角一体化区域分工合作，依托中国长江中上游地区与俄罗斯伏尔加河沿岸联邦区的中俄“两江地区”合作平台，加强与俄罗斯及中亚国家的地方交流合作，皖俄联合开发天柱山国际文化旅游项目，开通合新欧货运班列，实施企业“走出去”战略，积极探索“海螺出海”新模式，不断提高对外开放水平。目前，安徽已初步形成了以皖江城市带承接产业转移示范区为主轴，以皖南国际文化旅游示范区和皖北“三化”协调发展先行区为两翼，以合芜蚌自主创新综合配套改革试验区为战略支点的对外开放格局，正在积极打造长三角面向丝绸之路经济带的对外开放新高地。

（五）以共享理念为引领，把安徽建成长三角辐射周边地区的共享发展之门

按照国家规划要求，长三角一体化的重要发展目标之一，就是要基本清除阻碍生产要素自由流动的行政壁垒和体制机制障碍，促进统一市场基本形成、户籍人口城镇化率稳步提高、公共服务共建共享，使城市群成本分担和利益共享机制不断创新，推动省际毗邻重点地区一体化步伐加快。安徽在长三角“一核五圈四带”网络化空间格局中，处于沪宁合杭甬发展带、沿江发展带与合肥都市圈的交会地区，特别是皖江城市带承接产业转

移示范区属于国家重点开发区域，担当着引导人口加快向重点开发区域集聚的重任。安徽应发挥“圈带聚合”效应，全面放开芜湖、马鞍山等城市落户限制，降低合肥等城市落户门槛，有效提高人口吸引集聚能力。芜湖、马鞍山、铜陵、安庆等沿江城市通过分工合作，应大力提升公共产品和公共服务水平，通过城乡统筹、产城融合、港城联动，不断创新城市群成本分担和利益共享机制，加快组织实施组团发展、跨江发展和协同发展。

（六）安徽架构协同新格局推进长三角一体化①

在长三角一市三省中，安徽相对处于追赶状态，但安徽正积极布局科创大平台、大装置，积极打造具有国际竞争力的产业创新基地、开放高地以及加快完善基础交通设施网络。尤其是合肥加速布局合工大智能制造研究院、中科院合肥技术创新工程院等协同创新平台资源，提出到2030年，建成国际一流水平、面向国内外开放的综合性国家科学中心，以此打造长三角城市群的副中心城市。

一是将合肥打造成长三角世界级城市群副中心城市。加快全国性综合交通枢纽建设，丰富“米”字形高速铁路网，提升区域高速路网，构建高等级水运网，建设区域航空中心，大力推动公、铁、水、空联运，全面提升空港国际功能，增强综合交通枢纽国际通达能力，提升合肥在全国综合交通网中的地位。建设具有国际影响力的创新之都。进一步推进国家大科学装置群建设，提升现有合肥同步辐射、EAST全超导托卡马克、稳态强磁场实验装置等大科学装置性能，新建超导核聚变中心、国家量子中心、天地一体化信息网络等大科学装置。加快共性技术研发圈构建，支持中国科学技术大学、中科院合肥物质科学研究院等建成世界一流大学或科研机构，整合现有的中科大先进技术研究院、合工大智能制造研究院、中科院合肥技术创新工程院等协同创新平台资源，在新能源、材料、信息、生命、先进制造等领域新建一批国家级创新平台。打造联合微电子中心、分布式智慧能源创新中心、离子医学中心、大基因中心等产业创新中心。加快科技成果转化应用，辐射带动战略性新兴产业加快发展。

二是打造具有国际竞争力的产业创新基地。建设全国具有重要影响力

---

① 安徽省实施长江三角洲区域一体化发展规划纲要行动计划.

的综合性国家科学中心和产业创新中心，以合芜蚌为依托，通过系统性、整体性、协同性创新改革试验，激发全社会创新活力与创造潜能。依托合肥大科学装置，引领我国核聚变工程、先进光源、强磁场等领域大科学装置工程化发展，构建世界一流综合科学中心。以全球视野打造长三角先进制造业集聚区，实行公平公开公正的市场准入，以创新为导向加强与沪苏浙产业合作。推动电子信息、节能环保、新材料、新能源、高端装备制造等战略性新兴产业加速发展为主导产业，努力在新型显示、新能源汽车、智能家电、智能语音、生物医药和高端医疗器械等领域形成国际竞争力。在更高水平上推进服务业一体化发展，深度融入长三角服务经济分工体系，高水平承接以沪苏浙为重点的国内外高端服务业，将皖江城市带建成全国现代服务业和高端制造业有机融合、互动发展的先行示范区。

专栏 2－13

合肥，一座崛起中的创新城市

当前，我国已经建设成 4 个综合性国家科学中心，分别是上海张江、北京怀柔、合肥和深圳综合性国家科学中心。那么，只有一所 985 大学的合肥，为何能跻身综合性国家科学中心之列？综合性国家科学中心是国家科技领域竞争的重要平台，是国家创新体系建设的基础平台，更是一座城市科研实力的集中体现，而合肥在创新实力上正在日益赶超着北京和上海。在中国已经建成的 22 个国家大科学装置中，合肥独占 6 个，“十三五”规划新建大科学装置 16 个，合肥有 2 个，这样合肥就一共有 8 个大科学装置，数量位居全国城市之首，超过了北京的 7 个，上海的 5 个。不仅如此，合肥拥有 4 个国家实验室，分别是量子信息科学国家实验室、国家同步辐射实验室、微尺度物质科学国家实验室和磁约束核聚变国家实验室。还拥有人工智能中心、天地一体化信息网络合肥中心、超导核聚变中心、联合微电子中心、智慧能源创新中心、国家大基因中心、离子医学中心等一批中心与平台。

◇ 资料来源：搜狐网“中国 · 合肥，一座迅速崛起的省会城市”（https://www.sohu.com/a/399746615_120296069）.

三是构建高等级、一体化、网络化的基础设施体系。完善以合肥为中心、以综合交通枢纽城市为节点的内部综合交通运输网。构建长三角对外多向综合交通通道。充分发挥安徽连南接北、承东启西的区位优势，以东向综合大通道和综合交通网络为基础，向西形成经六安、安庆至武汉、西安等地的西部开放通道，向北形成经蚌埠、阜阳、宿州、亳州至河南、山东等地的中原腹地通道，向南形成经安庆至九江、深圳，经宣城、黄山至福建、广东的沿海纵深通道，将安徽打造为长三角城市群对外开放的连接轴，畅通对外综合运输通道。依托重点交通站场，加强多种交通方式一体化的综合交通客、货运枢纽建设，实现客运零距离换乘、货运无缝化衔接。加大信息基础设施建设力度，逐步缩小与沪苏浙城市间信息基础设施发展水平差距，完善区域一体化网络布局，推进与沪苏浙城市互联网交互中心建设，提高区域互联互访速度。

四是构筑辐射全国、面向亚太的开放新高地。整合长江岸线资源，以资本为纽带，推动沿江港口错位发展、优势互补。加密开通至上海洋山港、宁波舟山港和南京港的班轮航线。建设高等级航道网和陆水联运通道，加强芜湖港、马鞍山港、铜陵港、池州港、安庆港等沿江港口与上海、宁波等沿海港口合作。构建国际化开放大平台，支持有条件的口岸结合区域产业特点，加快承接加工贸易产业转移，持续加大对跨境电子商务试验区、综合保税区、出口加工区、保税物流中心等“三区一保”的服务力度，积极培育新型外贸业态。支持中国（合肥）跨境电子商务试验区、合肥国际邮件互换局（交换站）建设。

专栏 2－14

资本联合助推企业做强做大

安徽江淮汽车集团股份有限公司是一家集全系列商用车、乘用车及动力总成等研产销和服务于一体的“先进节能汽车与新能源汽车并举的综合型汽车企业集团”，国家火炬计划重点高新技术企业、国家级创新型企业，中国企业 500 强、中国百强工业企业。自 2017 年以来，江淮汽车已经连续 3 年扣非净利润为亏损，合计亏损 29.48 亿元。这 3 年来江淮汽车共计收到 29.97 亿元政府补助，占公司归母权益的 23.79%。在此背景下，江淮汽车寄希望于资本联合构筑发展基底。2020 年 7 月 21 日，江淮汽车公告，根据协议约定，公司和大众中国投资拟向江淮大众进行增资。完成后，江淮大众的总注册资本从 20 亿元增加至 73.56 亿元。本次增资系公司和大众中国投资战略合作中的重要环节，有利于推进公司和大众中国投资的战略合作。

◇ 资料来源：搜狐网“江淮汽车集团与大众汽车集团签署战略合作相关投资协议”(https://www.sohu.com/a/401336367_100191015).

五是突出“高精尖缺”和产业导向，大力实施海外高层次人才引进“百人计划”和“外专百人计划”。发挥中国国际人才市场安徽市场和徽商大会作用，加大海外人才招聘工作力度。加快建设合芜蚌引进国外人才和智力试验区。加强引进海外高层次人才基地、留学人员创业园和安徽省海外引智工作站建设。研究制定外国人在皖工作管理服务办法，积极为外籍高层次人才和急需紧缺人才出入境提供便利。加大柔性引才工作力度，采取顾问指导、短期兼职、技术联姻等方式，集聚各类人才。建设海外人才街区、人才之家、高层次人才俱乐部，鼓励人才更广泛地参加国际学术交流与合作。

专栏 2－15

G60“一网通办”助力一体化

2018 年 9 月 28 日，G60 科创走廊九城市“一网通办”正式开通，第一批 30 项“一网通办”事项上线，沿线九城市嘉兴、上海、杭州、金华、湖州、苏州、宣城、芜湖、合肥同步颁发首批异地证照。在总结沪苏浙皖所推行的“一网通办”“最多跑一次”“不见面审批”等改革经验基础上，G60 科创走廊的“一网通办”以跨城市营业执照和生产许可证办理为突破口，通过相关许可服务事项的“一窗收件、一网通办、一次办成”，实现九城市“一体受理，一体发证”。同时，以企业登记数据共享为切入点，在推动九城市政务数据共享应用等方面先行先试。这是一个让九城市企业和群众办事更加便捷的通道，是一项优化区域营商环境、推动异地投资便利化、促进市场统一的重大举措。

◇ 资料来源：中国新闻网“发挥‘一网通办’优势　长三角 G60 科创走廊助力企业复工复产”(http://www.chinanews.com/cj/2020/02－27/9106733.shtml).

当前，长三角一体化已经在积极推进中，一市三省前期发展为长三角一体化奠定了基础，包括交通区位优势更加凸显、经济发展势头良好、产业结构不断转型升级，这为长三角全面建立一体化发展的体制机制、跨界区域板块一体化发展达到较高水平、科创产业等领域基本实现一体化发展奠定了基础。《长江三角洲区域一体化发展规划纲要》和《长三角地区一体化发展三年行动计划（2018 — 2020 年）》已经落地实施，建立起了长三角高质量一体化的工作机制，交通能源一张网、科创产业一盘棋、信用一平台、环保一根线、民生一卡通、市场一体化等各个领域一体化不断推进。从一市三省层面来看，上海聚焦重点领域不断推进，包括建设科创中心、推进“一带一路”与长江经济带的交会融合。江苏协同打造活跃增长极，构建起现代化经济体系、交通体系、创新体系。浙江以“九高九共同”推进长三角一体化，加快杭州湾经济区发展，发挥民营经济、开放经济、数字经济、绿色经济等优势加快发展。安徽形成与沪苏浙协同新格局，以创新、协调、绿色、开放、共享五大发展理念为引领，加快推进一体化发展，成为长三角中的重要辐射地。

|第三章|

综合交通与长三角高质量一体化发展

城市群的本质是城市间密切的经济、文化、社会等方面的联系，城市群最基本的框架是城市间的交通运输网络。城市群交通网络是介于城市交通、大区域交通之间的一个交通体系。过去我国在交通网络的规划建设过程中，多重视城市交通与大区域交通，建设城市道路、干线铁路、高速公路等，而对于城市群的交通网络建设意识较为薄弱。城市群交通不仅依靠地铁、轻轨、公交巴士等，也高度依靠城际、洲际（省际）铁路、地区铁路和市郊铁路等多种运输方式，同时也有大机场群和港口加强与外界的联系，增强区域整体竞争力。从学理层面而言，综合交通网络构建对于城市群具有重要意义。本章选取纽约、东京等典型世界级城市群的交通网络布局作为案例，研究其交通发展的特征及对长三角的启示。从学理层面阐述长三角综合交通网络完善对长三角经济格局演变的影响机制，并进行实证检验。在此基础上，提出综合交通发展促进长三角一体化的路径。

第一节　世界级城市群综合交通的特征和启示

世界上发展较为先进和完善的城市群，比如东京、德国等城市群，其城市交通与城际交通和跨区远程交通已实现了高度融合。虽然长三角城市群与东京、纽约等城市群的自然地理条件差异大、经济社会发展水平不同、人口分布特征不同，致使长三角城市群在发展阶段、规模水平、空间形态等方面与它们存在差异，这也决定了长三角的交通网络建设必须具备自身特色，适合区域发展；但是，国外大城市群一体化的交通发展起步较早，模式较为成熟，推动了城市间交流和城市群的整体竞争力，对于长三角的交通网络布局存在学习借鉴的意义。

一、东京城市群

相比于其他城市群，长三角城市群的发展特征与东京城市群最为相似，东京城市群注重交通一体化与城市同城化的融合发展。首先，从整体城市群规划推动交通网络的规划布局更为完善。1985 年，东京城市群提出城市群多中心分散型网络结构建设发展规划，将原来的一级集中结构变更为多级多圈层的城市结构。将东京城市的核心功能向其他地区转移，建立类似于东京城的多个经济发展中心或次中心，分担区域内中心城带动周边城镇发展的职能，并在多个中心之间合理分工，实现区域内城市空间职能的重组。其次，主要以公路和铁路的网络完善打通城市间的联系，缩小时空交流成本。铁路的客运承载量达到了旅客总数的 85%，其中城际铁路等轨道交通已发展成多层次多级别的综合运输网络，在城市群中发挥了城际公交的作用。城市群内的高速公路呈现出三环九射的建设格局，与内部的轨道交通形成立体交互式的综合交通运输网络。最后，利用自然地理条件和经济发展优势，打造集港口和机场群为一体的对外连接枢纽，配合完善的内部交通网络推动内外联动发展，使得日本与外界联系更加便捷。此外，东京城市群具有日本最大的港口群和航空网络，港口群是日本最大的集装箱集散地，其集装箱货运量占到全国的 45%，航空网络中的成田机场的货运量占到全国贸易量的 68%。①

二、纽约城市群

相比于日本而言，美国土地资源较为充足，人口密度也较低。纽约城市群较为显著的特点是中心城市的周边地区与次中心渐渐形成了各自的经济圈，中心城市与周边经济圈相互叠加，中心城市经济圈与次中心城市经济圈相互交融，形成了数条经济带，由经济圈与经济带逐渐发展为多层次多中心的大城市群经济圈。其交通网络的发展特征：一是主要城市之间的客货运输近 90% 是通过公路进行的，而且中短途运输大部分使用卡车，因为城市群内部的货物价值较高，而且城镇密集货运时间较短，所以卡车集装箱运输更受青睐，而铁路则主要在长途货运中发挥重要作用。二是在人

① Chuyuan Zhong, Germa Bel, Mildred E. Warner. High-speed rail accessibility: a comparative analysis of urban access in Los Angles, San Franciso, Madrid, and Barcelona[J]. EJTIR, 2014, 14 (4): 468 - 488.

口密度高的城镇区，使用公共交通通勤的平均水平是 43.2%（曼哈顿为 75%），在人口密度小的郊区，使用小汽车通勤的比例达到了 85% 以上。三是航空运输业尤其发达，由肯尼迪、纽瓦克和拉瓜迪亚三大机场形成了一个世界级航空走廊，承担着国内 2/3 多的航线和国际多条航线的运输业务，同时机场建设与公路、铁路等地面交通有机结合起来，最大限度地提高了航空运输服务的运营效率。

三、伦敦城市群

伦敦城市群发展较早，其发展特点也不断明确。一是交通一体化发展是城市发展规划的重要内容，在城市群经济圈形成中充分发挥了交通对经济发展的引导作用。以伦敦为中心的 4 圈层的构建，就是引导城市沿着以伦敦为中心的 3 条快速交通干线向外辐射，先形成了交通一体化网络，后催生了经济发展圈层。二是在伦敦城市群构建中，随着中心城市从一个向多个发展，交通干线也从一个中心内部向外辐射发展成从多个中心内部向外辐射，并在多个中心城市之间建设了交通连接线，加强了中心城市之间及中心城市与周边城镇的交通线路建设。三是随着城市群的发展，人们的居住地渐渐从城市中心向郊区转移，每天会有大量乘客往返于城市中心与郊区之间。因此，伦敦城市群内部交通以高速公路和轨道运输为主。从伦敦出发的高速公路有 9 条，呈放射状向外延伸，横穿城市群建设了一条环形高速公路，将 9 条纵向的高速公路相交连接，形成伦敦城市群中“一环九纵”的高速公路运输网络。伦敦城市群内的轨道交通比较发达，承担着大量的城际间与城郊间的旅客运输。四是伦敦城市群内基本实现了高速公路与轨道交通的有效衔接、郊区铁路与市内地铁的有效衔接、私家车与公交车的有效衔接以及圈层内外交通线路的有效衔接，真正实现了城市群交通一体化。

四、经验与启示

随着长三角一体化进程的不断推进，城市之间的联系与交流将成为整个长三角区域经济增长的重要动力。国际经验表明，交通网络的完善对于城市群一体化发展能起到支撑和保障作用；城市群的交通发展模式和路径选择与自身的特质、定位和条件息息相关；综合交通枢纽与中心城市功能结合布局有利于各城市之间的经济联系，并可缓解城市的路面交通压力；城市群交通一体化发展需要建立一个区域协调统筹部门，完善相关体制机制。相比于众多发展基础较好的城市群，长三角存在以下明显的不足。

第一，长三角地区的高铁网覆盖率仍偏低，且空间分布不平衡，各城市的轨道交通分布仍然比较分散。现有的轨道交通、高铁网络难以满足长三角地区日益增长的城际、市郊出行需求。另外，长三角地区的综合交通基础设施缺乏跨行政区统筹规划，不同交通模式间的互联互通能力弱，在很大程度上影响了区域交通系统的运行效率。

第二，作为长三角的核心航空枢纽，上海虹桥机场和浦东机场的运营能力均已达到饱和状态，发展面临瓶颈。为满足长三角一体化发展对航空交通的巨大需求，亟须提升长三角机场群的整体功能和效率，形成分工合理、市场定位清晰的差异化发展格局。

第三，“地铁、市域铁路、城际铁路、高铁”融合发展不足，补齐交通基础设施短板，当务之急是解决苏北、浙南地区高铁滞后、市郊轨道交通网络稀疏等问题。应根据出行需求合理配置和构建“地铁+市域铁路+城际铁路+高铁”的轨道交通网络体系，促进该区域人们便捷高效的出行。在城市中心区域主要开行高密度、大容量的地铁，在市郊、城际开行间距大、速度快的市域铁路和城际铁路，在客运干线通道开行高速铁路。同时，加快上海到北部盐城、连云港到南部台州等地区的高铁通道建设，推进沪舟跨海通道建设。

第四，长三角货运信息网络依旧存在提升空间。对已开发成功的信息子平台，要加强联合，实现信息资源互补、共享和对接；对尚未开发的信息子平台，要进行联合开发，实现长三角区域的统一。

借鉴国际经验，长三角城市群需加快构建与城市群发展阶段、资源环境、人口密度、交通需求强度相适配的交通网络和系统，发挥轨道交通对城市群地区的空间结构引导和优化调整作用，加强综合交通枢纽与城市重要功能区的相互衔接并在区域交通一体化的统筹发展上有所突破，同时加大对港口机场群的建设，实现内外联动发展，打造一个具有国际竞争力的世界级城市群。

第二节　综合交通对长三角经济格局演变的影响机制

作为区域间联系交流的重要载体，交通设施能够有效地改变节点网络，促进城市功能变化，推动区域空间层次变动。由于每个区域的资源禀赋、政策制度、发展历史、文化特质不同，不同的城市群具有不同的空间布局特点，交通网络影响不同形态结构的城市群形成的理论机理不同。本部分将以长三角交通网络对经济格局和产业机构的影响机理展开研究。

一、交通网络影响区域经济格局变动

（一）中心式空间格局

交通网络对于中心式空间格局的影响通过核心-边缘理论得以实现。

中心式空间格局一般具有一个首位度极高的中心城市，这个城市区位优势明显、政策扶持力度大、产业基础好，是城市群内的核心区。该区域内其他边缘区与核心区经济交流和联系密切，但是各边缘区之间的协作和联系并不密切。核心区作为主要系统，能够推动经济发展和科技创新，决定区域内经济发展路径和产业发展方向，而各个边缘区作为次要系统，一般承接核心区的产业转移或为核心区产业做配套服务，其经济发展模式由核心区决定。①交通网络的完善直接影响了城市间的可达性水平，加强了核心区与边缘区以及区域外的生产要素自由流动。核心城市在经济发展上产业基础雄厚，人才资源多，科技创新能力强，能够吸引更多的投资和产业落地；社会服务上相对于边缘城市，其医疗、教育等各方面能满足人才的需求，导致人才和资源不断向其集中。经济发展和社会服务的突出导致无论是人才还是产业都愿意向核心区集聚。吸纳了更多资源的核心城市成为区域内的经济社会中心，影响区域整体的发展方向和经济水平。

核心区的形成对于区域整体的影响会有正负两个方面。一方面是正向的扩散效应，核心区吸纳更多资源后不仅能整合生产要素发挥规模经济的

---

① 刘亚洲，李祥妹，王君．沪宁高铁沿线制造业产业发展优势空间分异研究[J]．华东经济管理，2013（7）：67－71．

作用，而且还能承担边缘落后城市无法负担的科技任务，比如开展重大基础性研究、突破科技瓶颈。①技术和知识的溢出也能够让边缘地区享受到核心区发展的红利，在要素自由流通和边际效益递减的前提下，核心区的发展动力和能量能不断向边缘区转移，带动区域内经济社会的整体发展和竞争力提升。另一方面是负的极化效应，如果边缘区本身缺乏产业发展实力和资源吸纳能力，各生产要素会不断向中心城市流动，而边缘区无法消化中心城市的技术和知识溢出红利，也无法吸引投资，这将导致边缘城市进一步空心化，加剧区域内发展的不平衡。

（二）轴带式空间格局

点轴发展理论可以解释交通网络如何推动轴带式空间格局的形成。

轴带式空间格局的城市群不再仅仅拥有一个中心城市，它由两个及以上中心城市和其他城市组成，中心城市不仅经济发展水平和现代化程度较高，还拥有着自己的优势突出产业，其他城市通过与中心城市发生大量的产业协作形成一个经济和产业走廊。其中，“点”便是区域内的中心城市，其通过高水平的产业发展能力和经济辐射能力成为区域的增长极，“轴”便是这些通过连接中心城市和其他城市发展所形成的经济、交通廊道。首先，中心城市利用资源、政策等优势在一个或几个产业发展起来后，需要周边地区承接相应的产业配套服务，交通网络的完善使得轴带的产生成本更低，并且中心城市的辐射能力更强，加快边远城市融入本区域的发展。②交通网络的不断完善也使得城市更能发挥自身的优势，中心城市不断增多，形成的产业廊道也相互交叉，在整体上形成一个产业分工合作的集聚经济区，这塑造了经济发展从点到带，再到面的不断推进过程。

交通网络在轴带式空间格局形成中最重要的作用体现在三个部分：第一部分，交通网络提高了可达性水平，为中心城市的壮大提供了交通保障；第二部分，随着中心城市的产业水平提升，需要更大的市场容量去消化所制造的产能，交通网络为这部分的产能输出提供了通道；第三部分，交通枢纽附近的便捷性创造了道口经济，由此形成分工明确的产业带，产业带连接中心城市和边远城市，确定了各个规模和类型城市在本区域内所

① 王昊，龙慧．试论高速铁路网建设对城镇群空间结构的影响[J]．城市规划，2009(4)：41－44．
② 吕韬，姚士谋，曹有挥，等．中国城市群区域城际轨道交通布局模式[J]．地理科学进展，2010(2)：249－256．

要承担的产业和发展任务，使各城市通过市场化的选择明确发展目标，从而推动有层次性的空间结构的形成，避免过度无效竞争和产业同质化。

（三）网络式空间格局

网络社会理论作为理论基础推动了交通网络对于网络式空间格局的形成。网络式空间格局是轴带式格局发展到一定阶段的产物，各个城市之间都有紧密的联系。由于区域的增长极不断带动发展，产业协作能力不断提升，各城市也能逐渐寻找到自身的优势，吸引相关的资源和人才，促进劳动力、商品、知识、技术全方位在区域内外流通，形成一个巨大的联系网络。①这个网络式空间格局包含了三种空间上的去中心化：一些产业发展受中心城市发达地段租金过高、交通拥挤等影响，逐步从城市的市区地带向郊区和城市腹地转移；也有的从本城市群的大城市转移到中小城市；甚至从发达地区转移到欠发达地区。这种去中心化可以找到实例，比如阿里巴巴在贵州建立大数据中心，华为技术公司逐步将产业转移到东莞。产业是否转移取决于该产业的发展特性和城市层级所能接纳的程度，对于一般的制造加工业而言，中小城市低廉的租金和相对便宜的劳动力价格足以吸引企业向其转移；但是对于高端服务业和科学研究功能而言，却不断向中心城市集中，因为中心城市有更广阔的市场和就业岗位，是面向世界的窗口，总部经济发达。所以，这种网络化空间格局不单纯是空间上的去中心化，也有可能导致高端行业不断向中心地带集聚，进一步加大经济发展的鸿沟。这一阶段的中心城市不再以人口规模、GDP 指标去衡量，而是以科创能力、处在与世界交流的节点位置去确立城市的地位。②

交通网络对于这种网络式空间格局的形成具有重要的作用：首先，交通网络拉近了大城市与周边小城市的时空距离，使得人们在周边城市生产生活也能去大城市享受服务，这提升了小城市的吸引力，为小城市的发展提供了人才保障；其次，交通网络作为客运的主要交通工具，更能带动商务会议、学术交流的频率，这加快了知识和技术的溢出速度，不同城市间的信息鸿沟缩小，能够推动多中心的格局发展；最后，资源和生产要素通过交通网络能够快速流通，区域间要素在市场化的机制下被不断整合，最

---

① 徐玉萍．高速铁路建设促进区域经济发展问题研究[J]．江西社会科学，2011（12）：62－65．

② 林晓言，陈小君，白云峰，韩信美．京津城际高速铁路对区域经济影响定量分析[J]．铁道经济研究，2010（5）：5－11．

终形成一个城市合作、体系明确、层次分明、功能互补的发展格局。

（四）混合式空间格局

混合式空间格局呈现多极化的发展趋势，是各种相互作用力的结果。

城市群的空间格局发展具有明显的差异性，这种差异性体现在两个方面：一方面在城市群内部，不同城市群中心城市产生和发挥的作用不同，有些是市场选择的结果，有些是政策支持推动发展，导致中心城市可能会辐射周边促进发展，也可能会产生虹吸效应导致周边地区经济的萎缩。另一方面在城市群之间，不同城市群所能承担的作用和发展路径不同，一部分城市群具有现代化的经济发展体系，这种发达的经济体系不仅能有效地带动自身发展，也能对外部城市群产生示范带头作用，促进要素、资源、人才、技术和知识的不断流通；①而一部分城市群本身产业基础薄弱，需要政府政策的倾斜和外部的带动发展，才能对区域的发展产生积极影响。

在交通网络的作用力下，城市群的发展并不会像教科书般的范式发展，而会产生一系列不确定的情况。无论是城市群内部，还是不同城市群之间，交通网络对每个城市产生的影响都会因为该城市的禀赋、政策、原本交通设施而有所改变。但是从整体上说，交通网络对于促进区域发展具有共性，能够推动各地区行政边界淡化，增进交通合作，对商品、知识和技术的流通产生正向效果，增加区域发展的潜力，拓宽区域发展的空间。

二、交通网络影响区域产业结构演化

区域内产业结构变迁及其演化，是区域内外各种力量相互作用的物质空间反应，各种动力在相互作用之后的复合力体现为城市群内部地区间功能和分工变化。一个优良的交通系统能够促进城市产业的发展，因而交通网络的重要性在现阶段更加凸显。在直观层面，交通基础设施建设本身是一个周期长、投入多、涉及产业广的项目，涉及建筑、钢铁各个行业，能够创造大量的就业岗位，吸纳过剩产能，增加第二产业产值，推动经济增长，扩大内需。在间接影响层面，交通网络推动要素自由流动和合理配置，是区域产业结构变迁的外在重要内动力。其主要体现在以下几个方面：

---

① 汪建丰，李志刚. 沪杭高铁对沿线区域经济发展影响的实证分析[J]. 经济问题探索，2014，(9)：74－77.

（一）提升区域运输能力，降低流动成本

区域交通基础设施的完善程度，一定程度上决定产业发展的效率和产业协作的可能性。伴随着区域基础设施的革命性进步和不断连通，特别是交通网络的不断完善，运输以及物流成本极大降低，地区时空距离有效缩小，合作交易成本大幅度降低，商品、服务、劳务、资本、信息等的流动更加便捷，不同城市之间可以实行更高自由化和更密切的产业合作，可便捷地实现区域与先进市场的战略性连接。工人和企业向专业化高密度地区集聚迁移、产品向更广阔消费区域扩散，都得益于交通网络所创造的地区距离缩短效应。比如高速铁路以其安全、舒适、便捷等优点，比飞机和公路更能扩大人和物的流动范围，大大降低城市间相互交流与往来的成本，使城市间产业发展更能享受公共基础设施和要素资源，从而推动区域产业结构更优。

（二）促进区域产业分工，发挥规模效益

区域异质性分工和同质性增强，是产业合作起源。每个地区的自然条件、人文环境、发展历史和制度背景不尽相同，有着各自的产业发展优势，通过分工合作能够推动各自的产业结构升级。各地区的发展条件、基础和优势，是分工的基础和条件，而交通网络的完善则是重要动力。交通网络完善后，区域产业联系更加密切，产业转移也更加便捷，能够推动区域分工越来越细化，合作越来越密切，分工经济使得平均成本下降，比较优势得到发挥，资源利用效率得到提高，规模经济和集聚经济越来越强大。促进产业和功能内更为细致的分工，也有助于技术和知识的溢出，有助于提升生产和服务质量，使得产业发展的模式和路径更为合理。

（三）提高区域经济密度，促进范围经济

一般来说，资源和要素总是会在某些处于相对优越地位的区域集聚，进而提升区域经济发展的集聚水平和规模效益；同时，优势地区的发展加速和水平提升，在一定程度上又会因规模边际效益递减，向周边地区扩散资源和发展能量，进而扩展工业化和城镇化空间，提高区域人口和经济密度，带动整体经济社会发展效益和范围经济。而交通网络改善了区域间的可达性，对于区域的产业集聚和经济扩散具有至关重要的作用。交通网络为促进产业集群成长的交易网络扩张机制完善提供基础保障，进一步推动

产业分工合作和区域要素的流动；依靠交通网络对产业链分工的促进作用，使相关企业凭借交通的完善更容易进入产业体系中，在促进区域产业合理度提升的同时，产业范围经济效益扩大，产业结构更加趋于合理。

（四）消除区域发展边界，降低交易成本

交通网络的完善扩大了人和物的活动范围，区域间城市产生同城化效应，促进区域加强产业和经济协调，使得各个行政边界清晰的地区之间不断克服和消除各种阻碍资源和要素流动的分割，以市场的充分竞争和开放，促进资源优化配置和融合发展，区域产业协作也因此更进一步。其中，在传统贸易方式下，物流在影响产业提升中占据更高的地位，而在知识经济和科技发展的今天，产业的提升更依赖于人才的交流互动和科技信息的传播，交通网络尤其是高铁、飞机对此发挥着巨大的作用。高铁、飞机为商务会议、学术交流节约了时间成本，打破了地区间的边界，推动了高端要素自由流动，为产业结构升级、科技创新加快提供了保障。

（五）推动区域共享发展，促进产业互补

在区域产业的发展中，共享发展一般有两种情况：一是两个地区产业发展处于同一水平，对于产业发展的资源和基础设施利用具有共同的需求；二是产业发展差距过大，需要政策扶持或者资源的倾斜才能推动与先进地区的要素流通、分工互补和产业协同。无论是哪种情况，交通网络的完善都能够推动要素流通，使得地区间的基础设施得到一定程度上的共享，或者落后地区低成本享受到发达地区的服务、资源和设施，从而推动产业发展的鸿沟缩小，使得产业发展的红利惠及更多的区域，推动区域整体产业提升发展。

第三节　综合交通对长三角经济格局演变的实证分析

交通网络的建设极大地影响了长三角经济格局的演变和发展，交通网络通过对城市可达性格局、城市间经济联系强度的改变等方面来影响区域经济格局。本节利用具体的数据，运用 GIS 的空间分析能力来测度城市等

时圈、城市间联系强度的改变，从而说明交通网络对于长三角经济格局改变的推动作用。

一、交通网络对长三角经济格局变动的效应分析

（一）可达性空间格局演变分析

城市群内的核心城市以及城市群内不同都市圈的中心城市都需借助交通可达性的提升去提高自身的经济辐射能力，一个城市的可达性水平反映了这个经济主体与其他经济主体合作交流的便捷程度。可达性作为一个交通便利程度的指标，可以极大地衡量城市间的相互作用，以及中心地区对边缘地区的控制和辐射作用，也可以度量城市经济的发展潜力，所以分析城市可达性空间格局的演变对于经济格局变动具有重要的意义。

等时圈反映了一个城市到其他城市开展经济行为的最大范围和限度，其表现的是城市的日常可达性。①等时圈与都市圈的形成和扩大息息相关，交通网络的开通、运行与服务同都市圈内部大量公共客运和轨道交通一并推动了城市等时圈的扩张，推动了整体经济格局变动。其中，1 小时交流圈可以反映都市圈内核心区与周边地区的经济空间联系程度；根据一日工作时间为 8 小时推算，3 小时交流圈大致可以看成城市群的一日交流往返时间，大多数经济交流的密度在超过 3 小时后急速降低。所以，本节主要以 1 小时等时圈和 3 小时等时圈作为研究界限，选取上海以及其他三省的省会城市（杭州、南京、合肥）作为研究对象，根据“中国铁路12306”网站上的列车时刻表数据进行有无交通网络的等时圈范围研究，因为 2016 年底长三角交通网络基本建设完毕，所以采用 2016 年 12 月的列车时刻表数据。②其中，有交通网络的分析利用 12306 网站的两地交通网络班次的历时时间，若不同交通网络班次的历时不同，则采用最短时间，若没有直达交通网络，则采用交通网络历时与中转时间相加最短的路线。无交通网络的分析采用一般列车的最短历时时间，对于没有铁路的城市，计算两地高速公路的通行时间，具体时间采用高德地图的指导时间数据。数据获得后，利用 ArcMap 工具绘制 4 个长三角城市共 8 个等时圈图。

① 吴昊. 京津城际铁路对京津地区经济社会发展的作用[J]. 铁道经济研究，2009（4）：15－19.

② 孟德友，陆玉麒. 高速铁路对河南沿线城市可达性及经济联系的影响[J]. 地理科学，2011（5）：537－543.

表 3－1　长三角主要城市等时圈内地级市数量变化情况

城市	1 h 等时圈包括地级市个数(无交通网络)	1 h 等时圈包括地级市个数(有交通网络)	增长地级市个数	3 h 等时圈包括地级市个数(无交通网络)	3 h 等时圈包括地级市个数(有交通网络)	增长地级市个数
上海	1	5	4	5	11	6
杭州	3	6	3	5	11	6
南京	3	10	7	9	19	10
合肥	0	5	5	8	20	12

表 3－1 展示了四大城市在交通网络开通后的等时圈变化，可以看出：在整体上交通网络成为长三角城市群经济联系和产业合作的桥梁，时空距离的缩短不仅让上海周边城市更能融入上海都市圈发展，便于直接的科技合作和商务交流，产生同城化效应，也让原来靠中部地区能在一天通勤圈内加快与上海的对接和合作，促进长三角城市群的一体化发展；从局部上看，南京、合肥等城市由于地理位置原因，濒临城市多，成为交通网络极大的受益者，在交通网络开通后 1 h 等时圈明显扩张，便于连接省内地区和省外毗邻地区，提高了对周边地区的经济辐射能力，有助于打破省会城市首位度不够高、产业扩散能力不够强的局面，推动了省内经济发展的一体化，从而从局部到整体影响长三角经济格局变动。

第一，上海作为长三角城市群的门户城市，地理区位条件优越，产业基础雄厚，国家政策有保障，以及领先全国的经济发展水平、资本汇集能力、科技创新能力让其发挥着对外连接全球发展、对内辐射经济发展的重要作用。在京沪、沪杭等交通网络开通运行后，其等时圈呈块状不断扩张，上海到周边地区的通行时间基本压缩在 1 小时之内，有助于同城化发展和一体化建设；到中部地区的通行时间基本缩短到 3 小时以内，有利于推动长三角边缘城市融入发展。在等时圈的扩张方向上，西和西北方向更为明显，这是因为上海的绝大多数交通网络线路是朝西和西北方向的，最主要的线路京沪交通网络的重点便是北京，并且交通网络线路的路过站和终点站以南京和杭州为最多，这表明了长三角的交通网络建设有助于推动杭州、南京等长三角重要节点城市与上海的经济联系和沟通。而浙南、苏北等地区则因交通网络线路问题，对接上海的效应没有完全发挥，这会使杭州、南京等省会城市优先享受到上海经济发展红利，在要素、人才等资源对接上海方面更加突出，使产业飞地、总部经济等产业发展模式的推进更加便捷，促使长三角经济格局由上海一家独大演变为多中心发展，而杭州、南京、嘉兴、无锡等周边地区和合肥、芜湖等重要线路经过地区拥有着成为新增长极的巨大潜力。

根据《上海大都市圈空间协同规划》，方案初步拟定将覆盖上海与苏州、无锡、南通、嘉兴、宁波、舟山、湖州等城市打造“1+7”上海大都市圈。这些城市在交通网络开通后，到上海的时间明显缩短。根据第二章相关概念辨析所述，都市圈内部出行目的以生活出行、工作活动等日常通勤为主，对交通的需求特性有着明显的峰值特性，对交通工具便捷可达性要求高，出行频率高、出行时间较集中。交通网络的完善有助于满足上海大都市圈各城市的交通需求，促进都市圈内产业分工合作，人才资源流动，科技、金融信息共享，从而打造资源共享、产业互助、经济协同的一体化大都市圈，对其他都市圈产生引领示范作用。

第二，杭州位于东南沿海、浙江省北部，是环杭州湾的核心城市，其数字经济、物联网、智能制造等领域发展位于全国前列，在 2018 年《第一财经》“新一线城市”的评比中，凭借突出的商业资源、交通优势、城市活跃度跻身新一线城市的第二位。交通网络的开通对于杭州的等时圈具有较大的影响。从内部看，由于地理区位和土地面积等原因，杭州在交通网络开通前与湖州、嘉兴、绍兴等市的联系强度就很大，虽然交通网络的开通让金华等城市融入了杭州的 1 h 经济圈，但是对比 3 h 经济圈，交通网络的推动作用更加明显，让丽水、台州、温州等浙江南部城市融入了杭州的 3 h 经济圈，这有助于推动浙江大湾区、大花园、大通道和大都市区四大建设。同时，在交通网络开通后杭州与省内另一个主要城市宁波的距离拉近，能够加强两地的产业合作和经济交流，产生同城效应，便于杭甬一体化的发展，从而让浙江的经济格局向多中心发展，不同城市承担特定功能，避免无效竞争，解决产业短板。①

从外部看，交通网络对于浙江的对外连接交流作用更为明显。在交通

① 陈建军，郑广建，刘月．高速铁路对长江三角洲空间联系格局演化的影响[J]．经济地理，2014(8)：54－67．

网络开通前，除了省内周边城市的等时圈外，杭州与皖中、皖北、苏北等城市的交通可达性低，基本在 5 h 等时圈之外，说明杭州的交通地位远远落后于杭州的经济地位和产业地位。但在交通网络开通后，一方面杭州与皖南黄山、宣城等城市的距离更近一步，皖南城市在历史上就与杭州的经济联系密切，也是承接杭州都市圈产业转移、吸纳投资的主力军，在迈入杭州 3 h 经济圈后，黄山等城市与杭州交通设施、旅游资源的一体化程度更高，有利于杭州发挥中心城市的辐射作用，提升杭州的经济地位，也为杭州都市圈的发展注入新鲜的血液。另一方面，杭州与皖北、苏北等城市的连接也更为便捷，让更多的城市融入了 3 h 经济圈，这有利于杭州与更广地区的产业合作，尤其是在浙江整省建设用地指标不足的背景下，能让苏北、皖北地区承接浙江的产业转移，减轻上海的虹吸作用，发挥杭州乃至浙江的比较优势。①

第三，南京坐拥长江黄金水道，地处平原，相比于杭州等城市，土地承载力和城市土地开发成本较低，人口规模大，在 2019 年之前，按照 2014 年国务院城市规模等级的评价标准，是特大城市；且城镇化步伐快于其他城市，城镇化率仅次于上海，在长三角城市群中排名第二。同时，交通基础设施建设也领先于大多数城市，是长三角区域的交通枢纽之一，2018 年南京动车交通网络车次数量超过 500 趟，成为连南接北的重要节点。由于南京地理位置比杭州、上海更靠中，所以在交通网络开通后，南京在 1 h 等时圈和 3 h 等时圈的总体扩张上明显大于杭州和上海。这种扩张表现出两个重要特征。

首先从 1 h 等时圈看，交通网络开通让无锡、苏州等省内城市加快融入 1 h 或 2 h 等时圈，在江苏发展历史上，这些城市与上海联系密切，但省会城市南京却缺乏对省内城市的辐射，交通网络有助于加强省内区域的经济合作，而苏州等城市作为江苏对接上海的门户，加强与其的联系能够更好让全省与上海形成更加紧密的关系；同时，交通网络也让合肥、芜湖、马鞍山等安徽中部城市融入了南京 1 h 经济圈，这有助于巩固南京在长沙中下游的中心城市地位，提高经济辐射和产业扩散能力，从都市圈角度看，也让南京都市圈和合肥都市圈的交流更加便捷，加快产业的对接和

① 陆军，宋吉涛，梁宇生，徐杰．基于二维时空地图的中国高铁经济区格局模拟[J]．地理学报，2013 (2)：147－158．

经济的合作。其次从 3 h 等时圈看，交通网络的开通有助于南通、徐州等江苏中北部城市融入南京 3 h 等时圈，江苏省整体上苏北与苏南的经济发展差距较大，交通网络能够推动两地区的联系交流，从而缩小经济发展的鸿沟，使得经济水平更加均衡化。但是由于在查询时间内盐城、宿迁等苏北城市尚未拥有交通网络站点，所以南京与苏北地区的交流受阻。苏北地区的交通基础设施是加强区域一体化建设、缩小经济发展差异的保障，将是南京乃至长三角未来的建设重点。

第四，合肥地处江淮地带，环抱巢湖，位于中部重要位置，是中国南北连接的重要枢纽，也是国家“一带一路”倡议和长江经济带建设的重要节点城市，被国务院确立为长三角世界级城市群副中心城市。近年来，依托中科院、中科大等科技资源，实现了经济发展和创新能力的重大飞跃，将承担起中部增长极的重要战略任务。从省内看，合肥在交通网络开通后最直观的改变便是与皖南的经济联系更加便捷，直接将大部分皖南地区纳入 3 h 经济圈。皖南地区与浙江西部交界，水道上顺新安江经富春江、钱塘江直达东海，受交通发展和地形条件限制，历史发展上就与杭州等浙江城市联系密切，与省会合肥及北部城市尚欠交流，而 2015 年 6 月合福交通网络的通车，使得合肥南下更加方便，比原有一般铁路时间直接缩短 5 个小时，这有助于合肥更好地发挥省会作用，加强省内的联系交流，让合肥的科技、人才资源有更宽阔的市场，促进知识和信息的溢出。不仅是皖南地区，安徽各城市的经济联系在历史上就呈现横向发展的特征，而纵向联系并不明显，阜阳、滁州等安徽中北部城市与南京联系密切，交通网络的开通同样能使合肥加强与这些城市的联系，在一定程度上减轻南京的虹吸作用，为安徽发展留住更多的人才资源和生产要素。

长江沿线马鞍山、芜湖等城市目前是安徽的经济重心，但是合肥还没有与两地直达的交通网络，这不仅不利于合肥都市圈 1 h 经济圈的建立，也无法让合肥通过芜湖直接连接杭州等城市，在一定程度上影响了长三角城市之间的互动。因此，从交通可达性角度看，合肥都市圈的发展滞后于杭州、上海都市圈。

因此，通过对四个城市的等时圈研究，可以从交通可达性层面看出经济格局变动方向：① 整体上经济联系加强，尤其是长三角偏中部地区收益最大，会导致长三角经济格局由上海的单中心发展为多中心，各中心城市承担不同的职能。② 地区间的经济交流格局将被重构，在原来的基础上，长三角的沿横向交流将逐渐过渡到一体化发展，三省内皖南皖北、苏南苏北、浙南浙北之间的交流将越来越频繁。③ 省会城市对省内城市的辐射作用将增强，受地理和发展条件限制，原本欠发达地区的经济主要靠周边发达城市带动，但交通网络缩短了时空距离，为了保障本省的发展，省会城市必将加大对远距离省内城市的辐射和指引。④ 从都市圈角度看，如果把四大城市周围看成各自的都市圈，合肥都市圈的交通发展最弱，仍需规划建设相应的城际交通网络和轨道交通提升一体化和同城化程度，目前，上海、南京、杭州都市圈仍旧是长三角发展的领头羊。

（二）经济联系格局变动分析

交通基础设施的落后会导致地区间商品、服务、劳务和资本难以穿越空间，造成经济距离过大。交通网络的开通运行能使城市间的经济联系格局产生变动，所以测度区域间经济联系的变动对于衡量一个地区的经济吸引力以及吸纳其他地区经济辐射能力具有重要的作用。本节利用修正的引力模型来测度长三角城市群 41 个地级及以上城市的经济联系强度。具体的模型公式如下：

$$R_{ij} = \sqrt{P_i G_i} \times \sqrt{P_j G_j} / D_{ij}^2 \tag{3.1}$$

在此公式中，R_{ij}代表的是 i 地区与 j 地区的经济联系强度，反映地区之间经济联系的强弱；P_i和 P_j分别表示 i 地区与 j 地区的人口规模，本书采用城市年末总人口数（万人）代表；G_i和 G_j表示 i 地区和 j 地区的经济规模，本书用地区国内生产总值（亿元）代表；D_{ij}表示 i 地区和 j 地区间最短通行时间（小时）。

而经济联系度表示的两个城市之间空间经济联系程度，不能展示一个城市对外整体经济联系度，所以本书引入某城市经济联系总量。表达如下：

$$R_i = \sum_{j=1}^{n} R_{ij} \tag{3.2}$$

为了体现经济联系格局的变动，本书分别测度 2008 年和 2016 年长三角城市的经济联系总量。其中 2008 年的最短通行时间取高速公路时间或列车运行时间的最短时间，2016 年的最短通行时间采用交通网络班次的历时，具体方案和查询时间同上小节，若无交通网络，则采用普通列车和高速公路时间的最短通行时间。根据《公路工程技术标准》规定的公路设计速度，结合长三角区域的实际情况，设定两个时间截面各类公路平均行车速度如下：由于长三角总体经济发展程度比较高，省道和国道等级差别不大，2008 年两者速度设定为每小时 60 千米，高速公路设定为每小时 90 千米；由于目前大数据发达，2016 年的最短通行数据采用高德地图最短里程选择的路径所需要的时间，更能在公路行驶不确定性大的情况下找到最短历时的平均值。同时由于各地的经济发展基础、交通设施水平不同，经济联系总量相差会很大，所以本书将根据《第一财经》2019 年公布的第四次中国城市排行榜，将长三角城市分为一线、新一线、二线、三线、四线、五线城市，计算各个城市的经济联系总量增长率(见表 3－2)。

表 3－2 2008—2016 年经济联系总量增长率城市排名

排名	1	2	3	包括城市	平均增长幅度/增长的倍数
一线	上海(596)			上海	596
新一线	苏州(789)	南京(678)	宁波(552)	南京、苏州、杭州、宁波	626.25
二线	无锡(1562)	合肥(1256)	嘉兴(1235)	无锡 、徐州、常州、南通、扬州、温州、嘉兴、绍兴、金华、台州、合肥	969.45
三线	镇江(958)	马鞍山(895)	阜阳(744)	连云港、淮安、盐城、镇江、泰州、宿迁、湖州、舟山、丽水、蚌埠、滁州、阜阳、芜湖、马鞍山、安庆	656.93
四线	宿州(652)	黄山(596)	宣城(561)	衢州、亳州、淮南、黄山、宿州、宣城、铜陵、六安	477
五线	淮北(841)	池州(633)		池州、淮北	746.5

对长三角城市的经济联系总量数据进行分析可以发现，在交通网络开

通后，由于通行时间极大缩短，各城市对外经济联系频率极大增加，所有城市的对外联系总量大幅度提升，且增长倍数多数都在5倍以上。从表3-2可以看出，交通网络开通后，无锡、合肥和嘉兴经济联系总量增长率位于长三角城市前三位。无锡和嘉兴位置都在长三角东部，长三角交通网络的布局也都在两地，在交通网络开通后，一方面与核心城市上海的经济联系更加密切，承接上海的产业转移、吸纳上海高端人才和高端要素更加便捷；另一方面，也有助于其他发达城市和欠发达城市与两地的要素流通，促进商务、信息、科技等资源更优化的配置。而合肥地处中部，在长三角城市群发展定位中处于连南接北、承东启西的枢纽位置，在交通网络开通前，其地位被郑州等传统铁路重要枢纽挤压，随着合福交通网络等重要线路的开通，合肥的交通地位迅速提升，同时合肥近些年的科创实力大大提升，交通网络在推动学术会议、科技信息分享方面有着极为重要的作用。城市交通网络的开通使得科研工作者、学者更有机会进行面对面的知识交流，使得学术科技上的合作关系网络更加完善，同时有利于年轻学者到上海等大城市参加学术交流，这些机制使得交通网络开通的城市学术论文数量增多，这个效应在3 h等时圈内更加明显。合肥的学术科技资源通过交通网络得到传播，加强了合肥与各地的联系。

从各等级城市经济联系总量平均增长率来看，获益最大的便是二线城市。二线城市有着一定的产业发展和科技创新基础，在交通网络开通后能够产生重要的双向作用，一方面在大城市户籍政策施加制度成本和生活成本压力过大的背景下，凭借本身的区位和经济条件能吸引更多的人才，比如嘉兴“中国归谷嘉善科技园”吸引了众多“国家千人计划”“浙江省千人计划”人才，导入生物医药、智能制造等高端产业，合肥两院院士数量在城市层面上也居全国前列。二线城市人才和产业的导入使得与外界交流的需求更加迫切，而交通网络能够更好地满足此需求。另一方面，在二线城市产业资源增多后，其他欠发达城市希望承接二线城市的一些传统产业，交通网络带动劳动力流动，形成沿线产业走廊，从而推动产业转移。①在这两方面的推进下，二线城市的经济联系总量增长率最为突出。

① 穆成林，陆林，黄剑锋，等. 高铁网络下的长三角旅游交通格局及联系研究[J]. 经济地理，2015(12)：193-201.

新一线城市和三线城市的经济联系总量增长率也紧随其后，新一线城市多是省会城市或者省内中心城市，交通网络开通最直观的效应就是促进了这些城市的经济辐射能力，加强了这些城市与周边地区和省内其他城市的互动；而三线城市多是省内的新经济增长极，交通网络对这些城市交通的改善最为直接。而交通网络对于四线城市经济交流的提升较为薄弱，一是因为这些地区交通网络尚未完善，线路较少，交通网络作用不明显；①二是因为这些地区经济发展动力不足，单靠交通的完善，不辅助以相关政策扶持和相关产业导入，难以加强与其他地区的经济联系。

从经济联系总量增长率的地域分布来看，也呈现出地域分布特征。经济联系总量增长率最高的区域是环上海地区和浙南地区。环上海地区产业和经济基础在交通网络开通前就领先于长三角其他地区，交通网络的开通直接让这些城市融入了上海 3 h 甚至 1 h 的经济圈，使得这些城市能更好地发挥对接上海的功能。而浙南地区民营经济发达，但受交通限制，城市整体与其他地区联系较弱，导致产业和人才的不断外流，经济发展模式难以更新，交通网络开通使这些城市的交通设施不再滞后于产业发展，加强了这些城市的对外交通，推动了产业向中部转移。

（三）都市圈区位优势潜力分析

20 世纪 80 年代发展中国家的成长三角（Growth Triangle）以及一国之内区域合作和一体化，使得主权国家内发轫于城市区域与城市群的区域一体化开始出现，20 世纪末和 21 世纪初在中国得到了迅速发展，并掀起了以中心城市为依托的城市群、都市圈或地理相邻城市、地区的区域经济合作的高潮。如今随着中国传统县域经济向都市圈经济转变，都市圈的功能显得尤为重要。经济增长需要都市圈内不同层级地方的配合，城镇提供农产品生产、分配和销售的规模经济，中等城市负责提供制造业的地方化经济，而大城市提供多种设施，集聚科技、人才资源，促进企业、政府各领域的创新。因此，中心城市与其他城市相互配合，都市圈经济才能更好发展，而不能仅仅是都市圈中心城市一家独大。

本节将从长三角不同都市圈角度去衡量交通网络对于各大都市圈区位优势潜力的变动分析，研究交通网络对在城市组合力作用下的整体发展的

---

① 唐卫宁，汪建丰. 沪杭高铁对浙江经济发展的影响及其战略取向[J]. 科技管理研究，2012(19)：195-198.

影响力。其中，都市圈的区位优势代表这个都市圈与其他城市的空间作用力的大小，与该都市圈的经济规模成正比，与到其他都市圈距离成反比。其公式表达如下：

$$T_i = \sum_{j=1}^{n} \frac{M_j}{D_{ij}^{a}} \tag{3.3}$$

其中，T_i 表示城市 i 的区位优势潜力值；M_j 代表 i 城市的经济规模，本书用城市 GDP 总量代表（万亿元）；D_{ij}表示 i 城市和 j 城市的最短通行时间（小时），a 代表距离的摩擦系数，一般取 1。而都市圈的总体区位优势潜力值为都市圈内城市的平均值。其公式如下：

$$L_i = \sum_{j=1}^{n} T_j/n \tag{3.4}$$

L_i 表示都市圈的总体区位优势潜力值，T_j 表示都市圈内各城市的区位优势潜力值。L_i 越大，表示整体区位优势越大。

同上小节，本书采用 2008 年和 2016 年的数据作对比，关于都市圈的划定方面，根据 2016 年 6 月国务院的《长江三角洲城市群发展规划》，研究长三角城市群“一核五圈四带”的五个都市圈，即南京都市圈、杭州都市圈、合肥都市圈、苏锡常都市圈、宁波都市圈。

表 3－3 列出了五大都市圈 2008 年和 2016 年的平均区位优势潜力值变化，可以发现，在整体上并没有改变都市圈之间区位优势潜力的排名，这也比较符合实际，一是因为经济发展是一个长期的过程，仅仅通行时间的改变会有推动作用，但不能完全改变经济格局；二是因为这几大都市圈的交通建设都比较完善，并未存在明显的交通短板，区位优势还是以经济实力为主要决定指标。但是，在整体上，各大都市圈的区位优势潜力都极大地增加，交通网络对于促进整体发展具有重要意义。

表 3－3　长三角五大都市圈平均区位优势潜力值（万亿元/小时）

排名	都市圈名称	2008 年	2016 年	包括城市
1	苏锡常都市圈	5.42	18.36	苏州、无锡、常州
2	杭州都市圈	4.89	16.96	南京、苏州、杭州、宁波

续表

排名	都市圈名称	2008 年	2016 年	包括城市
3	南京都市圈	4.32	15.65	南京、镇江、扬州、淮安、马鞍山、滁州、芜湖、宣城
4	宁波都市圈	3.93	14.36	宁波、舟山、台州
5	合肥都市圈	2.26	10.36	合肥、淮南、六安、滁州、芜湖、马鞍山、桐城

从表 3－3 可以看出，苏锡常都市圈区位优势潜力是长三角城市群内最高的，其本身就为长三角最为富裕的都市圈，工业基础雄厚，有着昆山、江阴等全国百强县，交通网络开通后通达上海和南京的时间都极为缩短，优越的地理位置和良好的经济基础使得其成为都市圈发展的主力军。南京都市圈是唯一一个跨省都市圈，对于打破行政壁垒，扩大市场边界的一体化发展具有重要意义，城际交通网络和轨道交通的运行使得安徽和江苏的联系更为密切，也使得南京都市圈功能分工更为准确。杭州都市圈和宁波都市圈则是杭州湾发展的主力军，交通网络不仅使都市圈内部城市交流更多，也让两个都市圈之间开展更多的合作，从杭甬一体化推动长三角整体一体化。相比之下，虽然合肥都市圈的区位优势潜力值较低，但增长率很高，预计在合肥与芜湖、马鞍山的直达交通网络开通后，将会成为长三角乃至全国的一个重要增长极。

二、交通网络对长三角产业结构变迁的效应分析

产业结构变迁为研究城市群内部经济活动的空间分布提供了重要的视角，企业（产业）通过区位选择和调整寻求成本最小化与利润最大化，通过模型推算出企业（产业）的最佳区位，选择过程影响了区域经济格局。本小节以双重差分法检验交通网络开通对长三角城市的产业结构变迁的影响。

（一）研究设计

双重差分法（Difference-in-Differences，DID）最早由 Ashenfelte 和 Card（1985）提出，其基本思想是为了评估一项公共政策和机制实施后的效果，将其视为一个自然实验，将所有的样本数据分为两组：一组受

到政策或机制的影响视为实验组（Treatment Group），另一组没有受到该政策或机制的影响视为控制组（Control Group）。选取一个要考量的经济个体指标，根据政策实施前后（时间）进行第一次差分得到两组变化量，经过第一次差分可以消除个体不随时间变化的异质性，再对两组变化量进行第二次差分，以消除随时间变化的增量，最终得到政策实施的净效应。双重差分已经广泛运用于公共政策和机制的评估领域，在交通网络开通影响的研究领域也有很多文献运用该方法进行检验。①因而，本书也构造如下双重差分的回归模型，研究交通网络对长三角城市群的产业结构变迁的影响：

$$IND_{it} = \beta_0 + \beta_1 W_{it} + \beta_2 T_{it} + \beta_3 (T_{it} \times W_{it}) + X_{it} + u_i + \lambda_t + \varepsilon_{it} \tag{3.5}$$

其中，i 和 t 分别表示第 i 个城市的第 t 年；被解释变量 IND 表示高速铁路对城市产业结构的影响，分别用第二产业占 GDP 的比重（S_2）和第三产业占 GDP 的比重（S_3）表示；W_{it}表示城市虚拟变量，考虑到只有在交通网络网比较完善的前提下，交通网络才能发挥较大的作用，若此城市位于京沪、沪宁或沪杭交通网络线路上，其值为 1，反之为 0；T_{it}表示时间虚拟变量，若交通网络通车则为 1，反之为 0；城市虚拟变量和时间虚拟变量的交乘项 $T_{it} \times W_{it}$衡量的是交通网络对长三角城市产业结构的影响，其估计系数是主要的观测对象；X_{it}是影响产业结构的其他控制变量；u_i表示城市的固定效应；λ_t表示时间效应。

关于控制变量的选择，考虑到影响第二产业和第三产业发展的因素不同，所以本书加入市辖区资本投入、教育投资、科技投入、运输条件、土地资源、外商投资作为研究第二产业的控制变量；把市辖区资本投入、教育投资、科技投入、信息化水平、市场需求、外商投资作为研究第三产业的控制变量。资本投入（lnasset），采用实际固定资产投资的对数（万元），实际固定资产投资利用以 2006 年为基期的全国固定资产价格指数计算所得；教育投资（edu），采用教育支出占财政支出比例（%）；科技投

① 胡天军，申金升．京沪高速铁路对沿线经济发展的影响分析[J]．经济地理，1999 (5)：101 - 104；王缉宪，林辰辉．高速铁路对城市空间演变的影响：基于中国特征的分析思路[J]．国际城市规划，2011 (1)：16 - 23.

入（rd），采用科技支出占财政支出的比例（%）；运输条件（road），采用人均道路面积（平方米）作为代理变量；土地资源（land），采用城市建成区面积（平方千米）；外商投资（lnfdi），采用实际使用外资金额的对数（万美元）作为变量；信息化水平（inf），采用该城市国际互联网用户数（万户）；市场需求（mar），采用社会零售总额除以城市内部距离，城市内部距离通过公式：

$$D = \frac{2}{3}\sqrt{\frac{area}{\pi}} \tag{3.6}$$

计算而得，其中 $area$ 是城市面积。样本数据主要来源于各个省的统计年鉴、各个市的统计公报以及《中国城市统计年鉴》。

根据长三角区域一体化的统筹发展要求，上海、浙江、江苏和安徽所有城市都应相互交流、协调发展，所以本书所研究的长三角城市群包括一市三省的所有城市，不再剔除安徽的部分城市。但由于其中上海市是特大城市，影响产业结构的因素过多，所以在样本中删除。最后，样本包括浙江省、江苏省和安徽省的所有地级及以上城市，共 40 个。由于京沪、沪宁和沪杭高速铁路在 2011 年都已建成通车，因此将样本区间 2006 — 2015 年划分为两个时期，即高速铁路通车前的时间区间为 2006 — 2010 年，2011 —2015 年为高速铁路通车后的时间区间。同时，将在 2011 年已经处于京沪、沪宁和沪杭高速铁路的沿线城市作为处理组，其余城市作为控制组。样本数据来源于 2007 — 2016 年版《中国城市统计年鉴》和《中国区域经济统计年鉴》，部分缺失数据在各地级市统计年鉴进行补充（见表 3 - 4）。

表 3 - 4　主要变量描述性统计

变量名	名称	含　义	单位	平均值	标准差
S_2	产业结构	第二产业占 GDP 的比重	%	51.13	8.960
S_3	产业结构	第三产业占 GDP 的比重	%	42.55	7.290
T	时间因素	2011 年前值为 0，2011 年及以后为 1	—	0.500	0.500
W	地区因素	位于京沪、沪宁或沪杭交通网络线路上其值为 1，否则为 0	—	0.280	0.450

续表

变量名	名称	含　义	单位	平均值	标准差
$T \times W$	交通网络因素	在 2011 年及以后，且位于京沪、沪宁或沪杭交通网络线路上，其值为 1，否则为 0	—	0.140	0.340
lnasset	资本投入	实际固定资产投资的对数	万元	15.12	1.010
edu	教育投资	教育支出占财政支出比例	%	16	4.490
road	运输条件	人均道路面积	平方米	12.87	5.860
land	土地资源	城市建成区面积	平方千米	135.5	122.5
rd	科技投入	科技支出占财政支出的比例	%	2.690	2.020
lnfdi	外商投资	实际使用外资金额的对数	万美元	10.16	1.620
inf	信息化水平	国际互联网用户数	万户	55.82	66.73
mar	市场需求	社会零售总额除以城市内部距离	—	14.15	10.02

（二）实证结果分析

1. 基准回归

本节主要讨论高速铁路开通对该城市第二产业和第三产业发展的影响情况，个体固定效应中引入时间效应，解决不随城市而变但随时间而变的遗漏变量问题，利用双重差分分别考察交通网络开通后对其二、三产业占 GDP 的比重。

表 3 - 4 汇报了基准回归结果，从时间因素来看，无论是大城市还是中小城市时间因素都稳定保持在 1%的显著性水平之上，并且共同的规律是城市第二产业占比逐步减少，第三产业占比逐步提升。这比较符合现代城市发展的经济规律，随着各领域信息化和智能化的不断提升、支撑发展的要素改变、经济发展模式的转变，参与第二产业的劳动力在相对比例上会不断缩减，第二产业产值占 GDP 的比重也不断下降。

从控制变量来看，固定资产投资、人均道路面积、外商投资的增多对于一个地区第二产业占比的提升都是正向作用，且都显著达到了 1%的水平上。且这些因素在资金、交通等方面上为第二产业的发展提供了支撑，回归结果符合理论。城市建成区面积的增多减少了第二产业的占比，说明城市建成区扩大推动了服务业等第三产业的发展，导致第二产业占比减少。教育投入的增多总体上显著地减少了第二产业产值占比，增加了第三产业产值占比。可见，教育资源的投入总体上有利于城市第二产业向第三产业转变发展。同时，固定资产投入和外商投资减少了第三产业的占比，可能是因为这些资金大多投入在了第二产业。信息化水平的提升促进了第三产业占比提升也符合预期。其他的一些变量产生的影响并不显著。

但从交通网络因素来看，研究的主要对象交通网络效应，即城市虚拟变量和时间虚拟变量的交乘项 $T_{it} \times W_{it}$ 却不显著。根据文献，交通网络沿线会形成明显的城市体系，城市体系内的地区各具特色，并且形成职能分工。长三角都市圈包含着不同类型的城市，从经济发展水平来看，环上海地区经济发展水平较高，安徽和苏北地区相对于前者经济较为落后；从产业发展来看，既有互联网经济发达的地区，也有依靠纺织等传统产业发展的城市，部分城市则依靠现代旅游业支撑发展。由此推测，城市规模的大小以及支撑产业不同等因素都会影响交通网络对该城市的作用。为了验证此猜想，将考虑对不同城市的异质性进行回归。

表 3－5　交通网络开通对城市产业结构的影响：DID 估计结果

变　量	(1) 第二产业	(2) 第三产业
$T\times W$	－1.075 (0.782)	0.150 (0.719)
T	－11.81*** (1.581)	10.95*** (1.496)
lnasset	5.134*** (0.944)	－4.480*** (0.868)
edu	－0.288*** (0.080 6)	0.198*** (0.072 4)
road	0.468*** (0.069 4)	

续表

变　量	(1) 第二产业	(2) 第三产业
land	−0.022 0*** (0.008 00)	
rd	−0.072 3 (0.164)	−0.213 (0.153)
lnfdi	1.263*** (0.357)	−0.687** (0.341)
inf		0.019 3*** (0.005 76)
mar		0.021 3 (0.018 7)
Constant	−33.49** (13.11)	109.2*** (12.01)
City FE	yes	yes
Year FE	yes	yes
N	400	400
R-squared	0.384	0.358

注：***代表在0.01的置信区间下显著，**代表在0.05的置信区间下显著，*代表在0.1的置信区间下显著。

2. 考虑城市规模

不同规模的城市拥有着不同的经济发展路径和产业发展体系，而交通网络所带来的时空收敛效应将有利于形成和巩固一体化经济区域，加强不同城市之间的经济联系。理论层面上，交通网络对城市空间体系存在显著的影响，交通网络带动了大城市的经济扩散，促进了中小城市的经济联系。城市圈内经济的扩散和集聚在一定程度上体现为城市间产业的再分工，为研究不同规模城市在交通网络冲击下的产业结构变动，本节将长三角都市圈内的城市分为大城市和中小城市两个类型分别进行回归（见表3－6）。①

① 根据国务院于2014年印发的《国务院关于调整城市规模划分标准的通知》，以城区常住人口为统计口径，将城市划分为五类七档。城区常住人口50万以下的城市为小城市，城区常住人口50万以上100万以下的城市为中等城市，城区常住人口100万以上500万以下的城市为大城市，城区常住人口500万以上1 000万以下的城市为特大城市，城区常住人口1 000万以上的城市为超大城市。本书将根据2014年《中国城市建设统计年鉴》，将城区常住人口100万以下定义为中小城市，100万以上定义为大城市。

表3－6　考虑城市规模的DID回归结果

变　量	(3) 大城市 第二产业	(4) 大城市 第三产业	(5) 中小城市 第二产业	(6) 中小城市 第三产业
$T\times W$	－5.775*** (0.938)	5.036*** (0.829)	1.700 (1.168)	－3.140*** (1.049)
T	－10.30*** (2.770)	12.60*** (2.219)	－12.50*** (1.952)	11.57*** (1.858)
lnasset	4.362*** (1.645)	－5.694*** (1.538)	5.544*** (1.209)	－5.175*** (1.049)
edu	－0.144 (0.140)	0.038 9 (0.139)	－0.311*** (0.096 4)	0.227*** (0.084 9)
road	0.030 5 (0.225)		0.424*** (0.079 8)	
land	－0.002 11 (0.009 47)		－0.020 7 (0.013 1)	
rd	0.453 (0.306)	－0.441 (0.293)	－0.090 3 (0.198)	－0.220 (0.180)
lnfdi	－0.404 (0.683) (0)	0.948 (0.649) (0)	1.288*** (0.422) (0)	－0.621 (0.398) (0)
inf		0.002 14 (0.005 91)		0.031 2*** (0.009 65)
mar		0.072 6 (0.101)		0.022 9 (0.033 0)
Constant	－7.751 (24.60)	119.6*** (22.43)	－37.19** (16.11)	115.0*** (14.02)
City FE	yes	yes	yes	yes
Year FE	yes	yes	yes	yes
N	120	120	280	280
R-squared	0.667	0.688	0.367	0.351

注：***代表在0.01的置信区间下显著，**代表在0.05的置信区间下显著，*代表在0.1的置信区间下显著。

表 3－6 汇报了相应的实证分析结果。对于大城市来说，交通网络的开通促使该城市第二产业产值比重减少，第三产业产值比重增多，且都稳定保持在 1%的显著性水平之上。而中小城市相反，交通网络的开通减少了第三产业产值比重，对第二产业产值比重影响并不显著。传统经济发展模式下，产业发展更注重货物的运输和流通，但在知识经济、新兴经济发展的大背景下，人的流动和高价值产品的运输对产业发展产生更大影响，交通网络的作用越发凸显。首先，从交通网络的职能来看，交通网络主要作用是客运，几乎不承担对传统大宗货物和工业原料的运输。而第三产业的生产要素比第一、二产业更具有流通性，因此，对于交通网络的需求多是商务交流、贸易沟通、异地旅行、会议咨询等，这些需求多服务于第三产业。其次，从城市的职能来看，大城市集聚了更多的高端资源，承担着提供更多第三产业就业的职能，促使人才、知识、信息、技术等要素涌向大城市，带动了大城市第三产业的产值比重不断提升。而随着交通越来越便捷，通勤时间越来越短，一些周边中小城市的一些服务业受到了大城市的冲击，导致第三产业比值相对缩小。而交通网络对第二产业产值比重的影响并不显著，可能是因为大城市与中小城市只是人口规模上的区分，并不能代表产业结构上的区别，无论是大城市还是中小城市的支柱产业都是不确定的，需要进一步的区分。

3. 考虑城市原有产业结构

交通网络的开通提升了城市间的可达性水平。一方面，在减少了物品交换时间、节约人们出行时间的基础上，促进了地区之间更加频繁的商品贸易和产业转移，提升了区域经济一体化；另一方面，各城市由于处在交通网络的不同位置导致相对区位发生变化，重构了区域间的经济格局，使产业发展优势在地区之间不断转移。一个地区的产业结构水平决定了其在产业分工中的地位，交通网络的开通是促进了区域间的产业分工还是使各地的产业结构更加均衡？借鉴蒋华雄（2017）的研究，本小节考虑以长三角都市圈内城市原有的产业结构对城市性质进行划分。根据 2010 年城市第二产业和第三产业初始就业结构比重，将城市第二产业就业人数超过总就业人数 50%的城市定义为第二产业型城市，其他第三产业就业人数超过 50%的定义为第三产业型城市，分析交通网络对两者产业结构的影响。

表 3－7　考虑城市原有产业结构的 DID 回归结果

变　量	(7) 第二产业型 城市第二产业	(8) 第二产业型 城市第三产业	(9) 第三产业型 城市第二产业	(10) 第三产业型 城市第三产业
T×*W*	－1.147 (1.040)	0.987 (0.973)	－2.074* (1.171)	0.417 (1.076)
T	－15.57*** (2.259)	14.96*** (1.905)	－4.626* (2.475)	7.458*** (2.311)
lnasset	4.076*** (1.539)	－4.069*** (1.180)	3.342** (1.317)	－3.990*** (1.296)
edu	－0.398*** (0.106)	0.304*** (0.096 7)	－0.162 (0.112)	0.142 (0.105)
road	0.294** (0.139)		0.528*** (0.083 8)	
land	－0.007 70 (0.008 74)		－0.041 0*** (0.015 2)	
rd	0.763** (0.296)	－0.913*** (0.275)	－0.485** (0.205)	0.080 2 (0.200)
lnfdi	2.910*** (0.576)	－2.235*** (0.574)	0.253 (0.455)	0.087 5 (0.449)
inf		0.006 77 (0.006 52)		0.0304** (0.013 5)
mar		0.055 5 (0.048 3)		－0.022 2 (0.057 5)
Constant	－33.01 (21.04)	120.0*** (15.72)	－0.072 5 (18.59)	94.71*** (18.16)
City FE	yes	yes	yes	yes
Year FE	yes	yes	yes	yes
N	190	190	210	210
R-squared	0.552	0.576	0.404	0.242

注：***代表在 0.01 的置信区间下显著，**代表在 0.05 的置信区间下显著，*代表在 0.1 的置信区间下显著。

由表 3 -7 可知，除了第三产业型城市在交通网络开通后第二产业的产值比重有所下降，且只在 10% 的水平内表现显著，其余均不显著。根据实证结果可知，交通网络开通目前对长三角区域内的产业分工影响并不显著。一方面，交通网络很大程度上是人的流动和信息的传播分享，能够带动沿线城市的经济联系，但对于重构区域内产业格局并没有想象中的影响力。另一方面，长三角区域内产业分工需要依靠其他基础设施的完善，区域内部的协调等条件的逐步成立，而目前长三角依旧存在行政区域的划分导致对经济发展的刚性约束、区域行政壁垒未消亡、缺少统一的产业规划措施、恶性竞争严重等问题，单靠交通网络的开通并不能马上使区域内各城市扬己所长，发挥比较优势进行产业分工，还需要进一步推动在相关政策、配套措施、行政治理等方面的完善。

4. 考虑原有城市体系

长三角城市群的空间结构具有多重特征（尚正永 2009）。①从城市等级体系来看，"核心-外围"的空间格局已经基本形成，上海是整个长三角都市圈的龙头城市，杭州、南京是副中心城市，环杭州湾和环扬子江的城市依托良好的地理位置和产业基础发展迅猛，苏北和安徽部分城市则在逐步承接长三角核心地区的产业转移，经济基础相对薄弱。从圈层结构来看，长三角城市圈由多个都市圈构成，南京都市圈、杭州都市圈、苏锡常都市圈、宁波都市圈相比于皖南都市圈、苏北都市圈经济联系密切，经济基础雄厚，在交通基础设施方面在交通网络开通之间就已经比较完善。本小节将长三角城市群分为原有城市体系内的核心城市和外围城市，区分标准为是否为长江三角洲城市经济协调会的初始成员。上海、无锡、宁波、舟山、苏州、扬州、杭州、绍兴、南京、南通、泰州、常州、湖州、嘉兴、镇江等 15 个城市位于长三角腹地，是长三角经济发展的引擎，且在产业、创新、贸易等领域合作频繁，交流密切。通过对城市体系的划分，考察体系内核心城市和外围城市对交通网络因素的敏感度。

---

① 尚正永，张小林．长江三角洲城市体系空间结构及其分形特征［J］．经济地理，2009 (6)．

表 3-8　考虑原有城市体系的 DID 回归结果

变　量	(11) 核心城市 第二产业	(12) 核心城市 第三产业	(13) 外围城市 第二产业	(14) 外围城市 第三产业
$T\times W$	−2.339*** (0.703)	2.193*** (0.685)	3.193*** (1.221)	−4.893*** (1.123)
T	−11.50*** (1.784)	15.96*** (1.542)	−8.007*** (2.007)	7.626*** (1.938)
lnasset	1.368 (1.083)	−3.797*** (0.929)	3.568*** (1.196)	−2.934** (1.137)
edu	−0.524*** (0.124)	0.299*** (0.112)	−0.205** (0.088 6)	0.099 1 (0.083 5)
road	−0.039 4 (0.084 8)		0.511*** (0.080 4)	
land	0.009 98 (0.006 26)		−0.017 8 (0.013 6)	
rd	0.239 (0.261)	−0.242 (0.254)	−0.142 (0.192)	−0.274 (0.182)
lnfdi	1.966*** (0.634)	−1.586** (0.623)	0.691* (0.390)	−0.149 (0.379)
inf		−0.0110** (0.005 06)		0.020 2** (0.008 42)
mar		0.008 85 (0.052 0)		0.017 6 (0.036 7)
Constant	19.04 (15.10)	112.8*** (12.36)	−7.597 (16.37)	82.27*** (15.58)
City FE	yes	yes	yes	yes
Year FE	yes	yes	yes	yes
N	140	140	260	260
R-squared	0.819	0.830	0.442	0.341

注：***代表在 0.01 的置信区间下显著，**代表在 0.05 的置信区间下显著，*代表在 0.1 的置信区间下显著。

由表 3－8 的回归结果可知，在交通网络开通后，核心城市与外围城市产业结构变迁呈现出不同的路径。开通交通网络的核心城市第三产业产值比重不断上升，第二产业产值比重下降，而外围城市则相反。这说明交通网络对处于不同地理位置和拥有不同经济基础的城市的产业结构会产生不同的影响。作为客运的主要力量，交通网络促使一些知识、人才资源向区域内经济水平高、高端就业岗位多、对外交流多的核心城市集聚，使得核心城市的金融、科技等行业可以依靠更大的市场和更多的人才迅速发展，造成了交通网络的再分配效应。虽然交通网络没有迅速推动不同发展类型的城市的产业分工，但相比于没有开通交通网络的城市，拥有交通网络的核心城市更便于将制造业等第二产业向同样拥有交通网络的城市进行转移。其原因是：第一，交通网络改善了外围城市的交通水平，提高了该城市的可达性水平和对外交流的能力，提升了企业家在该地投资办厂的意愿，推动了一部分人从核心城市回流进入该地的劳动力市场。第二，交通网络建设后，外围城市交通的便捷和基础设施的完善也有利于吸引更多的国内外投资，同时激励了企业做大增量，创造更多的就业岗位。第三，这种交通网络对核心城市和外围城市产业结构的再分配效应，不能简单地理解成核心城市对外围城市发展机会的挤占，每个城市都有不同的经济发展时期，如果城市经济基础本身不够好、人才质量不够高、相关政策和制度不够完善、配套体系不成熟，而脱离制造业等传统工业去追求现代金融业、高科技行业等是不会成功的。而交通网络的开通对于这些外围城市承接产业转移是有利的，在谋求自身发展机遇的同时，也促进了核心城市产业转型升级，导入高端要素，创造更高附加值的产品。

第四节　综合交通发展促进长三角一体化的路径

长三角交通一体化建设已逐渐形成体系，由高铁、公路、港口、机场等交通基础设施构成的交通网络能够大幅度降低运输成本，不仅可以提高区域发展水平，保障发展，而且能够加快长三角一体化发展进程，为区域经济一体化协同发展奠定基础。随着长三角地区交通建设的不断完善，交通运输实现跨越式发展，城市群、城市内部与其他地区交流更加频繁，联系不断提升，对提升区域运输水平、缓解中心城市交通压力和最终实现区域交通互联互通具有十分重要的意义。

一、交通一体化对长三角城市群产生的效应

建设世界级城市群是长三角发展的长远目标，建设高效、便捷、安全、通畅的交通运输系统是长三角世界级城市群发展的基本目标。交通一体化和交通网络的完善也能推动长三角优质资源集聚，推动创新经济发展，实现长三角高质量一体化。

（一）综合交通推动资源集聚

长三角世界级城市群、创新集群、先进制造业集群逐渐崛起，具有强大国际竞争优势，是引领发展的三大“平台”。在上海“五个中心”建设引领下，苏浙皖“长板”加长，“轨道上的长三角”和世界级机场群的网络效应以及一体化体制机制创新等将带来具有显著全球比较优势的人才集聚、创新集聚、产业集聚、金融集聚、人口集聚、国际企业总部集聚。尽管全球新冠肺炎疫情之后，可能会出现全球制造业回归潮，但从长期趋势看，未来长三角内在的世界领先、最大规模城市群以及强大制度创新优势和“信用优势”，对全球高端要素将产生不可抗拒的“虹吸效应”“叠加效应”。

从量变到质变，2035 年长三角可能出现“新硅谷”“新华尔街”“新斯坦福大学”“新波音”“新苹果”“新高通”等具有全球影响力的机构与平台。应紧抓历史机遇，充分建设长三角一体化合作的战略“大平台”，增强国际竞争力。

（二）综合交通改变经济版图

综合交通的完善将改变长三角点状联系的格局，推动整体一体化发展。以浙江为例，沪甬舟“一体化、同城化”将深刻地改变浙江经济“版图”，联手打造世界级自由贸易港区大有可为。2020 年 4 月 17 日《关于深入贯彻〈交通强国建设纲要〉建设高水平交通强省的实施意见》提出建设沪甬、沪舟甬跨海大通道，宁波、舟山将进入上海“1 小时交通圈”及“同城化”时代。首先，沪甬舟整体参与国际竞争的能力大幅度提升，放

眼全球，打造世界级自由贸易港区的前景无限光明，将对全球资源配置产生深远影响。其次，宁波都市圈进入跨越式发展阶段，宁波大概率迈入“2 万亿俱乐部”。“同城化”使宁波可以和上海开展高水平都市圈级分工与合作，前湾新区（600 平方千米）和上海自贸区临港新片区（900 平方千米）借助“飞地”机制共谋世界级先进制造业集群。最后，宁波和舟山在长三角和杭州湾南部的枢纽功能逐渐凸显。绍兴、台州、温州、金华将更好地通过宁波和舟山“一小时”连接上海，宁波和舟山将出现“虹吸效应”，带动其他城市更好融入长三角、加快转型升级。

（三）综合交通带动都市圈联动发展

综合交通的完善将带动城市群内部不同都市圈联动发展。例如，嘉湖一体化与杭州都市圈发展均是强劲活跃增长极，为长三角稳速高质量发展提供支撑。受益于长三角一体化，嘉湖一体化加快，嘉湖区位优势逐渐发挥，出现科技驱动、长三角产业协同、人才集聚、飞地合作等高质量新增长点，未来一个“新都市圈”和“新增长极”值得期待。杭州都市圈发展迅速，高水平“产城人融合”模式成为新样板，大平台建设、人才集聚、产业集聚、金融集聚、空间扩展将推动杭州都市圈继续成为高质量发展的引领者，创新经济与国际化是杭州及四大都市圈未来鲜明的标志。

（四）综合交通联合“新基建”促进经济转型发展

5G 等新兴产业发展迅速，长三角需要积极参与“新基建”，引领新经济发展。新一轮科技革命与产业变革加速酝酿，以 5G 为代表的新一代信息技术的突破和应用将带来产业爆发式增长，并通过与社会各领域的广泛渗透融合，辐射带动多个相关产业的发展，促进全球经济的整体繁荣。因此，近期中央提出加强“新基建”，信息基础设施、融合基础设施、创新基础设施等建设为“十四五”至 2035 年我国“弯道超车”创造有利条件。“新基建”中，信息基础设施包括以 5G、物联网、工业互联网、卫星互联网为代表的通信网络基础设施，以人工智能、云计算、区块链等为代表的新技术基础设施，以数据中心、智能计算中心为代表的算力基础设施等；融合基础设施包括智能交通基础设施、智慧能源基础设施等。在综合交通建设过程中，紧抓“新基建”建设机遇，在信息基础设施、融合基础设施的细分领域形成产业优势和应用优势，重塑区域、产业和企业竞争力。

二、交通一体化对长三角一体化的推动作用

长三角交通一体化建设已逐渐形成体系，由高铁、公路、港口、机场等交通基础设施构成的交通网络能够大幅度降低运输成本，不仅可以提高区域发展水平，保障发展，而且能够加快长三角一体化发展进程，为区域经济一体化协同发展奠定基础。随着长三角地区交通建设的不断完善，交通运输实现跨越式发展，城市群、城市内部与其他地区交流更加频繁，联系不断提升，对提升区域运输水平、缓解中心城市交通压力和最终实现区域交通互联互通具有十分重要的意义。

（一）轨道上的长三角促进区域一体化

推动区域基础设施互联互通，共建轨道上的长三角。《长江三角洲区域一体化发展规划纲要》提出，到 2025 年，铁路网密度达到 507 千米/万平方千米，“轨道上的长三角”基本实现。长三角一体化需要激发蕴藏的“乘数效应”，铁路密布、高铁飞驰，长三角一张张“网”正越织越密，“网络”散射正是“乘数效应”的重要实现方式。长三角铁路网 2018 年的旅客发送量为 13 亿人次。到 2020 年末，长三角铁路营业里程达 1.3 万千米，其中高铁超过 5 300 千米。随着长三角密织铁路网，“流动的长三角”实现跨省出行新时尚，并交出全国 20% 旅客发送量的完美答卷，长三角一体化经济新引擎已初现峥嵘。

专栏 3－1

轨道上的长三角

根据国家发改委、交通运输部印发的《长江三角洲地区交通运输更高质量一体化发展规划》，到 2025 年，长江三角洲地区一体化交通基础设施网络总体形成，基本建成“轨道上的长三角”，铁路密度达到 507 千米/万平方千米，省际公路通达能力进一步提升，高速公路密度达到 500 千米/万平方千米，世界级机场群和港口群的全球竞争能力显著增强。在此基础上，长三角地区一体化运输服务能力大幅提升，中心城市之间享受 1 至 1.5 小时客运服务，上海大都市圈以及南京、杭州、合肥、苏锡常、

宁波都市圈内享受 1 小时公交化通勤客运服务，铁路和水路货运量年均增长率不低于 5%。一市三省协同共建机制更加健全，政策、标准等充分对接，形成交通一体化体制机制改革创新的“长三角样板”。智能绿色安全发展水平大幅提高，大城市中心城区绿色出行分担率超过 65%。

◇ 资料来源：长江三角洲地区交通运输更高质量一体化发展规划.

实施“一日一图”精准开车，实现运力供给精细对接客流。在交通网络设施完善的基础上，利用现有的路网、机车车辆等设备设施，科学调度、精准开车，既满足客流需求，又不浪费运力是轨道上的长三角的另一个目标。铁路局以市场发展为导向，适应不同区域客流出行需要，对客运专线实行动车组列车市场化运营方案，在“4+3”开车模式基础上，实施精细化的高铁“一日一图”编制，安排日常、周末和高峰图，按需开车，有效供给。同时，围绕上海、南京、杭州、合肥中心城市圈早晚通勤高峰，增加日常早高峰、周末晚高峰开车密度，列车开行紧贴客流规律，中心城市间形成“1~2 小时交通圈”，“同城效应”“双城效益”逐步显现。

加强铁路与其他产业融合，利用智慧客运提高建设质量。长三角铁路积极探索高铁网、互联网“双网融合”的智能化客运服务模式，将大数据、人工智能、移动互联网、人脸识别等先进技术运用到客运服务中米，实现传统产业与新兴产业的融合。从 2011 年 9 月全国所有动车组列车开通网络售票，到同年 12 月 12306 购票网站正式启用，“线上订购、线下取票”的方式大大改善了旅客购票体验。从 2013 年 12306 网站新增支付宝支付通道，开放手机客户端下载，到相继推出自主选座、接续换乘、提前订餐、候补购票等个性化服务功能，旅客指尖上轻松购票更方便。2019 年 1 月至 11 月，长三角铁路客票发售达 8.11 亿张，其中互联网发售（含手机订票）6.91 亿张，占比达 85.2%，同比增长 3.5%。长三角铁路在全国铁路率先建立相关服务标准，制订时速 350 千米、250 千米、160 千米动力集中型等不同复兴号动车组营运方案，不断扩大复兴号开行数量和通达范围。2019 年末的“12.30”新图中，长三角复兴号列车 288 列，同比增加 78 列，始发终到城市覆盖全国 21 个省会城市和长三角大部分城市。

（二）省际公路互联互通推动联动发展

随着长三角高速公路建设规划的不断出台和建设的深入开展，长三角的高速公路网络更加密集和完善。2020 年，长三角地区的高速公路总里程达到 7 153 千米，平均每 100 平方千米的范围以内高速公路密度达到 7.1 千米，基本达到发达国家的水平。同时，整个长三角的公路里程达到 30 万千米，基本形成以上海为核心，放射状的公路网络系统。这些公路网状系统将极大推动整个长三角区域的经济联系和产业升级，长三角的一体化发展也将因此而不断提高。

全面消除长三角省际“断头路”。2017 年，长三角就先行谋划实施贯通省际“断头路”行动计划。在陆续贯通徐明、宿扬、泗许等苏皖省际高速公路的基础上，2018 年一市三省交通部门签署了《长三角地区打通省际断头路合作框架协议》，将 17 条省际“断头路”列入协议共同推进。《长三角区域一体化三年行动计划（2018 — 2020）》提出，滚动编制打通省界断头路年度计划，明确工作目标与责任主体，2018 年重点推进宁宣杭高速等第一批 16 个项目，并纳入一市三省政府重点督办工作；近期加快推进沪宜高速上海段等 30 个储备项目前期工作，加快规划研究，力争早日明确项目开工建设。研究出台规划、土地、资金等方面支持政策，保障年度计划顺利实施。鼓励跨省毗邻地区共同推动农村道路的互联互通。

积极推动长三角高速省界主线收费站的取消。长三角地区在全国取消高速公路省界收费站过程中发挥先锋作用，彰显长三角交通“设施互联互通、管理协同合作、服务共享共赢”。取消高速公路省界收费站就打破了原来以省为单位的收费体制，推动技术攻关、设施建设、运营管理机制和制度的修订和重构，提升了省际公路通达水平。

专栏 3 - 2

长三角区域取消高速公路省界收费站合作框架协议

2019 年，沪浙苏皖一市三省交通主管部门正式签署了《长三角区域取消高速公路省界收费站合作框架协议》。下一步，根据《框架协议》安排，一是加强组织保障，成立取消高速公路省界收费站工作领导小组和专项工作小组。建立工作保障机制，加强组织保障，统筹推进各项工作。二是充分发挥取消高速公路省界收费站工作领导小组和专项工作小组的协调作用，根据工作实际情况，不定期召开长三角区域工作推进专题会，研究协商解决推进中遇到的重大问题。三是进一步加强工作计划对接。根据总体计划目标，细化制订各项任务的详细实施计划，并加强实施计划的有效对接。

◇ 资料来源：浙江省人民政府“长三角三省一市正式签署《长三角区域取消高速公路省界收费站合作框架协议》”(http://www.zj.gov.cn/art/2019/6/25/art_1553101_34868781.html).

加快推进高速公路改扩建及国省干线建设。长三角地区重视省际高速公路建设，对高峰时段拥堵严重的国省道干线公路实施改扩建，形成便捷通达的公路网络。实施宁马、合宁、京沪等高速公路改扩建项目，提升主要城市之间的通行效率。完善过江跨海通道布局，规划建设常泰、龙潭、苏通第二、崇海等过江通道和东海二桥、沪舟甬等跨海通道。

（三）世界级机场群提升国际竞争力

国际机场的规划建设不仅是居民出行便捷度的体现，更意味着城市未来的竞争力，未来国际都市的竞争将是空港的竞争。自 1999 年以来，长三角地区机场 20 年发展中从 16 个增长到 23 个，到 2025 年长三角全域范围内将新增 7 个机场（已批复 6 个），机场数量和布局已处在相对领先水平。从旅客吞吐量来看，2018 年长三角一市三省 23 个机场共完成旅客吞吐量 2.5 亿人次，占整个华东地区的 63.2%，占全国的 19.6%。但是，与城市群大型城市机场构成相比，长三角未来仍有无限发展空间。眼下，上海及周边现有浦东、虹桥、南通、无锡、嘉兴 5 个机场，而纽约、华盛顿机场体系分别有 7 个机场、8 个机场。据预测长三角城市群未来航空需求规模约 3 亿人次，与上海及周边城市人口规模、区域面积、经济规模比较，现有的机场布局不能完全满足未来需求，现有机场体系层级尚不清晰，市场分工不够明确，需要统筹谋划，系统布局。

长三角地区将着眼于一盘棋整体谋划，切实发挥好国际航空枢纽带动作用。规划健全协同发展的区域统筹机制，重点聚焦满足人们更高的出行需求，大力推进平安、绿色、智慧、人文为核心的“四型机场”建设。巩固提升上海国际航空枢纽地位，增强面向长三角、全国乃至全球的辐射能力。规划建设南通新机场，成为上海国际航空枢纽的重要组成部分。优化提升杭州、南京、合肥区域航空枢纽功能，增强宁波、温州等区域航空服务能力，支持苏南硕放机场建设区域性枢纽机场。

专栏 3－3

南通新机场建设提升一体化水平

随着南通新机场的规划建设，其作为上海北大门和枢纽机场的服务功能也逐渐明确，上海国际航空枢纽的地位得以真正确立，将与南京、杭州、合肥等枢纽机场一起，打造长三角的世界级机场群。南通市积极把规划建设南通新机场作为长三角区域机场建设的重大项目和跨区域民航协同发展的“关键一招”，指导推进沪通两地机场开展合作共建商务磋商，形成优势互补、合作共赢的发展局面。2020 年 7 月，南通新机场选址已经尘埃落定，这一规划年客运量 4 000 万人次的机场将在“十四五”期间建成。同时，南通还将于 2021 年开工建设江海快线，将在 1 小时内串联起南通西站至通州湾沿线各个城市组，串联起轨道上的机场。

◇ 资料来源：南通市人民政府“强化南通新机场规划建设　提升上海国际航空枢纽服务能级”(http://www.nantong.gov.cn/ntsrmzf/ntxw/content/39489174－369b－495e－b1a9－0521017c138d.html).

（四）世界级港口群推进江海联运

长三角港口群承载了长三角区域乃至其辐射的我国内陆腹地区域对外物流门户枢纽作用。长三角港口群是中国沿海港口分布最密集、吞吐量最大的港口群。2018 年，长三角港口群中亿吨港口共有 16 个，全年货物吞吐量完成 43.63 亿吨，占全国港口货物吞吐量的 32.69%，2019 年前 10 个月货物和集装箱吞吐量依旧不俗，但离长三角区域一体化发展要求仍有差距。2019 年 12 月 1 日，中共中央、国务院印发了《长江三角洲区域一体化发展规划纲要》，其中明确指出“围绕提升国际竞争力，加强沪浙杭州湾港口分工合作，以资本为纽带深化沪浙洋山开发合作，做大做强上海国际航运中心集装箱枢纽港，加快推进宁波舟山港现代化综合性港口建设”以及“加强沿海沿江港口江海联运合作与联动发展，鼓励各港口集团采用交叉持股等方式强化合作，推动长三角港口协同发展”。

从港口布局与功能布局看，上海港应充分发挥长江口的地理区位优势，重点发展集装箱业务；宁波舟山港应充分发挥深水良港优势，发展涵盖大宗散货和集装箱的港口全要素功能；江苏省港口应充分发挥长江航道优势，大力发展近洋运输，成为长江中上游与上海港、宁波舟山港出海口的中转枢纽节点。

从航运服务功能布局看，上海应利用金融、贸易产业相对集聚，要素齐全的优势，大力推动现代航运服务产业发展，包括航运交易与信息、航运金融与保险、海事法律与仲裁、航运研究与咨询、航运教育与培训等，与上海城市功能融为一体；浙江应充分利用多式联运体系优势，大力拓展大宗散货和集装箱供应链服务，同时重点打造外轮供应服务、特色航运交易、船舶融资租赁、海事衍生服务等全面发展的国际海事服务基地；江苏应重点围绕国内和近洋运输市场拓展相关航运服务产业，包括建立长江航运交易市场、国内海事仲裁基地等。

安徽省本身并无海港，芜湖港、马鞍山港、铜陵港 3 个亿吨内河港口在长三角区域内来看吞吐量也稍显落后，但将安徽省纳入长三角区域之后，其在腹地资源方面给其他长三角港口很大支撑，芜湖港集装箱吞吐量跻身中国江河港口第三。安徽省港口在长三角港口群中迎来快速发展，这对安徽省和长三角区域来说都将会是一个双赢的未来。在以后的发展中，安徽省港口应积极与长三角港口群其他港口合作互联，以提升自身港口实力为目标，促进长三角区域内河港口协同发展。

专栏 3 - 4

两个全球“最大港”合作　长三角一体化发展再加速

2020 年 2 月 28 日，宁波舟山港股份公司召开临时股东大会，审议 2020 年度非公开发行 A 股股票方案等议案。根据议案，该公司将向上港集团和控股股东宁波舟山港集团非公开发行股份合计不超过 26.35 亿股（锁定期 36 个月），募集资金 112.15 亿元。

根据议案，本次拟募集资金不超过 112.15 亿元，其中 89 亿元将投资于梅山港区 6 号至 10 号集装箱码头工程项目、穿山港区中宅矿石码头二期项目、北仑港区通用泊位改造工程项目、穿山港区 1 号集装箱码头工程项目及资产购置等基础投资建设。项目建成投用后，宁波舟山港将新增 555.6 万标准箱的集装箱年通过能力和 2 000 万吨矿石吞吐能力，进一步增强其对全球大型集装箱船舶和国际中转集装箱的吸引力，进一步提升其超大型矿船靠泊条件和接卸能力，完善长三角地区进口铁矿石运输体系，从而提高宁波舟山港的综合竞争力。

此次定增促成比邻而居的两个“世界第一”港口的合作，将推动双方实现优势互补，增强港口群联动协作成效，进一步推动长三角港口一体化协同发展，促进上海加快建成国际化航运中心，同时也有利于双方更好地服务长江经济带，提升国家在全球开放合作中的整体竞争力，共享发展红利。

◇ 资料来源：中国港口“百亿级定增！两个全球‘最大港’‘联姻’ 长三角一体化发展在加速”(http://www.chinaports.com/portlspnews/3818).

纵观纽约、东京等世界级城市群，交通网络的完善对于城市群一体化发展起到了支撑和保障作用。就长三角而言，仍旧需要破解空间分布不平衡、货运信息网络滞后等问题，加强综合交通网络建设十分重要。在此过程中，交通综合网络构建也为长三角一体化提供了基础性条件。从理论研究和实证检验来看，交通网络对于不同人口规模城市的产业结构产生不同影响，大城市集结了信息、科创、人才等资源，高铁开通使得高端要素的集聚作用更加明显，大城市承担的职能也是金融发展、科技突破，所以高铁对于大城市的第三产业比重提升起到了促进作用；对于小城市来说，只靠高铁的开通，缺乏辅助政策和产业配套难以对产业结构升级产生很大的影响。同时，交通网络推动了中心城市向外围城市的第二产业转移，中心城市本身第三产业比重提升，产业结构优化。长三角城市群优良发展的前提是产业分工明确，职能清晰。浙江、苏南等地制造业发达，但面临着转型发展的压力，高铁的开通便于这些城市的传统产业向苏北、安徽的欠发达地区转移，形成有层次、有分工的产业体系。发挥轨道交通对城市群地区的空间结构引导和优化调整作用，加强综合交通枢纽与城市重要功能区的相互衔接并在区域交通一体化的统筹发展上有所突破，同时加大对港口机场群的建设，实现内外联动发展，打造一个具有国际竞争力的世界级城市群。

第四章

创新网络与长三角高质量一体化发展

空间的概念在经济社会的研究中一直都被视为活动地点，当技术进步逐渐成为推动经济社会发展的主要动力时，越来越多的学者研究发现创新活动在地理空间上的分布往往是不均衡的，空间在经济社会发展中的作用日益引人关注，因而将空间作为一个必要的要素逐渐纳入创新活动的研究中。随着交通、通信等基础设施的高速发展，创新要素流动日益频繁，城市之间的竞争不再仅仅是单个城市的单打独斗，而逐渐表现为城市群之间的竞争，只有拥有产业集群和经济规模优势的城市群才能应对城市竞争与合作的挑战。创新是引领发展的第一动力，我国经济已经由高速发展阶段转向高质量发展阶段，创新驱动发展的重要性日益提升，但创新的发展具有明显的空间集聚特征和空间溢出效应，长三角城市群推进创新一体化发展，需要进一步分析。本章将研究长三角创新能力的空间分布，首先回顾和梳理城市群创新演进的空间结构理论，其次利用空间模型分析长三角创新能力的空间分布及其特征，最后采用计量方法实证分析长三角空间创新能力分布的影响因素，为长三角合理配置创新要素提供启示。

第一节　城市群创新的空间结构理论

一、区域创新的空间结构理论

企业创新活动的开展需要有一个鼓励创新的环境。近年来在 Marshall（1890）早期理论的基础上，Porter（1990）、Krugman（1991）、Saxenian（1994）等学者把研究聚焦到同一区域的产业集群内企业的学习交流和创新活动上。①大多数研究结论认为，特定的地理空间有助于创新思想、知识成果和技术进步的扩散，企业能获得空间的外部效应，增强企业自身创新能力。由于本地知识的外部性和知识的地理限定，企业作为技术创新的主体并不是独立存在的，企业在特定的集聚空间内能获得不能远距离扩散的隐性知识，因此，创新的空间环境为企业的集聚提供了“地点”，创造了创新相互作用的可能性。企业的这种特定集聚空间可以分为核心区和边缘区，核心区是作为区域的创新中心，是区域经济的“增长极”，有主导产业；边缘区由核心区的主导产业上下游关联产业构成。创新由核心区向边缘区进行梯度转移，这种梯度转移过程实现了区域创新的空间集聚与扩散，推进区域经济一体化。

（一）创新核心区与边缘区

创新产生的主要中心地称为“核心区”，与中心地紧密联系的周围其他地区称为“边缘区”，占支配地位的核心区与边缘区相互作用，共同构成一个完整的空间结构体系。经济发展动力一般来源于区域内具有较高创新能力的核心区，创新由核心区向周边创新能力低的边缘区扩散，边缘区依附于核心区获得发展。②创新核心区与边缘区的相互作用表现在四个方面：第一，核心区与边缘区的空间等级结构是根据特定的空间体系表现出来的，一个核心区可以同时表现为两个空间等级结构，较高级的空间结构中的次级核心区在较低级的空间结构中则表现为一级核心区；处于同一水平的核心区之间存在较强的相互作用，而较低级核心区之间有较弱的相互作用。第二，核心区的创新成果有层次地向边缘区扩散。高层次空间结构的核心区创新能力最高，创新通常由同一空间结构的高层次核心区向次级核心区扩散，或者向相似级别的其他核心区扩散。扩散的成功与否往往取决于被扩散区域的创新层次、创新接受能力以及社会文化发展程度等。第三，随着空间结构中信息交流等加强，边缘区实力不断增强，可能导致新

---

① Feldman M P. The new economics of innovation, spillovers and agglomeration: A review of empirical studies[J]. Economics of Innovation and New Technology, 1999, 8 (1/2): 5; M. E. Porter, S. Stern. Measuring the “Ideas” Production Function: Evidence from International Patent Output[R]. NBER Working Paper, 2000; Saxenian, A. L. Regional Advantage: Culture and Competition in Silicon Valley and Route 128[M]. Boston: Harvard University Press, 1994: 34－43.

② Tura T, Harmaakorpi V. Social Capital in Building Regional Innovative Capability: A Theoretical and Conceptual Assessment[C]. ERSA Conference Papers, European Regional Science Association. 2003 (3): 393.

的核心区出现在边缘区，引起原有的核心区等级水平的下降。第四，核心区创新发展具有自我强化特征，可能导致核心区创新功能不能强化而边缘区不断弱化，使系统功能失调，只有更好地发挥核心区对边缘区的扩散效应才能减弱这一冲突。由此可见，创新核心区不断扩展，核心区与边缘区相互作用愈加紧密，区域创新活动的空间范围不断扩大，创新在区域内实现了空间扩散。

（二）增长极

增长极是空间中某些“点”形成的发展速度最快、创新能力最强的中心区位。在区域的空间结构中，经济和创新发展呈现出非均衡特征，创新是由实力最强的增长极向四周扩散，对周围地区具有正外部效应，推动整个地区的创新发展。某些大城市得益于自身区位、交通便利、资源丰富等优势不断吸引人才、资金、企业和产业集聚，形成人才优势和规模经济的高创新能力的区域创新增长极，在自身迅速发展的同时带动周边地区的经济增长。增长极在空间结构体系的作用主要通过“集聚-扩散”完成：①首先，增长极凭借自身已有的创新条件和实力，不断集聚人才、企业、科研机构，自身实力不断增强；其次，增长极依托区域创新的网络结构，不断向周边地区扩散知识和创新成果，从而带动周边地区关联产业的发展和整体经济实力的提升。

（三）创新梯度及其推移

创新在空间上是非均衡发展的，呈梯度变化的，称为“梯度创新”。根据产品生命周期理论，主导产业所处的发展阶段是影响创新的主要因素，当产业部门处于成长阶段时，创新活动比较频繁，区域创新能力较强，反之，当产业处于成熟阶段后期以及衰退阶段时，创新活动减少，区域创新能力减弱。区域创新梯度推移能有效影响区域经济发展和生产布局。首先，处于成长阶段的产业创新能力较强，多分布在区位条件较好、资源丰富、人才资金充裕的大城市，是创新梯度较高的地区。②其次，随

---

① Hagedoorn J, Cloodt M. Measuring innovative performance: is there an advantage in using multiple indicators? [J]. Reasearch Policy, 2003, 32 (8): 1365 - 1370.

② Marie Dervillé, Gilles Allaire. Change of competition regime and regional innovation capacities: Evidence from dairy restructuring in France[J]. Food Policy, 2014, 49 (1): 347 - 360; Cooke P. Regional Innovation Systems, Clusters and the Knowledge Economy[J]. Industrial and Corporate Change, 2001 (4): 945 - 974.

着产业周期的变化，已经处于成熟阶段的主导产业不再局限于大城市，开始向具有一定经济实力和创新潜力的第二梯度的城市推移，以降低生产成本、扩大生产规模、获得更多市场。最后，当主导产业进入衰退阶段时，技术和产品已然不具有创新优势，利润空间压缩，产业必须向劳动力、原材料价格较低廉的地区转移。这种跟随产业周期变化而产生的创新梯度推移现象，也称"工业区位向下渗透"，解释了创新活动在不同梯度地区之间发生推移的作用机制。

二、空间结构、区域可达性与城市群创新发展

（一）技术进步与城市化进程

城市空间为创新活动的开展、要素的流动和配置提供了载体。纵观全球各地的城市化进程，技术变迁促使城市体系发生剧变的案例屡见不鲜。19 世纪工业化进程中，得益于蒸汽机技术的出现，铁路交通和航海运输迅猛发展，港口与内陆城市之间的交流日益频繁，成为联系各城市的纽带，商品流通也因交通的改善运输成本迅速降低，制造业得到空前发展。20 世纪，由于内燃机、航空发动机的出现，跨国界进行商品贸易成为趋势，在全球经济中，大城市的作用愈加明显。虽然发达国家的大城市在 20 世纪 70 年代出现所谓的"城市病"，发展停滞，但进入知识经济时代后，大城市在集聚人才、资金和技术等要素资源上具有无法比拟的优势，这主要得益于通信和网络技术的发展，使得城市体系变化巨大。发达的交通信息网络，使得知识与信息不断由大城市向外扩散，新兴城市在大城市创新带动和引领下发展迅猛，逐渐发展成为创新密集的高科技产业集聚区。通过产业结构的调整，大城市普遍实现了原来的工业经济到现代服务性经济的转型升级，随着创新要素向新兴城市的扩散，在更广范围的地理空间中集聚，城市体系空间结构实现了城市群结构的转变。

上文分析表明城市化进程与技术进步密切相关，城市空间结构和城市创新功能在每个技术变革的阶段都在发生剧烈变化，并不断形成了能有效发挥创新优势的城市群空间结构。因此，本书从技术进步的角度，总结在技术进步过程中城市体系空间结构的变化特点，如表 4－1 所示。对城市体系空间结构变化特点的总结分析能更好地把握城市体系空间结构的发展规律，科学合理配置城市群的创新要素，有利于区域创新体系发展。

表 4－1　技术进步与城市空间结构特点

技术进步	城市体系空间结构特点
蒸汽机、铁路等	中心城市不断吸引创新资源集聚，发展地区主导产业，城市化进程加速，大多形成单中心的城市群
内燃机、自动化与高速公路等	城市等级出现分化，中等城市崛起，中心城市的技术、人才、资金等创新资源不断向外扩散
通信与信息技术等	人才、资金等创新要素在各城市合理分布，中心城市科技创新服务业增多，各城市间创新活动的合作交流不断增多，中心城市、副中心城市和小城市逐渐形成有序的城市空间体系结构

（二）创新与城市外部空间

从上述分析中可知，技术进步与城市发展的研究对象大多局限在单个城市的内部结构，但是区域城市群与单个城市在空间体系的研究上是有本质区别的，单个城市的发展仅是城市群发展的一部分。因此，要对创新空间特征进行分析，还必须结合城市的外部空间进行研究。

城市外部空间的内涵。理论研究中城市空间包含内部空间与外部空间，对城市研究不再局限于城市主体，而是把研究重点放在城市体系、区域空间结构等概念上。实际上，在现实经济社会发展过程中，绝大多数城市的快速发展也是通过外部空间实现的，尤其是作为区域经济中心的城市，其外部空间发挥着更为重要的作用。有学者认为，城市外部空间的内涵可以分为两种，第一种是城市行政职能规定的行政范围；第二种是自然联系和经济关联所涉及的城市辐射范围。两种内涵在城市空间结构上都表现为以城市为中心向外扩展的形态。①

创新与城市外部性。经济学上外部性也称外部效应，通常是指某个人或组织的决策或行为使另外一个人或组织受益或受损，城市外部性则是指一个城市的经济决策或行为使其他城市受益或受损。假设一个城市是一个理性主体，在市场竞争中追求自身利益最大化，随着专业分工的深入和经济联系的增多，城市外部性日益突出。在城市的创新活动中，得益于城市

① 方创琳．中国城市群研究取得的重要进展与未来发展方向[J]．地理学报，2014（8）：1130－1144．

间地理邻近性，节约了关联产品运输成本，公共基础设施也能在城市间共享，创新主体不断受技术溢出的影响，从而使城市自身创新能力不断提高，而城市要获得这种外部性就必须集聚在一定空间内，形成城市群。

随着城市外部性对城市创新作用的增强，学术界开始对区域或城市之间知识创造与传递机制进行深入研究。Fujita 构建了知识传递模型，如图 4-1 所示，a 人独有知识 K_a，b 人独有知识 K_b，两人共有知识 K_{ab}，并假设两人处于可交流的空间内，共有知识 K_{ab} 创造了两人交流的可能性。在交流过程中，两个各自独有的知识有机会发生碰撞，从而产生知识创造的可能性。类似于两人的知识创造过程，在两个区域中，两区域知识创造过程如图 4-1 所示，假设 a、b 两人在区域 X，c、d 两人在区域 Y，a 人和 c 人通过区域间要素流动和相互作用，进行知识交流并产生知识创造的可能。①

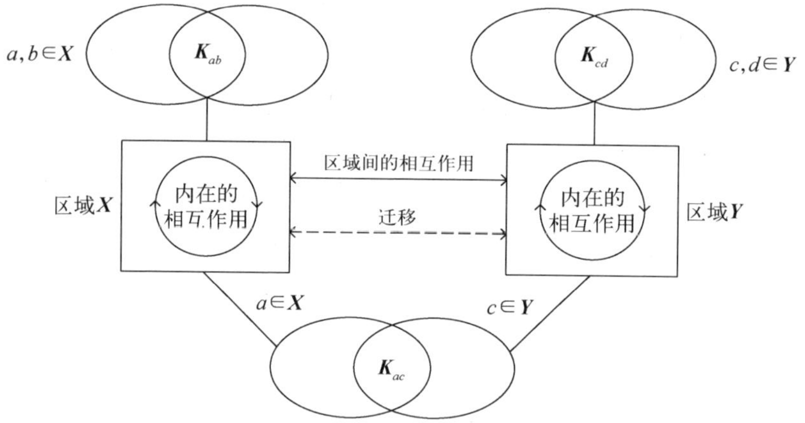

图 4-1　区域间知识互动与知识创造

三、空间结构与城市群创新能力的不均衡发展

世界级大城市中，如纽约、东京、伦敦等，绝大多数都形成了以中心城市为主导，与周边城市联系紧密、功能互补的空间结构。从世界级城市群的形成和发展可以看出，在历史条件、行政规划、区位交通和资源要素禀赋等共同作用下，中心城市的创新优势不断增强，受中心城市的外部性

① 顾朝林. 中国城镇体系——历史 · 现状 · 展望[M]. 北京：商务印书馆，1992；何舜辉，杜德斌，焦美琪，林宇. 中国地级以上城市创新能力的时空格局演变及影响因素分析[J]. 地理科学，2017 (7)：1014-1022.

影响，周边邻近城市与中心城市不断加强创新合作与交流，创新能力得到提升，正是中心城市的这种创新优势以及中心城市对周边城市的扩散，使得城市群渐渐成为各国创新发展和产业提升的主要力量。在空间上，城市群的梯度排列，使得在技术创新与经济社会方面，城市群内部各城市的发展都是不均衡的。

创新在地理空间上的这种不均衡性，学者们通常用“集聚”与“扩散”的概念来描述它的变化趋势，用“中心”与“腹地”的概念来描述它的空间位置。创新的空间结构表现出的集聚特征，集聚点趋向于选择区域内创新主体集中、交流方便、联系紧密的创新活动运行良好的场所。在城市群的创新发展过程中，这些创新场所具有生产、贸易、服务、信息、金融等多种功能，并且具有良好的区域可达性，能吸引周边地区创新要素，因此比其他城市具有更多的创新发展潜力，成为区域发展的增长极。

区域的中心城市在区域经济的整体发展中起到带动作用，对其他周边地区具有支配作用，这些具备带动和支配能力的中心城市，与周边其他受支配的城市组成“中心-副中心-外围”的城市群空间结构。在城市群的这种空间结构下，创新体系中的要素逐级流动，沿梯度进行差异化配置，实现创新扩散，带动整个区域创新能力提升，促进区域经济整体发展。

四、区域可达性与城市群创新发展

上述分析可知，城市群创新能力的发展具有不均衡性的特征，在很大程度上，这种特征是受区域内各城市的可达性的影响的，区域可达性可以反映地理空间联系，因此，有必要从区域可达性的角度对城市群创新的空间结构进行深入分析。

可达性在经济地理学的研究中有着广泛的应用，古典区位论在区位选择时认为运输成本至关重要，表明了可达性在区域经济中的重要性。可达性可以看作是使用一种交通系统，个人或企业从某一区域到另一区域进行活动的便利程度。在区域经济空间布局中，可达性能重新配置要素资源，能使区域经济发展在空间上产生差异。

技术经济和经济地理的研究学者认为，区域的科技创新与地理邻近性高度相关。马歇尔指出，区域经济中，地理距离、可达性与产业集聚对创新有很大的影响。在区域创新要素的集聚与扩散过程中，人才、劳动力、产品及技术知识是最关键的因素，区域可达性与这些因素关系密切，影响了整个创新的集聚与扩散过程。在城市群创新发展的初期，区域可达性为中心城市吸引创新要素集聚提供条件，使得人才、资金和产品等可移动的要素自发地向回报率高的地方流动。随着城市群的发展，空间竞争日趋激烈，土地租金、物价水平不断上涨，中心城市开始出现集聚不经济现象，此时区域可达性为创新要素向外围扩散也提供了可能。因此，在城市群创新空间结构的变化发展过程中，区域可达性至关重要，特别是信息技术和高速铁路的快速发展，可达性的提高也提高了技术、人才和资金等创新要素的流动性。

第二节　长三角创新能力的空间特征

近几年，为实现长三角一体化发展，各地提出诸如“上海2040”总体规划、南京都市圈规划、环杭州湾区建设等构想，可以认为是各地区融入长三角城市群发展的强烈意愿。但是，众多的规划都是从地区自身角度提出的，无形中形成了各自画圈的态度，可能会形成“行政壁垒”。推进长三角一体化发展，已经形成共识，但如果各地规划不协同，项目将难以落地，很难形成互利合作、开放共赢的一体化发展局面，所以要充分把握各地创新空间特征，消除阻碍市场的壁垒和体制机制，推动开放性合作平台的建立，实现区域之间创新的交流与合作，形成长三角分工合理的空间格局。

一、研究数据与研究方法

（一）研究数据

创新能力是衡量区域竞争力和综合实力的重要指标。要分析和比较区域创新能力的空间特征，首先需要解决创新能力的测度和评价问题。对区域创新能力的评价与测度是建立在学者们对区域创新能力内涵理解的基础上的，对区域创新能力内涵的理解不同，选取的指标也不同，因此，对城市创新能力的测度和评价学术界尚未形成统一标准。总体来说，区域创新能力评价指标可以分为多指标组成的综合评价体系和单项指标两类。

综合评价指标体系国内学者大多从创新投入（研发人员、资金投入等）、创新产出（专利数量、论文发表数量、新产品产值等）、创新环境（交通和通信基础设施、制度环境等）和知识技术流动程度等方面进行指标构建。构建综合指标体系的优点是能较全面地考察区域创新能力的各个方面，但也存在重复计算和数据缺失的问题，且创新投入能否反映实际创新能力也存在质疑。Hagedoorn 和 Gloodt（2003）研究发现评价区域创新能力的多项不同指标之间相关程度很高，使用其中任何一个指标都可以用以衡量创新能力，因此，不少经济学家选择使用单指标进行评价，其中使用专利数量作为衡量指标的最多。①

创新的主体是企业，专利数据较接近创新的商业应用，能较好地衡量企业的创新能力。与其他衡量创新能力的指标相比，专利数据与 R&D 关系更加密切，可以较为客观地反映区域创新能力。但是，使用专利数据作为衡量创新能力同样存在许多缺陷，比如说并不是所有的行业或企业都选择通过申请专利来保护他们的创新成果，有些创新可能会被作为商业秘密不予公开。同时，专利的质量其实存在着很大的差异，所能带来的经济价值也有差距。总体来说，尽管使用专利数据作为衡量创新能力的指标存在一些遗憾与不足，但通过对比发现，专利指标的数据更加客观也容易获取，国内外关于创新的研究大多以专利数据作为衡量创新的指标。虽然并不是所有的专利申请都能成功授权，但数据显示地区的专利申请数量与专利授权数量之比相对稳定，选择专利申请数量或专利授权数量都能反映一个地区的专利产出，但本书借鉴已有的研究认为专利申请量受人为因素影响较小，且更具时效性，比专利授权量更能反映一个地区的创新能力。因此，本书选用专利申请量作为衡量城市创新能力的指标，数据来源于各市统计年鉴和《中国城市统计年鉴》。

（二）研究方法

区位基尼系数与集中度指数。本书采用区位基尼系数和集中度指数分析创新能力在空间上的地理集中程度。区位基尼系数计算公式为：②

$$G = \frac{1}{2n^2\bar{x}}\sum_{i=1}^{n}\sum_{j=1}^{n}|x_i - x_j| \tag{4.1}$$

---

① Hagedoorn J, Cloodt M. Measuring innovative performance: is there an advantage in using multiple indicators? [J]. Research Policy, 2003, 32 (8): 1365 - 1370.

② 黄苏萍，李燕. 高铁对沿线城市群科技创新的影响[J]. 经济问题探索，2018 (1): 38 - 46.

其中，x_i 或 x_j 为城市 i 或 j 的专利申请数，$\bar{x}$ 为变量 x_i 的均值，n 为城市数量，G 为区位基尼系数，G 值在 0—1 之间，G 值越大表示地理集中程度越高。

集中度指数计算方法：

$$CR_n = \sum_{i=1}^{n} s_i \tag{4.2}$$

其中 s_i 是第 i 名城市专利申请量占全部城市专利申请量的份额，本书采用前 6 位。

探索性空间数据分析（ESDA）。研究城市群创新能力需要把城市之间的创新关联特征考虑在内，用探索性空间数据分析（ESDA, Exploratory Spatial Data Analysis）来分析研究对象的空间关联特征在近年来的空间数据分析中越来越受关注，具体的分析方法有两种：全局空间自相关分析和局部空间自相关分析。①

空间权重矩阵的确定。与传统计量模型不同，空间计量统计分析需要引入空间权重矩阵 W，用以表示空间要素之间的相互作用。通过区域 i 与区域 j 的外生信息，求得 $n \times n$ 维的空间权重矩阵 W，并将空间权重矩阵 W 标准化，行元素之和为 1。在作空间统计分析前，需要先进行“空间关系概念化”，也就是先确定空间权重矩阵类型。空间权重矩阵的类型常见的有反距离、固定距离、邻近和 K 最近邻域。根据研究对象的相关特征选择使用哪种类型的空间权重矩阵。

反距离：空间关系是随距离衰减的，适合连续数据以及研究对象存在空间上距离越远、影响的可能性越小的情形。使用反距离通常要指定一个距离范围（阈值）以减少计算量。

固定距离：在指定的距离范围（阈值）内具有相等的权重，指定的距离范围外权重为零，不会计算影响。使用固定距离通常用于对点数据的分析，比如热点分析。

邻近：假定两个区域之间拥有共同边界时具有空间关联性，有 Rook 邻近和 Queen 邻近两种运算方法。Rook 邻近的计算中包含的是具有共同边（重合边）的面，排除的是没有共享边的面；Queen 邻近的计算中包含

① 李国平，曾刚，覃成林，等. 经济地理学[M]. 2 版. 北京：高等教育出版社，2006.

的是共享边或角的面，排除的是不共享边或角的面。

K 最近邻域：构造邻域关系使得每个要素都在指定数量的最近的邻域空间内。如 K 为 4，即邻域数为 4，距目标要素最近的 4 个邻域都包含在内。这种空间关系模型的优势在于可以保证每个目标要素都存在一些邻域。

综上所述，不同的空间关系模型都有各自的适用范围，通过考察要素在空间中的存在方式构建模型，结果更加准确。根据“地理学第一定律”的原理，任何事物都是与其他事物相关的，但相近的事物关联更为紧密。在空间相关关系模型中距离相关矩阵能更好地反映要素间的关系，城市创新要素的空间分布相对集中，与固定距离邻近更类似，因此，本书选择阈值相邻规则作为城市创新能力空间分析的权重矩阵。

全局空间自相关分析。全局空间自相关分析通过全局 Moran's I 指数描述所有城市之间的总体空间关联特征，其计算公式为：

$$I = \frac{\sum_{i=1}^{n} \sum_{j \neq i}^{n} W_{ij} Z_i Z_j}{\sigma^2 \sum_{i=1}^{n} \sum_{j \neq i}^{n} W_{ij}} \tag{4.3}$$

其中，$Z_i = \frac{X_i - \bar{X}}{\sigma}$，$\bar{X} = \frac{1}{n}\sum_{i=1}^{n} X_i$，$\sigma = \frac{1}{n}\sum_{i=1}^{n}(X_i - \bar{X})^2$，$n$ 为城市数量，X_i 是城市 i 专利申请量，W_{ij} 为空间权重矩阵。

Moran's I 取值范围在[−1，1]之间，Moran's $I > 0$ 表示空间正相关，即创新能力强的城市相互集聚；Moran's $I < 0$ 表示空间负相关，即创新能力强的城市周围是创新能力弱的城市；Moran's $I = 0$ 表示空间不相关，随机分布。Moran's I 绝对值越趋近于 1，表明空间关联程度越强。

局部空间自相关分析。局部 Moran's I 指数对区域内每一个城市的空间关联特征都有相应的记录值，并根据所得指数的 z 得分、p 值对具有统计显著性的空间聚类进行分析。计算公式为：

$$I_i = \frac{x_i - \bar{X}}{S_i^2} \sum_{j=1, j \neq i}^{n} w_{i,j} (x_j - \bar{X}) \tag{4.4}$$

其中，$w_{i,j}$ 是城市 i 和 j 之间的空间权重，$S_i^2 = \frac{\sum_{j=1, j\neq i}^{n} (x_j - \bar{X})^2}{n-1} - \bar{X}^2$。

统计的 z_I 计算形式为：

$$z_{I_i} = \frac{I_i - E[I_i]}{\sqrt{V[I_i]}} \tag{4.5}$$

其中，$E[I_i] = \frac{\sum_{j=1, j\neq i}^{n} w_{i,j}}{n-1}$，$V[I_i] = E[I_i^2] - E[I_i]^2$。

I_i为正值表示同类型属性值的城市相邻近，负值表示不同类型属性值的城市相邻近，这种城市与邻近城市之间的关系常用 Moran 散点图和 Lisa 集聚图表示。如图 4－2 所示，Moran 散点图可以划分成 H－H 集聚、L－H 集聚、L－L 集聚和 H－L 集聚四个象限。H－H 集聚象限表示创新能力强的城市之间相互集聚；L－H 集聚象限表示创新能力弱的城市周围是创新能力强的城市，形成中间低周围高的空心化格局；L－L 集聚象限创新能力弱的城市相互集聚；H－L 集聚象限表示创新能力强的城市周围是创新能力弱的城市，形成中间高周围低的高地格局。

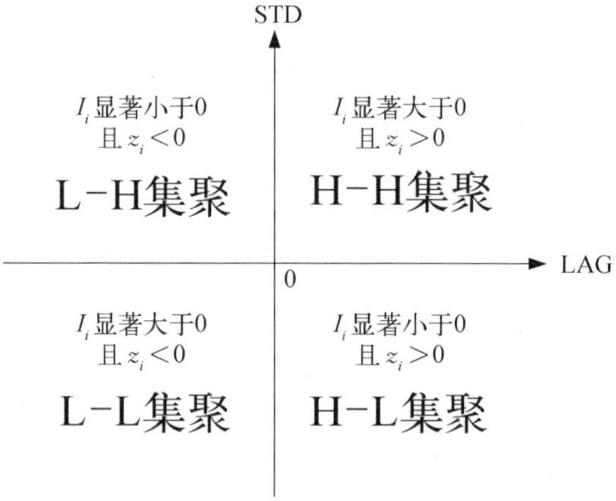

图 4－2 Moran 散点图

二、长三角城市群创新能力分布的空间特征

（一）长三角城市群创新能力的空间集中趋势

为分析长三角城市群创新能力的空间差异，本书对 26 个城市创新能力在地理空间上的集中趋势进行定量分析，计算了长三角各地级市 2007—2017 年专利申请量的区位基尼系数（Gini）和集中度指数（CR6）（见图 4－3），结果表明：长三角城市群 26 个城市的创新能力表现出高水平的空

间集中。2007 年区位基尼系数和集中度指数分别为 0.619 9 和 0.608 2，说明专利产出还集中在少数城市。但 2007 — 2017 年区位基尼系数和集中度指数呈不断下降的趋势，只在 2017 年稍微回升，2016 年达到最低点，区位基尼系数和集中度指数分别为 0.416 6 和 0.470 3，说明地理集中程度随着时间缓慢下降，专利产出不再高度集中在少数城市，表明长三角城市群的创新能力在空间上出现了扩散。随着中国经济的发展，大城市的人才、资金等要素资源渐渐饱和，同时，交通、网络等基础设施的完善，促使创新要素流动更加频繁，不断从大城市向中等城市、小城市回流。因此，城市创新能力在空间上的分布也呈现出更加均衡的趋势，意味着长三角城市群创新能力有趋同的迹象。①

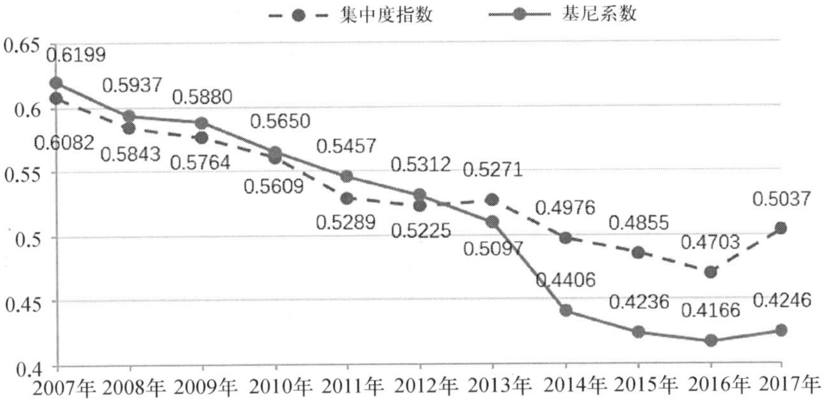

图 4 - 3　2007 — 2017 年长三角城市群创新能力的区位基尼系数（Gini）和集中度指数（CR6）

资料来源：根据上海市、江苏省、浙江省和安徽省《统计年鉴》数据测算而得.

（二）长三角城市群创新能力的空间分布特征

区位基尼系数和集中度指数仅仅能反映空间集中程度，并不能清晰地描述创新能力相似的城市在空间上的位置关系和分布情况，本书选用专利申请量的空间分布图分析长三角城市群创新能力的总体分布特征，图 4 - 4 为 2007 年和 2017 年长三角城市创新能力的空间四分位图，长三角城市群 26 个城市按创新能力的高低分为 6 个高水平城市、7 个中高水平城市、7 个中低水平城市和 6 个低水平城市。

---

① 刘鉴，杨青山，江孝君，张郁．长三角城市群城市创新产出的空间集聚及其溢出效应[J]．长江流域资源与环境，2018 (2)：225 - 234．

2007 年长三角城市的创新水平整体上由沿海向内陆递减，表现出集聚特征。高水平创新能力的城市在沿海地区分布较为明显，分为上海、苏州、南通和杭州、绍兴、宁波两个成片的整体，高水平城市周边成片分布着中高水平城市，主要集中在苏南地区（南京、镇江、常州、无锡）和浙江中部（金华、台州）。中低水平和低水平城市分布较散，呈现出围绕高水平城市、中高水平城市分布的现象。

2007 —2017 年长三角城市群创新能力的空间格局呈现出诸多变化。首先，城市创新能力不再集中在沿海地区，而是逐渐向内陆扩展，空间分布更为分散，这其中省会城市的创新能力表现突出。通过专利数据分析发现，南京和合肥在这个时间段内创新能力显著提高，2013 年南京的城市创新能力水平由中高水平城市变为高水平城市，2014 年合肥从中低水平城市发展为中高水平城市，在 2017 年又一跃成为高水平城市，实现创新能力水平两连跳。但是，长三角城市群其他城市的创新能力在 2007 —2017 年的空间格局上一直比较稳定，上海、苏州、杭州、宁波的创新能力一直处于高水平，苏南地区城市（镇江、常州和无锡）的创新能力一直稳定在中高水平，浙江中部的金华和台州的城市创新能力则由原来的中高水平下降为中低水平，安徽非省会城市的创新水平则一直处于中低水平和低水平，与李国平在其研究中提及的创新空间格局具有锁定特征和路径依赖的观点相一致。

（三）长三角城市群创新能力的空间关联特征

城市创新能力的空间分布图直观地描述了创新能力大致的分布集聚趋势，为进一步分析这种集聚特征是否显著和相邻城市之间的空间关联特征，本书计算了长三角城市群 26 个城市 2007 —2017 年专利申请量的全局空间自相关系数（见表 4 - 2），结果如下：长三角城市群创新能力的 Moran's I 指数在 10% 的显著性水平下均为正值，说明创新能力在空间上呈现出显著的集聚特征，相邻城市的创新能力水平在空间上表现出空间正相关性，即创新能力的空间相关性随距离的缩短越加显著。2007 —2010 年 Moran's I 指数不断上升，2010 —2016 年呈不断下降趋势，说明城市之间的关联程度并不是一成不变的，表现为先上升后下降，空间自相关和集聚特征随时间的推移有所弱化，但总体而言，还是处于较高水平。

表 4－2　2007—2017 年长三角城市群创新能力的 Moran's *I* 指数

年份	2007	2008	2009	2010	2011	2012	2013	2014	2015	2016	2017
Moran's *I*	0.370	0.409	0.474	0.573	0.513	0.316	0.236	0.239	0.232	0.213	0.294
P 值	0.022	0.018	0.013	0.004	0.005	0.029	0.061	0.055	0.068	0.085	0.035

为具体探究每个城市与相邻城市的关联特征，本书进一步计算了局部空间自相关系数，用 Moran 散点图来反映长三角城市群的局部关联模式（见图 4－4），并列出了 26 个城市在 Moran 散点图上的象限分布（见表 4－3）。

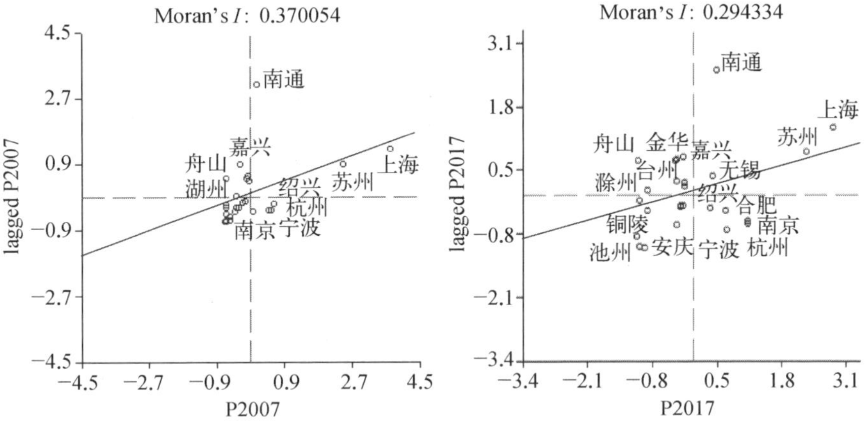

图 4－4　长三角城市群创新能力的 Moran's *I* 散点图

表 4－3　2007 年和 2017 年 Moran 散点图 26 个城市象限分布

	H－H 象限	H－L 象限	L－H 象限	L－L 象限
2007 年	上海、苏州、南通	南京、杭州、宁波、绍兴	嘉兴、金华、台州、常州、湖州、舟山	安庆、池州、铜陵、宣城、马鞍山、芜湖、滁州、合肥、扬州、泰州、盐城、镇江、常州
2017 年	上海、苏州、南通、无锡	南京、杭州、宁波、绍兴、合肥	嘉兴、金华、台州、镇江、常州、湖州、舟山、滁州	安庆、池州、铜陵、宣城、马鞍山、芜湖、扬州、泰州、盐城

Moran 散点图揭示的是每个城市与相邻城市的关系，散点图上一个点代表一个城市。处于 H－H 象限（第一象限）的城市说明该城市自身创新水平较高，相邻城市的创新水平也较高，表现出高高集聚的现象；处于 L－H 象限（第二象限）的城市说明该城市自身创新水平较低，但相邻城市的创新水平较高，呈现出中间低周围高的态势；L－L 象限（第三象限）的城市说明该城市自身创新水平较低，相邻城市创新水平也较低，表现出低低集聚的现象；H－L 象限（第四象限）的城市说明该城市自身创新水平较高，但相邻城市创新水平较低，呈现出中间高周围低的态势。Moran 散点图用每个城市所处的象限描述了该城市与相邻城市的相关关系。

对长三角城市群局部空间自相关性分析如下：从 Moran 散点图可看出，2007 年代表各城市的点集中在中心点处，2017 年各点向四个象限分散开，说明长三角城市群创新能力强的城市和创新能力弱的城市分化越来越明显，即强者越强弱者越弱。第四象限 H－L 集聚的城市中，杭州、南京和合肥的点向外扩散明显，说明随着这些城市创新能力的不断提高，周边城市创新能力并没有随之提高，呈现出极化效应。第三象限 L－L 集聚的城市，如铜陵、安庆和池州与其他城市的分化也在扩大。如表 4－3 所示，从各个象限来看，除了无锡实现了从 L－H 象限到 H－H 象限、合肥从 L－L 象限到 H－L 象限的变化外，大部分处于同一象限的城市一直没有变化，说明长三角城市群创新能力的空间锁定特征比较明显。

H－H 象限：具有显著性高高集聚的城市是上海、苏州和南通，在 Moran 散点图第一象限最右侧明显的两点即是上海和苏州，说明上海和苏州本身创新能力强，周边地区的南通和无锡创新能力也比较强，形成了高水平创新能力相互集聚的创新区域，区域空间联系紧密。

H－L 象限：杭州、南京和宁波稳定处于 Moran 散点图第二象限，说明这类城市自身创新水平较高，但周边城市相对较低，空间分布呈核心-边缘结构，即中间高、周边低的分化格局。杭州、南京和合肥自身创新能力不断增强，但并没有带动周边城市创新能力水平的提高，城市创新能力的区域极化效应不断增强。

L－H 象限：主要分布在创新能力强的上海、苏州、杭州和宁波等城市周边，形成中间低、周边高的分化格局，但除了 2007 年的湖州，其他城市都不具有显著性。湖州、嘉兴、舟山、台州和金华一直稳定在这一象限，说明虽然周边城市创新能力较强，但该城市受周边城市影响有限，创新能力与周边城市的差距一直较大。随着无锡和合肥创新能力的提升，周边的镇江、常州和滁州便形成了该类型的空间格局。

L－L 象限：该城市类型在安徽和苏中地区成片分布，创新能力水平较低且周边城市的创新能力水平也低，差距较小。2012 年芜湖、安庆、铜陵和池州的 L－L 集聚皆具有显著性，2017 年的 L－L 象限减少为铜陵和池州，说明周边城市创新能力有所提升。

三、长三角城市群创新能力空间结构分析

从国外发达城市群的经验来看，城市群大多是跨越行政疆域，通过市场化运作实现区域城市群协同发展的。城市群要形成有序的城市体系空间结构，意味着城市之间就存在层级关系，这种层级关系并不是行政规划和政策所确立的，而是在市场条件下形成的，尤其是在创新驱动发展的背景下，这种具有层级关系的城市群空间结构既能方便创新要素的流动，也能合理配置创新要素。

《长江三角洲城市群发展规划》的提出，意味着长三角一市三省的规划对接、战略协同有实质性的进展。推进长三角一体化发展，已经形成共识，但如果各地规划不协同，项目将难以落地，很难形成互利合作、开放共赢的一体化发展局面。因此，要打破行政区划的界限，加强各省市规划的对接和功能布局的互动，提升交通通信等基础设施互联互通，促进内部资源流动与整合，消除阻碍市场的壁垒和体制机制，推动开放性合作平台的建立，实现区域之间创新的交流与合作，促进经济协同发展，形成长三角分工合理的空间格局。

然而，上述关于长三角城市群创新能力空间特征的研究表明，长三角城市群创新能力的空间格局具有空间锁定特征和路径依赖：首先，2007—2017 年的城市创新能力表现出高水平的空间集中，空间格局一直比较稳定，上海、苏州、杭州、宁波创新能力一直处于高水平，苏南地区城市创新能力稳定在中高水平，安徽非省会城市的创新水平则一直处于中低水平和低水平。其次，长三角城市群创新能力强的城市和创新能力弱的城市分化越来越明显，即强者越强弱者越弱，特别是高低集聚象限中的杭州、南

京和合肥的点向外扩散明显，说明随着这些城市创新能力的不断提高，周边城市创新能力并没有随之提高，呈现出极化效应。结论表明：目前长三角城市群的创新在各城市内自成体系，缺乏资源共享与创新协作，尚未形成互动发展的创新体系。世界级城市群创新发展经验表明，中心城市的发展，将通过分工协作、合作竞争的方式辐射和带动周边地区副中心城市、外围城市的发展，同时加强科技创新的联动，形成中心城市、副中心城市与外围城市创新空间结构体系，从而将主导区域乃至全国经济与科技创新的发展。因此，长三角城市群要在未来世界级城市群的竞争中取得优势，必须有效整合 26 个城市的创新资源，不同城市须采用不同的发展策略，通过要素有效流动塑造开放、动态的创新体系，实现创新能力的梯度扩散，打造中心城市与外围城市合作共赢、互动发展的创新模式，不断优化中心城市创新体系，缩小外围城市与中心城市之间创新能力的差距，形成分层次、分梯度的区域创新空间结构体系，促进长三角城市群竞争力的整体提升。

基于城市群创新的空间分析框架，笔者认为应打破行政区划的界限，运用增长极效应、极化与涓滴效应、点轴发展理论的发展思想，加强中心城市与外围城市之间的要素流动与互动合作，实现创新能力强的中心城市（上海、杭州、南京、苏州、宁波、合肥）对创新能力弱的外围城市的扩散与辐射，带动长三角城市群区域创新分工体系的形成，促进资源利用效率的提高和整体创新能力的提升。《长江三角洲城市群发展规划》提出上海作为区域中心城市要发挥核心城市的辐射带动作用，构建交通运输网络，形成发展轴线，推动南京、杭州、合肥、苏锡常和宁波都市圈的同城化发展，形成网络化空间格局。具体来说，根据《规划》中 26 个城市的发展定位、产业集群、创新优势和功能定位，确定以上海为中心城市，杭州、南京、苏州、合肥、宁波为副中心城市，发挥城市间创新扩散与辐射作用，形成不同层级、不同梯度的长三角城市群创新空间结构体系。

（一）发挥上海中心城市的引领作用

中心城市集聚了大量的人才、资金以及先进技术，创新的发展优于周边城市，迅速成为区域经济发展的增长极。中心城市的创新发展关键在于主导产业的创新，由主导产业的创新带动相关产业的专业化分工，形成产业集群，吸引更多的资金、人才集聚，进一步增强中心城市的核心功能。随着中心城市的发展，中心城市的扩散效应慢慢显现，对周边城市的辐射带动效应不断增强，中心城市的部分产业开始向副中心城市、外围城市转移，要素资源逐步向次级城市流动，整个区域形成以中心城市为核心的创新发展体系。

上海作为国家级中心城市，创新的发展也走在全国前列。首先，在研发投入方面，2016 年上海的 R&D 经费合计 1 049.32 亿元，占上海 2016 年 GDP 的 3.72%，远高于全国的平均水平，R&D 经费增长率 12.09%，远高于上海 GDP 的增长率 6.9%，创新发展趋势良好。科技人员投入方面上海也具有明显优势，发达的工业体系和产业集群培育了大批企业科技人员，2016 年科技活动人员达 498 801 人。其次，中央政府对上海的政策支持奠定了上海更好的发展定位：把上海建设成为综合性的全球城市，国际经济、金融、贸易、航运、科技创新中心和国际文化大都市。全球城市的定位从宏观上把握了上海经济发展的大方向，同时科技创新中心的提出也表明了上海创新发展的自我定位。因此，在长三角城市群的经济发展空间结构中，上海相对于其他城市，有更好的经济基础、更多的创新优势、更优越的区位条件以及更高的发展定位，从而成为长三角城市群区域创新发展的中心城市。①

在长三角城市群创新发展体系中，上海要发挥其增长极作用和中心城市的功能离不开其他周边城市的合作，只有周边副中心城市、外围城市与上海市政府间相互配合、合理规划，共同制定一体化发展战略，长三角城市群才能成为一个整体，发挥区域整体发展效应。因此，要破除政府间的行政壁垒，建立区域间的创新公共服务平台，共享公路、铁路、机场等基础设施，加强城市间要素流动，发挥市场机制的作用，制定区域一体化的共同规划和政策，共同促进长三角城市群创新一体化发展。

综上所述，上海作为长三角城市群区域经济的创新中心，具有较强的创新能力，作为长三角城市群的龙头城市，上海技术创新水平的快速提高不断向周边的江苏、浙江、安徽等地区辐射，同时周边城市主动接轨上

① 马静，邓宏兵，蔡爱新. 中国城市创新产出空间格局及影响因素——来自 285 个城市面板数据的检验[J]. 科学学与科学技术管理，2017 (10)：12－20；牛欣，陈向东. 城市创新跨边界合作与辐射距离探析——基于城市间合作申请专利数据的研究[J]. 地理科学，2013 (6)：659－667.

海，接受上海的技术溢出，使得周边城市创新能力不断得到提升。上海作为区域创新的中心城市，发挥增长极作用，与周边城市互动合作，带动区域创新的快速发展，对整个长三角城市群区域创新空间结构的形成具有重要作用。

（二）副中心城市“创新圈”的构建

副中心城市创新能力仅次于上海，科技基础较好，吸收创新能力较强，能有效吸收来自上海的技术溢出，同时自身技术创新能力较强，对外围城市也具有创新辐射能力。根据前文对城市创新能力空间特征的分析，随着近年来南京、合肥创新能力的提高，至 2017 年，长三角城市群创新能力已经呈现出以省会城市和大城市为中心的空间结构特征，这一空间结构特征与《长江三角洲城市群发展规划》中的“一核五圈四带”的空间格局类似，《规划》中的网络化空间格局是以上海为龙头，形成南京、杭州、合肥、苏锡常、宁波都市圈，本书依据 2017 年长三角城市群创新能力的空间分布特征，构建的副中心城市“创新圈”与《规划》中的都市圈一致，形成的是以上海为中心城市，杭州、南京、合肥、苏州、宁波为副中心城市的“创新圈”。

以南京为副中心城市的创新圈。南京作为《长江三角洲城市群发展规划》中的唯一的“特大城市”，发展定位仅次于上海，在长三角城市群中具有连接上海与合肥都市圈，辐射带动苏北地区发展的作用。在创新发展方面，南京虽然拥有丰富的科教资源，高校、科研院所众多，但是科技成果较少，高新技术产业整体规模与产值均低于苏州和无锡。其次，受区位条件和经济水平的限制，南京的外围辐射范围只局限在苏中、苏北和安徽部分城市，且外围城市与南京的经济发展水平有较大差距，如前文的研究结论所述，南京自身创新能力的提高并没有带动外围地区创新水平的提升，而是表现出极化效应，人才、资金、技术等创新要素不断从外围城市流向南京，外围地区的创新发展水平与南京的差距进一步扩大。南京在长三角城市群北翼地区发挥辐射带动作用的关键是增强自身创新功能，借助自身科教资源的优势，打造国家级创新中心，集聚政策、人才、资金等创新要素资源，成为具有国际影响力的创新高地。再次，在打造高端要素集聚平台的同时，要推动南京交通体系建设，建设枢纽型中心城市，推动高铁、地铁、高速公路等交通基础设施建设，构建综合交通网络体系，增强对外围城市的辐射带动能力。

以杭州为副中心城市的创新圈。杭州作为长三角南翼最重要的副中心城市，是浙江省的经济中心和创新中心，起到辐射全省并连接外省的作用，主动接轨上海，加强与沪苏皖区域发展战略的协同对接，推进杭州湾区建设，发挥杭州自身创新优势，与上海及周边城市优势互补、协同发展，推进长三角创新一体化发展。随着数字经济、信息经济在杭州的迅猛发展，杭州集聚了电子、信息、汽车、先进制造等现代产业集群和金融、投资、跨境电子商务等现代服务业集群，同时集聚了浙江省内最优质的高等教育资源、科创资源和国际资源等，互联网、信息经济全国领先，新一代信息技术和制造业深度融合的优势明显与上海的龙头地位形成互补，在长三角区域内拥有自己的比较优势。此外，通过前文分析，杭州创新发展具有极化效应，杭州创新能力的不断提高并没有带动周边城市创新水平的提升。因此，杭州应加强对外围城市技术、人才、资金和信息等方面的辐射，带动湖州、嘉兴、金华、绍兴、台州等以纺织、服装、机械、化工、装备制造等传统产业为主导产业的外围城市的创新发展，与这些城市形成优势互补、错位竞争的发展格局，发挥杭州副中心城市的带动引领作用，推动杭州创新要素向外围城市流动，促进外围城市创新体系的发展，实现传统产业的转型升级和区域的协同发展。

以合肥为副中心城市的创新圈。合肥地处安徽省中心地区，有优越的区位优势，既能接受长三角先进技术的溢出效应，也能与周边地区形成良好的互动关系。根据前文分析，近年来合肥的创新能力取得了巨大成就，跻身长三角城市群高水平创新能力行列，但外围城市创新能力依旧处于中低水平，合肥创新能力的提高未能辐射广阔的周边地区。合肥及周边地区作为长三角地区的新晋成员，与长三角的沪苏浙地区经济水平和创新能力具有较大差距，进入长三角城市群的范围对安徽来说是重大机遇。首先，应积极融入长三角一体化发展，强化与沪苏浙的产业和创新合作，有针对性地围绕高技术产业或高附加产业承接产业转移，推动高技术产业集群的发展。其次，合肥作为全国重要的科教城市，集聚大量的高校、研究机构和创新研发平台，应充分发挥合肥自身科教资源的优势，推动合肥创新圈的建设。再次，合肥经济发展水平与南京尚存差距，周边的芜湖、马鞍山、滁州等城市处于南京辐射范围，在与南京的创新要素资源竞争中并不具备优势。因此，合肥创新圈须加快同南京创新圈的融合发展，以芜湖、马鞍山等城市为纽带加强同南京的创新合作，充分利用南京创新圈的带动作用，实现自身创新发展。

以苏州、无锡为副中心城市的创新圈。以苏州、无锡为副中心城市的苏南地区与上海经济联系紧密，经济发展取得巨大成就，但随着经济进入新常态，苏锡常地区的经济增长也进入了转型阶段。在创新方面，创新层次普遍不高，虽然 R&D 投入不断加大，但科技进步对经济增长的贡献率并不显著。其次，苏锡常地区外商集中，产业处于产业链低端，产业结构趋同，竞争激烈，产业转型面临巨大困难。要破除经济发展困境的关键在于发展区域自主创新能力。整合苏南地区创新要素资源，探索区域协同发展机制，避免产业结构趋同，尤其是新兴产业发展的重复建设与恶性竞争；要改造提升传统产业，研发共性技术，推动低端制造业向附加值高的环节延伸；要合理布局产业结构，与上海形成有效的产业梯度，承接上海技术辐射；要打造苏南地区公共创新平台，合理配置创新资源，促进知识在区域内的流动与扩散。

以宁波为副中心城市的创新圈。宁波都市圈包括宁波、舟山和台州三市，经济发展基础较好，在高端装备制造、新材料、新能源汽车领域具有全球领先的产业体系。构建宁波创新圈要立足于自身产业基础，打造自身制造业创新平台实现转型升级的同时，积极对接上海、杭州地区发展，形成互动合作的创新发展格局。首先，要积极融入上海创新发展体系。随着宁波与上海交通体系的直接连接，创新要素流动更加便利化，在打造自身高端制造、新能源、新材料等产业体系的同时，要有针对性地承接产业转移和技术扩散，积极引进上海高端人才和技术专家，对接上海科创资源。其次，要探索与杭州创新圈地互动合作，明确宁波与杭州各自的产业发展方向，实现错位竞争协同发展，探索创新合作领域，推进创新资源共享，加强创新要素流动与资源整合，促进两区域创新一体化发展。

综上所述，根据长三角城市群 26 个城市的发展定位、经济基础、产业现状、科技资源、功能布局，要以上海为中心，杭州、南京、合肥、苏州（和无锡）、宁波为副中心，充分发挥区域间的创新辐射和扩散效应，形成具有不同层次、紧密连接、互动合作的“城市创新圈”（见图 4－5）。

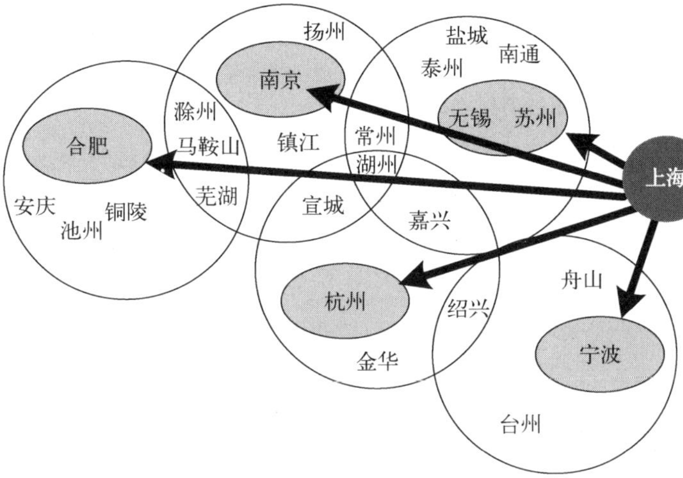

图 4－5　长三角城市群“创新圈”的布局与结构

第三节　创新能力影响因素的空间计量分析

通过计算长三角城市群创新能力的基尼系数、集中度指数、空间自相关系数等，重点分析了城市创新能力的空间特征，结果显示长三角城市群创新能力具有高度的集聚性和空间关联性，专利申请量的 Moran's *I* 指数为正，且都具有显著性，说明城市创新能力不仅受自身条件影响，还受周边城市的影响。因此，进一步分析引起这种分布特征的原因、探析城市创新能力的影响因素尤为重要。

长期以来经济理论中都假定空间的无关性和均值性，但区域行为其实具有很强的地域特征，受到运输成本、文化环境等影响。计量经济学中的最小二乘法（OLS）对观测值的假设是独立不相关的，对于研究区域之间相互作用的行为存在局限性。考虑到区域之间创新行为的相互作用，城市的外部性会导致城市之间的创新存在溢出效应，而截面空间回归模型把空间依赖性纳入其中，可以获得更加精确的估计，因此，对城市创新能力影响因素的研究可选择通过空间计量模型中的空间滞后模型和空间误差模型来实现。

一、空间计量模型

（一）空间滞后模型

空间滞后模型（SLM）是通过估计分析来检验变量在一个区域中是否存在溢出效应，计算公式为：

$$y = a + \rho W_y + X\beta + \varepsilon \tag{4.6}$$

其中，y 为因变量，a 为常数项，W 为空间权重矩阵，W_y为空间滞后的自变量，为空间自回归系数，也就是表示因变量空间滞后项的待估计参数，测量的是邻近区域的空间滞后自变量对本区域因变量的影响程度，X 为自变量，为自变量对因变量的影响 ε 为随机误差项。

（二）空间误差模型

空间误差模型（SEM）通过扰动误差项中的空间依赖作用来体现观测单元之间的相互影响，具体公式为：

$$y = a + X\beta + \varepsilon \tag{4.7}$$

$$\varepsilon = \lambda W_{-}\varepsilon + \mu \tag{4.8}$$

其中，y 为因变量，为常数项，X 为自变量，即外生影响因素，为自变量对因变量的影响，为空间自相关系数，即空间自相关误差项的待估计系数，为误差项。

（三）模型选择方法

由于普通计量模型没有考虑到空间相关性，可能会造成偏误，构建空间计量模型的步骤首先要从不考虑空间影响的 OLS 模型开始，进行 OLS 回归得到残差，然后进行拉格朗日检验，依据 Anselin 和 Florax 提出的标准对得到的 LM－lag 和 LM－err 进行判断，判断是否适用空间计量模型，以及决定空间滞后模型（SLM）和空间误差模型（SEM）哪个更符合实际。判断标准如下：如果 LM－lag 和 LM－err 两个统计量都不显著，说明空间计量模型不适用；如果 LM－lag 显著而 LM－err 不显著，使用空间滞后模型；如果 LM－lag 不显著而 LM－err 显著，选用空间误差模型；如果 LM－lag 和 LM－err 两个统计量都显著，根据 R－LMlag 和 R－LMerr 判断，R－LMlag 显著使用空间滞后模型，R－LMerr 显著使用空间误差模型。除此之外，还可以使用对数似然值（LogL）、赤池信息准则（AIC）和施瓦茨准则（SC）作为检验准则，LogL 越大、AIC 和 SC 越小说明模型拟合效果越好。这个检验标准也可以用于比较普通最小二乘法估计经典线性回归模型和空间计量模型的拟合优度的好坏。

二、变量选取与模型设定

随着知识经济的到来，大量的实践已经表明创新能力的高低是一个地区核心竞争力的决定因素，但是关于创新的来源并没有统一的认识，比较常用的分析城市创新能力影响因素的框架是知识生产函数。知识生产函数是将研发经费和人力资本作为投入变量，涉及的因素不够全面，且没有考虑知识溢出的影响，本节将在知识生产函数、区域创新体系理论以及已有的实证研究的基础上，结合长三角城市群的实际情况，对模型进行扩散和实证分析。

（一）变量选择

1. 研发投入

根据内生增长理论和创新体系理论，研发投入是创新和技术进步的基本条件。区域研发投入包括研发人员投入和研发资金投入两个方面，但考虑到这两个变量存在高度相关性，且相对于研发资金投入，一个地区的人力资本有利于对知识和技术的吸收，对地区的知识创造更为关键，吴玉鸣（2016）通过空间计量模型也发现，人力资本与创新活动关系密切，高素质的劳动力对创新的作用明显，邵云飞等（2011）的实证研究认为，高技术从业人员数量是区域创新能力的重要内生影响因素。因此，本书仅采用 R&D 人员投入作为衡量研发投入影响因素的指标。

2. 创新环境

区域创新系统的主体包括企业、高校和科研院所。企业是区域创新的主体，企业设置的研究机构能以市场为导向进行科技创新，促使人才、资金、技术和政策等创新要素向企业内集聚，实现科技成果的转化，从而不断增强企业核心竞争力。高校和科研院所对区域创新能力的提升也发挥了重要作用。高校作为人才培养的基地，能为所在地区不断地集聚高端人才，同时也负担起科技创新和学术研究的重任；一个地区集聚的高校和研究机构，为该地区的产学研合作提供便利条件，所形成的技术创新环境与氛围促使该地区创新发展进入良性发展轨道。王俊松等（2017）通过空间杜宾模型的计量，发现高等教育资源和政府支持都能显著影响城市技术创新能力水平的提升，且影响呈现出增强趋势。①因此，本书采用高校数量和研究机构数量衡量创新环境。

3. 创新政策

政府部门作为区域创新体系的主体之一，对区域创新活动影响深远。政府既可以通过研发资助或经费拨款的方式提供创新支持，也可以利用政策工具引导区域创新行为。其次，区域创新能力在空间上呈现出向大城市集聚分布的现象，这些城市经济发达，政府的创新政策供给较为完善，财政支出公开透明。因此选用科学技术的财政支出作为衡量城市创新能力的创新政策影响因素的指标。②

4. 创新基础

一个地区的创新发展可能会受现有经济条件和技术发展水平的影响，反映一个地区经济基础和技术水平的指标通常有人均 GDP 和专利存量，人均 GDP 反映的是一个地区知识存量的经济价值。本书采用人均 GDP 衡量地区经济基础和技术水平，而没有选用专利存量，原因在于人均 GDP 不仅可以对一个地区现有的技术水平起促进作用，还能体现出该地区利用现有的技术条件促进经济发展的能力，而一个地区的经济发展水平又能够影响该地区的技术创新水平。何舜辉（2017）构建的空间计量模型结果显示，经济基础和人力资本对区域创新能力的影响最大。此外，鉴于创新能力已选择用专利申请量度量，为避免共线性问题，选用人均 GDP 作为衡量创新基础的指标。

综上所述，本书的实证分析选用专利申请量作为被解释变量，R&D 人员投入、高校数量和研究机构数量、科学技术的财政支出、人均 GDP 为解释变量，如表 4－4 所示。

---

① 王俊松，颜燕，胡曙虹．中国城市技术创新能力的空间特征及影响因素——基于空间面板数据模型的研究[J]．地理科学，2017 (1)：11－18．

② 张贵，李涛．京津冀城市群创新产出空间差异的影响因素分析[J]．华东经济管理，2018 (1)：69－76．

表 4－4　解释变量信息表

解释变量	符　号	含　　义
研发投入	X_1	R&D 人员投入
创新环境	X_2	高校数量
	X_3	研究机构数量
创新政策	X_4	科学技术的财政支出
创新基础	X_5	人均 GDP

（二）模型设定

知识生产函数是 Criliches 最早提出来的，Jaffe 等考虑到创新相关问题后又对模型进行改造，形成了知识生产函数模型。①根据上文对被解释变量和解释变量的选择，专利申请量作为衡量创新能力的指标 Y，本书首先构建不考虑空间影响的 OLS 模型，然后设定空间权重 W，构建空间滞后模型（SLM）和空间误差模型（SEM），并通过空间相关性诊断结果对模型进行检验和选择。各模型表达式为：

OLS 模型：

$$\ln Y = \beta_0 + \beta_1 \ln X_1 + \beta_2 \ln X_2 + \beta_3 \ln X_3 + \beta_4 \ln X_4 + \beta_5 \ln X_5 + \varepsilon \tag{4.9}$$

空间滞后模型（SLM）：

$$\begin{aligned} \ln Y = \rho W + \beta_0 + \beta_1 \ln X_1 + \beta_2 \ln X_2 + \beta_3 \ln X_3 \\ + \beta_4 \ln X_4 + \beta_5 \ln X_5 + \varepsilon \end{aligned} \tag{4.10}$$

空间误差模型（SEM）：

$$\begin{aligned} \ln Y = \beta_0 + \beta_1 \ln X_1 + \beta_2 \ln X_2 + \beta_3 \ln X_3 + \beta_4 \ln X_4 + \beta_5 \ln X_5 + \varepsilon \\ \varepsilon = \lambda W_{\varepsilon} + \mu \end{aligned} \tag{4.11}$$

上面式中：W 为 $n \times n$ 阶空间权重矩阵，ε 和 μ 为随机误差项，ρ 反映了相邻区域观察值对本区域观察值的影响，λ 反映了相邻区域观察值的误差对本区域观察值的影响。

① 姚士谋．中国城市群［M］．合肥：中国科学技术大学出版社，1992．

考虑到实际情况下的创新投入产出之间存在时滞，滞后期一般为 2 年，本书采用截面数据，以 2017 年的专利申请量作为被解释变量，对应 2015 年影响因素的指标数据作为解释变量。所有数据来自长三角 26 个地市的统计年鉴。

三、模型估计与结果分析

（一）模型估计

为了比较普通最小二乘法（OLS）回归模型和空间计量模型的拟合效果，首先进行 OLS 估计分析，得到的 OLS 模型回归结果如表 4－5 所示。

表 4－5　长三角城市群创新能力影响因素的 OLS 模型分析结果

变　　量	OLS 模型
常数	6.245 2** (1.87)
R&D 人员投入	0.673 6* (0.25)
高校数量	0.449 9*** (0.11)
研究机构数量	0.337 0 (0.16)
财政科技支出	－0.233 7 (0.15)
人均 GDP	－0.481 5* (0.23)
ρ/λ	\
R2	0.943 2
Log likelihood	－0.728 2
AIC	15.456 3
SC	24.263 0

注：*表示 $P<0.05$，**表示 $P<0.01$，***表示 $P<0.001$（P 代表置信区间）；OLS 模型括号内为 t 统计值。

从表中可以看出，模型拟合优度 R^2 为 0.943 2，模型拟合优度较高。R&D 人员投入、高校数量和研究机构数量的回归系数为正，且通过了显著性检验，说明对创新能力的影响具有正向作用，相关系数显示 R&D 人员投入对城市创新能力贡献最大，与已有研究一致。人均 GDP 结果为负显著，财政科技支出未表现出显著性结果，与预期结论不一致，猜想是否由于没有把地理因素考虑进去的原因，可在之后的空间计量模型中进行检验。空间相关性检验结果中 OLS 回归残差 P 值为 0.08，表明长三角城市群创新能力在空间上具有明显的相关关系，因此有必要进一步用空间计量模型进行研究。

关于空间计量模型选择问题，本书依据 Anselin 和 Florax 提出的标准进行判断：从表 4－6 中看出，LM－lag 不显著而 LM－err 显著，R－LMlag 不显著而 R－LMerr 显著，因此，空间误差模型比空间滞后模型更优。对空间滞后模型和空间误差模型进行拟合分析，进一步判断模型拟合的优劣，结果见表 4－6，比较 OLS 模型、SLM、SEM 空间滞后模型的拟合优度 R2 可以看出，SEM > SLM > OLS 模型，且 SEM 的对数似然值 LogL 最大，AIC 值和 SC 值最小，与前文 SEM 最优的诊断结果相一致，由此可见，相对于 OLS 模型和空间滞后模型 SLM，空间误差模型 SEM 对城市创新能力影响因素的回归分析更优，回归结果更加合理和科学，因此，下文根据 SEM 对影响长三角城市群创新能力的各种因素进行分析，结果如表 4－7 所示。

表 4－6　长三角城市群创新能力空间相关性诊断结果

空间自相关检验	VALUE	PROB
Moran's *I*（error）	－1.750 3	0.080 1
Lagrange Multiplier（lag）	0.258 1	0.611 5
Robust LM（lag）	0.064 8	0.799 1
Lagrange Multiplier（error）	4.648 0	0.031 1
Robust LM（error）	4.454 7	0.034 8
Lagrange Multiplier（SARMA）	4.712 7	0.094 8

表 4-7 长三角城市群创新能力影响因素的空间计量模型分析结果

变　　量	SLM	SEM
常数	6.360 3*** (3.90)	7.576 2*** (6.08)
R&D 人员投入	0.705 8** (3.15)	0.786 2*** (4.38)
高校数量	0.445 7*** (4.68)	0.483 2*** (6.37)
研究机构数量	0.343 0* (2.38)	0.308 0** (3.08)
财政科技支出	−0.253 5 (−1.93)	−0.277 3*** (−2.58)
人均 GDP	−0.481 6* (−2.38)	−0.678 8*** (−3.88)
ρ/λ	−0.040 8 (−0.57)	−0.529 3** (−3.05)
R^2	0.943 9	0.960 5
Log likelihood	−0.687 7	2.371 0
AIC	15.375 4	7.258 1
SC	24.182 0	14.806 7

注：*表示 $P<0.05$，**表示 $P<0.01$，***表示 $P<0.001$（P 代表置信区间）；SLM、SEM 括号内为 z 统计值。

（二）结果分析

在 SEM 中，R&D 人员投入、高校数量和研发机构数量对长三角城市创新能力都具有显著的正向影响。R&D 人员的投入对城市创新能力的影响系数为 0.786 2，说明在其他条件不变的情况下，R&D 人员投入每增加 1%，城市的专利产出上升 0.79%，人力资本对城市创新能力的促进作用最大，与吴玉鸣的研究认为的区域创新与人力资本关联密切的结论一致。企业作为创新的主体，是专利产出的主要平台，企业 R&D 人员作为高端的人力资本，创新的主要推动力量，对城市创新的发展最为重要。其次，高校和研究机构也是影响城市创新能力的重要因素，影响系数分别为0.483 2和0.308 0。创新能力包括技术创新和知识创新，高校和研究机构作为知识创新的来源，不仅可以创造出前沿的创新成果，还可以与企业通过产学研合作创新获得专利产出。

与已有的研究结论不同，财政科技支出和人均GDP并没有对城市创新能力产生正向作用，回归系数为负且通过1%的显著性检验。发达国家财政科技支出占GDP的比重在2.13%—3.1%之间，而我国只有1%左右，财政科技支出对创新能力的作用毋庸置疑，其设定在本模型中没有表现出正向作用并不代表应减少财政科技支出。可能由于本书以专利申请量衡量创新能力，财政科技支出的部分投向为基础研究，创新成果没有表现为专利产出，没有体现出财政科技支出的作用。一般认为经济发展会增加科技投入，从而促进创新发展。但长三角部分城市依靠劳动密集型加工制造业，形成技术含量低的产业集聚，实现经济快速发展，企业并没有将资金投入研发的动力。随着经济的增长，此类城市面临的资源约束越来越严峻，需重视科技创新的作用实现产业转型升级。

另外，由于选择了拟合程度最优的空间误差模型，长三角城市群的空间相关性可能是由人文地理、产业结构或对外开放等未考虑到的因素引起的。与现有研究认为的创新能力存在正向溢出效应不同，模型结果显示空间溢出效应为负，城市创新能力的提升并没有向周边溢出，与前文所述一致，强创新能力的城市不再高度集聚于沿海地带，开始向内陆扩散。城市之间对人才、资金等创新要素的竞争，特别是高铁开通后的“虹吸效应”使得要素不断由沿途地级市向中心城市转移，杭州、南京、合肥和宁波等城市创新能力不断提高，但周边城市并没有随之提高，存在极化效应，空间特征呈不断分化的趋势。

长三角城市群创新能力整体上由沿海向内陆递减，但随着南京、合肥创新能力的提高，空间能力呈现出向内陆扩散趋势。区位基尼系数和集中度指数也表明，地理集中程度不断下降，专利产出在空间上的分布更加均衡，有趋同的迹象。创新能力在空间上呈现出显著的空间相关性和集聚特征，但随时间推移有所弱化。大部分城市空间格局稳定，具有锁定特征，仅少部分城市（无锡、合肥）实现从低水平创新区到高水平创新区的跨越，多数城市稳定在同一象限。上海、苏州、无锡和南通等城市处于高高集聚区；杭州、南京和合肥作为区域创新极，对周边城市带动效应并不明显。空间计量结果表明，R&D 人员投入、高校数量和研发机构数量对长三角城市创新能力具有显著的正向影响，其中 R&D 人员投入对城市创新能力的影响程度最高，与已有研究结论不同的是，财政科技支出和人均 GDP 对城市专利产出影响为负向，模型结果显示空间溢出效应为负，城市创新能力的提升并没有向周边地区溢出，存在极化效应。为进一步提升长三角城市群的创新能力，推进长三角城市群创新一体化发展，需要健全协同创新发展机制、提升城市自身创新能力、引进和培养创新人才以及共同构建综合交通体系。

|第五章|

空间平台与
长三角高质量
一体化发展

空间平台是支撑长三角一体化发展的重要载体，也是推进协同发展最直接的抓手。在一市三省的实践中，涌现了众多空间平台的探索，其中比较典型的包括上海自贸区建设、“飞地经济”等，都有力地助推了长三角高质量一体化发展。本章将研究空间平台对于长三角一体化的作用，尤其是选取上海自贸区、“飞地经济”、G60 科创走廊及虹桥商务区等典型平台作为分析对象进行分析，包括上海自贸区带动长三角新一轮改革开放、“飞地经济”推进长三角城市分工协作、G60 科创走廊提供一体化先行制度探索、虹桥商务区打造长三角高端商务新中心，研究重点平台推进与长三角一体化发展。

第一节　上海自贸区：带动长三角新一轮改革开放

自贸区的发展实践表明，长三角落实“五大发展理念”需要自贸区的带动引领。自然条件、资源禀赋、经济基础区域差异大和发展不平衡是我国的基本国情，而“不患寡而患不均，不患贫而患不安”又是我们民族较强的传统意识。中国三大自然区和地势的三大阶梯，作为影响人类活动的主要力量，是没有办法改变的，“胡焕庸线”稳定性将长期存在也是不争的事实。从世界发展史看，人类经济社会的活动受海洋的吸引是长期趋势，全世界的经济总量、人口总量高度集聚在一部分海岸地带。面对上述这些重要且特殊的世界性难题，新时代的中国共产党人登高望远、审时度势，提出我国经济新常态下必须遵循的“五大发展理念”，把创新、协调、绿色、开放、共享放在我国经济社会发展全局中十分重要的位置，作为建设现代化经济体系的重要组成部分。长三角落实“五大发展理念”，具有天然的优势和较好的基础。上海自贸试验区制度创新的“可复制可推广”功能，直接辐射长三角整个区域，给长三角城市群带来开放的新动力，“溢出效应”日益显现。上海自贸区再扩区，意味着按下协调发展、开放发展、共享发展的“快进键”，贸易自由化向纵深处拓展，有助于为中国深化改革开放提供发展新增量，为长三角落实“五大发展理念”提供重要战略支撑。

一、长三角一体化的内在动力构建，需要发挥自贸区扩区的制度改革功能

长三角要实现高质量一体化发展，不仅需要政治和战略层面的理念整合，更需要内在持续的市场和社会层面的深度融合。政治和战略层面的整合，可能体现的是“一厢情愿的让步”，或是“单纯的开放让利”；而市场和社会层面的融合，则是企业、产业以及居民在自驱动力下的客观融合、自我融合和内在融合。要实现这种深度整合，一方面需要通过改革创新，在政府职能转变中打造更好的营商环境；另一方面需要通过改革创新破除阻碍要素流动的人为的“制度藩篱”。

改革开放四十多年，长三角在“吃改革饭、走开放路、打创新牌”中成长并取得巨大发展成就的同时，有些地区和部门从心理上或是从机制上可能呈现出“改革疲劳”的倾向，改革开放的动力弱化，迫切需要借助“自贸试验区”这一刺激因素进行转型升级。自贸区从设立之初就强调不是政策优惠，更不会形成政策洼地，核心是制度创新的“高地”。在国内外形势复杂变化的背景下，通过创新在贸易、投资、金融等领域形成可复制、可推广的经验，为国内经济改革提供经验支撑。自贸区作为一种制度安排，核心是制度创新，通过制度创新提供相对稳定、透明、开放、公平的规则体系，为经济主体的贸易和投资活动提供便利条件，降低其参与经济活动的交易成本，从而优化资源配置，提升经济效率。随着自贸区建设向纵深推进，制度成本的负担越来越重，要通过适当的体制机制和规则设计，将自贸区各项举措落到实处，通过政府职能转变促进营商环境优化，有效降低企业运行成本。

长三角要实现高质量一体化，必须改变“一亩三分地”的思维定式，打破行政壁垒、自觉抱团发展、共享发展红利。①而要实现这一目标，最

---

① 肖本华．上海自贸试验区临港新片区发展金融交易平台思路和举措[J]．科学发展，2020 (7)：30－40．

重要的路径在于切实发挥企业的市场主体作用，激发市场活力、推动产业集群，用企业的活力、市场的活力、社会的活力，来体现高质量发展的真谛。上海是靠改革开放取得成就的城市，作为中国改革开放的前沿和窗口，上海最需要展现出的正是改革开放再出发的勇气和决心。上海正在深入贯彻习近平总书记关于"上海要瞄准最高标准、最高水平，优化政务服务，打造国际一流营商环境"的重要指示精神，持续深入推进"放管服"改革，①自贸区扩区可以提供广阔的试验平台。在全力实施"三大任务、一大平台"国家战略的当口，推进全面改革开放向纵深发展，发挥好开路先锋、示范引领、突破攻坚的作用，跨越"改革开放疲劳"实现高质量发展，进而协同长三角实现高质量发展，无疑是上海应有的担当。

二、长三角要打造世界级城市群，需要发挥自贸区扩区的对内对外开放功能

长三角目前已经跻身于世界大城市群之列，如何进一步从国家战略角度推动长三角一体化发展，在更高能级、更广范围、更宽领域内集聚和辐射能量，进而代表国家参与全球竞争，还需要在对内对外开放功能上进一步强化和升级。

上海自贸区提出建设开放和创新融为一体的综合改革试验区、开放型经济体系的风险压力测试区、提升政府治理能力的先行区、服务国家"一带一路"建设和推动市场主体走出去的桥头堡的"三区一堡"目标，恰恰是为长三角提供了一个更高能级的对内对外开放平台和窗口。而此次增设新片区，则可以进一步重点打造战略产业核心区、离岸金融先行区、全球科技创新协同区、跨国公司的大洲总部基地等，更好为长三角、长江经济带，乃至全国的各类市场主体"引进来和走出去"搭建缓冲试错的平台，提供创新探索的引擎。

此外，上海自贸区在金融、医疗教育服务、专业服务领域的开放政策，也是长三角一体化提升发展能级中急需的功能，围绕这些高端服务业开放政策，长三角可以继续提升区域的整体服务能级和竞争力，通过连接周边、链接全球，向下兼容、向上迭代，硬实力支撑、软实力引领，共同

---

① 肖本华. 上海自贸试验区临港新片区发展金融交易平台思路和举措[J]. 科学发展，2020 (7)：30－40.

打造面向全球的贸易、投融资、生产和服务网络。

三、长三角要实现高质量发展，需要发挥自贸区扩区的产业创新功能

发展是硬道理，长三角要实现高质量发展，还需要在科技创新和产业升级上不断发力。两大战略的联动则是鼓励产业整合和创新，搭建竞争力提升平台，推动产业服务化、科技化、国际化和特色化的需要。

自由贸易试验区的核心理念是创造更加自由化、国际化和法治化的贸易投资环境。在此基础上，加快产业技术创新、增强产业实力更加重要。提升产业竞争力、推动产业升级是关键。国际分工使得参与主体将有限资源配置到效率最高、收益最大的行业中去，在全球范围内进行产业整合。跨国公司按照供应链配置生产资源，选择成本最低的地方进行制造和组装。一条产业链往往分布在不同的国家和地区，其动态变化和复杂程度迫切要求厘清在国际分工中的优势产业地位，对自己的产业资源进行整合和战略配置。目前，长三角部分机械设备行业，化学品，钢铝制品、产品，车辆及零部件，航空船舶，电机，电气，音像设备行业，光学，照相，医疗仪器设备等产业竞争力弱化甚至部分丧失，出口竞争力下降。原有的加工贸易类产业缺少品牌，专利技术主要依靠欧美等国家，企业创新意愿不强、能力不足，出口过度集中。在劳动力成本变化、低成本优势逐渐丧失的情况下，一些国家承接了原来在长三角的出口加工产能。长三角原有低层次的竞争力逐渐丧失，新的竞争优势仍在培育之中，亟待真正形成有国际影响力的现实竞争力。自贸区扩区为长三角乃至全国经济社会发展，改革提速升级提供了一次绝佳的机会，如何把机会变成实实在在的效益是需要思考的一个战略问题。通过自贸区建立以规则为导向的制度体系，推动企业经营、产业发展、技术升级互为促进联动发展的机制，推动经济转型与竞争力提升。①高度融合的两大战略与其他经贸战略互动配合激发的经济活力，需要体现在实处，落实到产业、企业层面，提升产业竞争力，创造出优势产业，培育与壮大具有国际竞争力的跨国运营能力的企业。从产业联动，到环境治理、信用体系建设等方面的联动一体，从经济一体化提

---

① 夏骥. 上海自贸试验区临港新片区引领长三角更高质量一体化发展[J]. 科学发展，2020 (3)：61－69，106.

升到全面发展一体化，逐步实现内在的、机理性的高度融合，提高整个区域的经济活力和发展效率。顺应当今世界经济深度转型调整的趋势并加以利用，通过政策引导、信息提示、策略指导等提升长三角企业跨国运营能力和国际竞争力。

四、推动两大战略联动的政策路径是以“物理扩区”促进“功能扩区”

两大战略所涵盖的空间范围完全不同，且性质各异，自贸区是一个具有明确地理空间边界的区域，其政策试验、制度创新、改革实施都还是需要囿于这一物理区域内进行，且其空间性质以产业区为主；而长三角面积广阔，空间结构复杂，目标是更高能级、更广范围、更宽领域内集聚和辐射能量。两大战略在逻辑上具有深度关联性，然而在空间上如何匹配则是实现双战略驱动的关键。对于广阔的长三角而言，要更好发挥自贸区扩区的新引擎和新机遇，需要重点研究“物理扩区”与“功能扩区”的操作路径。

一是推动理念经验的“功能扩区”，将长三角作为上海自贸区可复制可推广经验的第一辐射地。作为我国最早设立的自贸区，上海自贸区从一开始就承担着为全国各地提供可复制、可推广、可辐射经验的国家任务，借“先行先试”的春风进行了很多积极的探索。伴随着 2015 年、2016 年、2018 年自贸区三次“扩容”，从一枝独秀，到“1+3+7+1”的新格局，12 个自贸试验区组成的改革方阵，覆盖我国从南到北、从沿海到内陆的广大区域，上海自贸区的经验也在其他自贸区得以复制和推广。处在江海交汇口的上海理应在“一带一路”等倡议的落实上积极发挥引领作用，与其他 11 个兄弟自贸区共同探索功能制度创新，并将成功经验服务于国家区域发展战略。长三角可通过强化对自贸区建设理念的认同，树立“法无禁止即可为、法无授权不可为、法定职责必须为”的市场化、开放化、创新化思维，在这些理念共识中推动长三角一体化进程。此外，对于证照分离等监管创新、FT 账户等金融创新，在形成可复制可推广的标准化经验后，可以第一时间在长三角区域进行推广。同时，上海自贸区增设新片区还可和长三角一体化发展示范区建设结合起来，直接打造跨界治理的双战略联动承载区。

二是推动制度政策的“功能扩区”，推动上海自贸区功能向长三角延展辐射。其一，通过“区内注册、区外经营”的方式推动功能扩区。《中国（上海）自由贸易试验区总体方案》中，明确提出要“加强对试验区内企业在区外经营活动全过程的跟踪、管理和监督”“试验区内企业原则上不受地域限制，可到区外再投资或开展业务”，表明企业在自贸区注册，可以在自贸区外开展业务经营。而“区内注册、异地经营”在目前上海自贸区运行中也有诸多先例，例如在自贸区成立的上海国际能源交易中心就是区内注册、异地经营的典型案例，该公司注册于自贸区，实际办公则在陆家嘴。其二，以产业链延展的方式推动“功能扩区”。以市场机制为主导，根据产业链上下游企业之间的联系，一些环节放在区内做，一些环节放在区外做，或围绕产业集群打造，将区内的功能创新拓展至区外，形成区内区外联动。例如，对于生物医药创新产业链、再制造产业集群、网游产业集群等。

三是加强上海自贸区和浙江舟山自贸区的功能联动。以近期上海市与浙江省签署的小洋山港区综合开发合作协议为基础，推进上海自贸区和浙江舟山自贸区在港航产业、商品交易、金融创新、服务业开放等方面开展进一步的合作与联动。

五、上海自贸区新片区建设的路径

着力发展总部经济。建设亚太供应链管理中心，完善新型国际贸易与国际市场投融资服务的系统性制度支撑体系，吸引全球或区域资金管理中心等总部型机构集聚。积极发展前沿产业。聚焦集成电路、人工智能、生物医药、航空航天、维修和绿色再制造等前沿领域，制定新片区创新型产业发展规划，推动国际开放型合作平台建设，建立以关键核心技术为突破口的前沿产业集群。大力发展新型国际贸易。支持发展数字贸易，推动建立跨境电商海外仓。推进大宗商品交易服务平台建设，不断提升以人民币计价的大宗商品交易规模。扩大服务贸易规模，重点发展文化服务、技术产品、信息通信、医疗健康等资本技术密集型服务贸易。

深化贸易自由。研究出台上海自贸试验区新片区海关特殊监管区域管理办法。支持浦东国际机场探索航空中转集拼业务。创新跨境电商服务模式，鼓励跨境电商企业在区内建立国际配送平台。扩大投资自由。推动在电信、保险、证券、科研和技术服务、教育、卫生等重点领域放宽注册资本、投资方式、经营范围等限制，促进各类市场主体公平竞争。制订商事登记改革创新方案，加快推出新片区涉企政务服务方案。推动资金自由。研究出台金融支持上海自贸试验区新片区的相关措施。推动开展自由贸易账户本外币一体化功能试点，支持新片区内企业和金融机构参照国际通行规则依法合规开展跨境金融活动。实施国际运输自由。研究制定上海自贸试验区新片区开展沿海捎带、国际船舶登记、第五航权等业务的管理办法和实施细则，提高对国际航线、货物资源的集聚和配置能力。实行人员从业自由。推动建立外国人在区内工作许可制度和人才签证制度。制定完善海外人才引进政策和管理办法。研究制定境外专业人才执业备案管理办法。

提升网络信息服务能力。研究制定上海自贸试验区新片区跨境数据安全评估标准。加快推进国际通信设施建设，着力布局5G、云计算、物联网等新一代信息基础设施，不断提升区内宽带接入能力、网络服务质量和应用水平。创新税制安排。研究出台上海自贸试验区新片区税收政策实施细则（含产业目录），重点在贸易、产业、人才等方面创新税制安排，加快推动开放型经济功能集聚。建立健全风险安全监管体系。建立涵盖上海自贸试验区新片区管理机构、行业主管部门、区内企业和相关运营主体的一体化信息管理服务平台。建设智能化监管基础设施，实现相关监管信息联网共享，提高监管严密性、有效性和时效性。制定信用评价基本规则和标准，建立守信激励、失信惩戒的信用管理机制，实施失信名单披露、市场禁入和退出制度。建立主动披露制度。聚焦金融、知识产权、生产安全、人员进出、反恐怖、反洗钱等重点领域，制订新片区风险防控总体方案，实施严格监管、精准监管、有效监管。

高标准规划建设上海自贸试验区新片区。结合上海“十四五”规划编制工作，重点聚焦空间及土地利用、产业体系、交通运输、社会服务等领域，加快推进上海自贸试验区新片区中长期专项规划编制。出台上海自贸试验区新片区管理暂行办法。根据上海自贸试验区新片区发展的目标定位，加大特殊政策支持力度。建立上海自贸试验区新片区重大项目资源储备和实施机制，布局符合上海自贸试验区新片区产业导向、具有标志意义的重大项目。加强与长三角其他地区的协同发展。开展定期评估，制定推广清单，按照程序报批后有序推广实施。加强上海自贸试验区新片区与海关特殊监管区域、经济技术开发区联动，放大上海自贸试验区辐射带动效应。

第二节 “飞地经济”：推进长三角城市分工协作

随着长江三角洲区域一体化发展国家战略的落实，长三角各领域的一体化合作不断深化。目前，作为跨区域经济合作的重要形态和平台载体，“飞地经济”呈现出爆发式增长态势，长三角地区众多城市加快“飞地”布局，进一步推动长三角创新和产业合作走向深度融合。

一、长三角“飞地经济”的主要发展趋势

习近平总书记在中央财经委员会第五次会议上指出要“推动形成优势互补高质量发展的区域经济布局”。在长三角一体化国家战略下，“飞地经济”作为跨区域经济合作的重要形态和平台，是推进跨界区域共建共享、促进区域间实现优势互补的经济发展模式，已经成为浙江省主动服务上海并承接上海辐射、加强沪浙合作的重要探索。“飞地经济”是指相关行政地区在平等协商、自愿合作的基础上，打破发展模式区划限制，以生产要素的互补和高效利用为直接目的，在特定区域合作建设、开发各种园区平台，实现互利共赢的区域合作发展模式。“飞地”是区域融合发展的天然黏合剂，在区域一体化的初级阶段发挥着巨大黏合作用。长三角“飞地经济”渊源颇深。①早在中华人民共和国成立之初，上海就在江苏盐城大丰建立了上海农场，之后陆续建立了川东农场、海丰农场，统称为大丰农场，目前归光明食品公司管理，生产和供应上海15%的鲜奶、12%的优质大米和3%的淡水产品，是上海的“米袋子”“菜篮子”。除此之外，早期的“飞地”还有安徽宣城白茅岭农场、歙县练江牧场、黄山茶林场等“农业飞地”，莱芜鲁中矿业、南京梅山钢铁、徐州大屯煤电等“工业飞

① 包海波，谢芳．“飞地经济”助力长三角深度融合[N]．浙江日报，2019－12－25．

地”。随着长三角一体化合作的加快，长三角城市群之间、城市群内部城市功能协作与“飞地”建设正不断演化升级，都市圈经济特征日益明显，“产业飞地”和“创新飞地”等高层次的“飞地”模式不断涌现。

二、高水平发展“飞地经济”是落实长三角高质量一体化的生动实践

高水平发展“飞地经济”、加强沪浙合作，有利于推动形成优势互补高质量发展的区域经济布局。发展“飞地经济”的初衷，就是打破行政区划限制，促进生产要素互补和高效利用，实现合作区域互利共赢。当前我国区域经济发展过程中出现的“飞地经济”，①不管其模式如何，其合作的实质都是根据各自的条件，走合理分工、优化发展的路子。②如以江苏省江阴开发区靖江园区为代表的“苏南苏北”模式，苏北地区依托较为丰富的土地资源和劳动力资源，承接苏南产业转移，苏南地区集中优势发展现代服务业和高新技术产业；如深汕特别合作区有效发挥了深圳的科技、经济实力和汕尾的土地、人力资源成本优势，为两地高质量发展腾挪出了大量空间；如厦门推出同安工业集中区，鼓励岛内集中优势发展高科技产业和现代服务业，将工业企业的生产环节迁至岛外。“飞地经济”有效提高了资源配置效率，是推动形成优势互补高质量发展的区域经济布局的有益探索。

高水平发展“飞地经济”、加强长三角一体化合作，是进一步发挥上海龙头带动作用、积极发扬苏浙皖优势的有力抓手。发展动力极化现象日益突出，是当前我国区域经济发展的新特征。长三角区域一体化总体上要围绕以上海为龙头的长三角世界级城市群来展开，上海在国际经济、金融、贸易、航运和科技创新等方面具有显著的比较优势，主要起引领带动作用；苏浙皖在数字经济、生态环境、民营经济等方面具有特色优势，制造业基础雄厚、劳动力资源丰富，能够有效承接上海的溢出资源。通过与上海发展“飞地经济”进一步加强沪浙合作，能有效发挥上海服务功能，是借上海之力推动浙江省高质量发展的有力举措。

---

① 李鲁奇，马学广，鹿宇．飞地经济的空间生产与治理结构——基于国家空间重构视角［J］．地理科学进展，2019（3）：346－356．

② 陈建军，陈菁菁，陈怀锦．我国大都市群产业-城市协同治理研究［J］．浙江大学学报（人文社会科学版），2018（5）：166－176．

高水平发展“飞地经济”、加强长三角一体化合作，是苏浙皖各地主动接轨融入上海、全域全方位参与长三角一体化发展的重要途径。譬如，浙江不少临沪地区积极发挥区位优势，已经深入参与到长三角一体化发展中，如嘉善县作为长三角生态绿色一体化发展示范区的一部分，积极主动承接上海外高桥、金桥、张江、康桥等园区优质项目，近 5 年通过上海累计引进内资超 400 亿元、合同外资项目超 20 亿美元。但浙江省内大部分地区并不具备直接与上海相邻的地理优势，在浙江省委省政府全省域全方位接轨上海的部署下，势必要通过发展“飞地经济”来加强沪浙合作。

专栏 5 - 1

浙沪飞地助力一体化

以衢州-张江为代表的“平台飞地”。2013 年衢州绿色产业聚集区主动跨区域“飞地”建设上海张江（衢州）生物医药孵化基地，形成“研发在张江、生产在衢州”的产业培育新路径。当前孵化基地已有 7 个项目入驻，有两个项目完成孵化并导流回到衢州实现产业化。

以嘉善-上海为代表的“人才飞地”。嘉兴、湖州等地依托地处上海“1 小时经济圈”区位优势，与上海、江苏的科创资源无缝对接，大力推进人才引流。2018 年，嘉善国际创新中心（上海）把招商阵地设到上海虹桥，打出创新券、人才住房券等一系列招才“组合拳”，全方位打造高科技人才孵化器，首期 3 个月内，90 家科创企业申报进驻，集聚了大量为嘉善企业服务的科技人才。

以海宁-漕河泾、慈溪-上海为代表的“协作飞地”。“协作飞地”打破经济发展落差，以各自不同的资源禀赋形成优势互补、合作双赢。浙江海宁与上海漕河泾通过优势互补合作，2009 年建设上海漕河泾新兴技术开发区海宁分区，截至 2018 年，共计引进各类项目 48 个，近五年共完成固定资产投资 68.4 亿元，区内企业实现规上企业总产值 214.1 亿元，实现利税 45 亿元；2018 年双方签订《沪浙科创平台战略合作协议》，共建“漕河泾创 · 海宁”飞地项目，目前已有 21 个项目注册落户。

◇ 资料来源：包海波，谢芳.“飞地经济”助力长三角深度融合[N].浙江日报，2019 - 12 - 25.

三、发展“飞地经济”加强合作的探索实践

近年来，浙江不少地区已在上海设立“飞地”，积极接轨上海，如嘉善在虹桥设立国际创新中心、婺城在上海中环科技园设立婺城上海科创中心、萧山在上海设立萧山科技城上海人才交流中心等等。这类“飞地经济”模式往往仅在上海购买办公用房后用来引人才、搞科创，呈现单向性的特征，缺少与上海的互动合作。还有一类如慈溪与上海临港集团开展的全面战略合作，为沪浙合作真正实现优势互补、互利共赢作了有益的探索。这类“飞地经济”模式主要呈现五方面的特点。

一是合作基础和时机较好。慈溪地处杭州湾跨海大桥南岸，拥有较为广阔的滩涂资源和到上海较为便利的交通条件；通苏嘉甬铁路规划经停慈溪设站，建成后将大大缩短两地通勤时间。加上两地人缘相亲、人文相近，各层面合作交流源远流长，为沪浙合作提供了有利条件。随着长三角一体化加快推进，慈溪作为宁波前湾新区的重要组成部分，有着开展沪浙合作的急切需求；临港集团作为以产业园区开发和配套服务为主业的上海大型国企，肩负着区域联动与合作赋能、更高水平参与长三角一体化发展的使命，与慈溪的战略合作正好为其代表上海带动引领长三角一体化发展提供平台。

二是双向合作关系牢固。慈溪与临港集团着眼产业统筹布局与产能合作，明确互设“飞地”，引导产业资源跨区域优化配置。由慈溪在临港板块设立“科创飞地”，承载慈溪产业的研发、设计、金融、贸易等功能；双方在慈溪共建航空航天产业园、新能源汽车供应链产业园、生命健康产业园用于承接临港集团溢出的项目落地。这一方面解决了慈溪科创等高端要素资源紧缺问题，另一方面也为临港进行产业转移提供了承载地，双方各扬所长、各取所需，有利于持续深化合作。

三是产业关联性强。慈溪重点培育的智能家电、关键基础件、汽车、高端装备、新材料、生命健康为主的“123”千百亿级产业集群，与临港集团下属临港产业区、漕河泾开发区等园区的汽车整车及零部件、新材料、高端装备、生物医药等重点产业关联性较强，如位于该市滨海经济开发区的叶兴汽车是特斯拉的一级供应商。同时，双方聚焦新能源汽车、航空航发、生命健康、智能装备四大产业领域，开展多种形式的联合招商，

使两地产业依存度更加紧密。

四是合作机制新。不仅仅局限于单一在上海设立“飞地”引进科创、人才资源，也不仅只是洽谈对接、互动交流等浅层次的区域协作，而是通过全面战略合作，深层次推进区域合作与发展。特别是在慈溪高新区挂“漕河泾开发区慈溪分区”牌子，临港集团指定专业团队开展品牌输出、产业规划、招商引资、管理运营等领域全面合作；慈溪环创中心老工业厂房改造项目导入临港集团“新业坊”品牌进行改造，通过引进先进管理品牌更好地承接上海优质软资源，提升慈溪经济治理水平。

五是拓展空间大。此次合作，将打通 873 平方千米的中国（上海）自由贸易试验区临港新片区和 604 平方千米的宁波前湾新区，使两个隔着杭州湾相望的重大平台实现无缝对接。就临港集团来讲，这是长三角区域一体化发展上升为国家战略以来，在长三角地区布局的首个园区，有助于推动上海品牌和管理模式全面输出，为临港新片区增加发展纵深。就慈溪来讲，能够有效承接上海的产业、科创、金融等核心资源，找准定位全力打造长三角区域内的产业协同创新示范基地，在推进宁波前湾沪浙合作发展区中积极作为。慈溪与上海并不相邻，但能够深度挖掘与上海在交通、人文、产业方面的联系，积极对接上海临港集团等上海有关主体，通过发展“飞地经济”加强沪浙合作，为浙江省全省域、全方位融入长三角作了有益探索。

四、抓住历史机遇，加快发展“飞地经济”推动长三角一体化合作

长三角各城市进一步做好整体发展规划，完善相关体制机制，高水平发展“飞地经济”，推动长三角一体化合作走向深处。

一是优化“飞地经济”整体布局，系统推进沪浙合作。当前苏浙皖多地早已与上海不同层面合作发展“飞地经济”，但一定程度上存在合作层级低、合作方式单一、合作方向同质化等问题，容易造成重复建设、资源分化，不利于沪浙合作整体推进。因此建议省级层面梳理当前苏浙皖与上海的“飞地经济”合作模式，根据各地区位优势、产业特色、发展重点等出台省级层面整体规划，形成分工合理、布局有序、重点突出、特色鲜明的“飞地经济”发展格局，实现全域全方位高水平参与长三角一体化

发展。

二是充分发挥各省比较优势，促进沪苏浙皖高水平分工合作。发挥浙江数字经济领先、生态环境优美、民营经济发达等特色优势，结合大湾区大花园大通道大都市区建设，以杭州钱塘新区、宁波前湾新区、绍兴滨海新区、湖州南太湖新区等集聚发展平台为载体，以G60科创走廊为纽带，聚焦产业、科创、人才、金融等发展“飞地经济”，有效承载上海在金融资源配置、贸易枢纽、航运高端服务和科技创新策源等方面溢出的优质资源，先行先试上海输出的先进管理理念与模式，高水平参与长三角一体化区域合作分工。特别要加快推进宁波前湾沪浙合作发展区建设，给予沪浙合作先行先试地区更多的政策倾斜，尽快形成一批具有示范引领效应的重大合作政策和重大合作项目。

三是完善长三角合作体制机制，全力推动“飞地经济”持续高质量发展。“飞地经济”最明显的特点是突破行政界限，但最大的制约也是行政壁垒。要建立与上海的合作与交流机制，对“飞地经济”发展过程当中的问题及时协商处理和解决，推动实施统一的市场准入负面清单和跨区域行政审批制度，消除歧视性、隐蔽性的区域市场壁垒，打破行政性垄断，推动消除养老金、社保等阻碍劳动力流动的不合理壁垒，促进人力资源优化配置。同时在经济核算、税收、土地资源、环保指标等方面建立合理的利益分享机制，省级层面推动确定原则框架，具体合作地区和单位根据实际情况确定分配比例。

第三节　G60科创走廊：提供一体化先行制度探索

2016年5月，上海松江区率先提出了以G60高速公路为纽带，构建产城融合的科创大走廊。2017年7月松江区与杭州市、嘉兴市签订了《沪嘉杭G60科创走廊建设战略合作协议》，G60科创大走廊范围逐步扩大。进入新时代，以沪苏湖合高铁建设为契机深化拓展高铁时代的G60科创走廊建设，形成了“一廊一核多城”的新格局，包括上海松江、杭州、嘉兴、金华、苏州、湖州、宣城、芜湖、合肥等九个地市。经济联系是衡量一体化的重要指标，G60 科创走廊经过几年探索呈现出经济联系日益紧密，空间格局逐步优化等特征。所以本部分将利用引力模型和社会网络分析法测算 G60 科创走廊沿线城市的经济联系，在此基础上分析 G60 科创走廊一体化先行探索的成效。

一、G60 科创走廊沿线城市经济联系度测算

（一）引力模型

城市群中的各个城市之间存在一定的经济联系，由此形成了城市经济联系的网络空间结构。①引力模型是物理学中的经典模型，最早由国际贸易学将其引入来刻画两国之间的贸易联系。引力模型引入城市空间体系来分析城市之间的相互作用，构成了城市经济联系网络空间分析的基础。城市经济联系的引力模型基础表达式如下：

$$P_{ij} = \frac{\sqrt{P_i \cdot G_i} \times \sqrt{P_j \cdot G_j}}{D_{ij}^2} \tag{5.1}$$

其中，P_{ij}表示城市 i 对城市 j 的经济吸引力，P_i 和 P_j 分别表示城市 i 和城市 j 的人口规模，G_i 和 G_j 分别表示城市 i 和城市 j 的经济体量，D_{ij}表示两个城市之间的距离。

此公式只反映了两个城市之间经济联系的单向性，但城市与城市之间存在差异性，所以经济联系应当具有双向性。本书参考现有研究对城市之间经济联系的引力模型进行了修正，以此来刻画城市之间经济联系的差异性。

$$R_{ij} = \alpha_{ij} \times \frac{\sqrt{P_i \cdot G_i} \times \sqrt{P_j \cdot G_j}}{D_{ij}^2},\ \alpha_{ij} = \frac{G_i}{G_i + G_j} \tag{5.2}$$

其中，R_{ij}表示调整后的城市 i 对城市 j 的经济吸引力，α_{ij}表示城市 i 对 R_{ij}的贡献程度。

（二）沿线城市群经济联系度测算

本书研究 G60 科创走廊沿线的九个城市，样本选择上海松江、杭州、嘉兴、湖州、金华、苏州、合肥、宣城和芜湖，将每一个城市视为一个节

---

① 宋冬林，齐文浩．东北区域经济一体化演变的社会网络分析［J］．吉林大学社会科学学报，2018（4）：97－108．

点。时间点选择的是 2009 年、2013 年和 2017 年，以 4 年为一周期来考察沿线城市的经济联系程度。九个城市的 GDP 数据和人口数据来源于各城市相应年份的统计年鉴，各城市之间的距离由最短千米距离表示，通过百度地图查询得到。利用构建的引力模型，测算得到 2009 年、2013 年和 2017 年 G60 科创走廊城市群之间的经济联系强度矩阵（见表 5－1）。

表 5－1　2009—2017 年 G60 科创走廊沿线城市经济联系

2009/2013/2017	杭州	嘉兴	湖州	松江	金华	苏州	合肥	宣城	芜湖
杭州	0/0/0	187.19/329.30/508.13	142.75/246.64/378.00	26.49/48.72/69.95	41.51/72.12/117.36	84.37/152.75/242.00	8.76/19.38/30.98	14.32/26.23/40.15	10.68/25.57/40.05
嘉兴	70.42/124.23/176.25	0/0/0	34.28/58.51/82.92	30.05/56.85/77.05	7.56/12.89/19.51	74.49/132.49/188.59	2.17/4.41/6.23	5.21/9.23/13.12	3.37/7.46/10.64
湖州	31.12/53.30/74.54	19.87/33.52/47.14	0/0/0	4.45/8.52/11.67	2.82/4.66/7.08	16.55/28.50/40.41	1.61/3.06/4.24	6.60/11.22/15.86	3.25/6.68/9.42
松江	3.93/5.36/6.24	11.86/16.57/19.83	3.03/4.33/5.28	0/0/0	0.97/1.32/1.73	7.41/10.03/11.92	0.37/0.56/0.65	0.85/1.29/1.60	0.54/0.91/1.09
金华	14.38/25.58/35.97	6.96/12.12/17.24	4.47/7.64/11.00	2.25/4.27/5.95	0/0/0	4.62/8.30/11.69	1.49/3.03/4.28	1.55/2.73/3.98	1.42/3.12/4.51
苏州	128.08/238.28/333.43	300.62/547.84/749.14	115.24/205.71/282.36	75.73/142.22/184.01	20.25/36.50/52.53	0/0/0	14.82/34.92/49.35	14.77/28.05/38.86	14.42/36.38/51.03
合肥	3.61/10.86/17.80	2.38/6.54/10.31	3.04/7.92/12.35	1.04/2.87/4.19	1.78/4.79/8.02	4.03/12.54/20.58	0/0/0	6.40/16.62/25.67	14.55/49.87/79.26
宣城	1.22/2.65/3.80	1.18/2.47/3.58	2.57/5.24/7.61	0.49/1.19/1.70	0.38/0.78/1.23	0.83/1.82/2.67	1.32/3.00/4.23	0/0/0	12.05/28.20/40.47
芜湖	1.89/6.43/9.78	1.59/4.98/7.49	2.63/7.78/11.66	0.64/2.09/2.99	0.72/2.22/3.59	1.68/5.87/9.04	6.24/22.46/33.68	25.11/70.26/104.38	0/0/0

专栏 5 - 2

G60 科创走廊成效显著

2016 年 5 月，上海松江区率先提出了以 G60 高速公路为纽带，构建产城融合的科创大走廊。2017 年 7 月松江区与杭州市、嘉兴市签订了《沪嘉杭 G60 科创走廊建设战略合作协议》，G60 科创大走廊范围逐步扩大。进入新时代，以沪苏湖合高铁建设为契机深化拓展高铁时代的 G60 科创走廊建设，形成了“一廊一核多城”的新格局，包括上海松江、杭州、嘉兴、金华、苏州、湖州、宣城、芜湖、合肥等九个地市。

当前，G60 科创走廊已集聚国家级人才超 2 000 人、院士专家工作站 547 个、博士后工作站 771 个、高校 176 所；联合发布 G60 扩大开放 30 条和人才 18 条；实现九城市首批 30 个事项“一网通办”，进一步优化长三角营商环境；落地异地投资项目 43 个、重大战略性新兴产业项目 103 个、境外投资兼并项目 12 个，要素资源合理配置取得积极成效。2019 年，G60 科创走廊九城市与上海证券交易所签订战略合作协议，成立上海证券交易所资本市场服务 G60 科创走廊基地，联合编制上证 G60 科创走廊指数。

◇ 资料来源：长三角 G60 科创走廊办公室.

二、沿线城市群经济联系的空间结构分析

（一）社会网络分析模型

1. 整体网络密度

整体网络密度衡量的是城市群之间的联系程度，等于网络中“实际存在的关系总数”除以“理论上最大可以达到的关系总数”，计算公式为：$\rho = \dfrac{L}{N(N-1)}$。其中，ρ 表示城市群的整体网络密度，L 表示城市群中的城市实际存在的关系个数，N 表示城市的个数。一般而言，整体网络密度越大，意味着城市群中的经济联系越紧密。

2. 中心性

中心性刻画的是城市在网络中的中心地位，一般而言由点度中心度和

点度中心势来衡量。点度中心度又分为点入中心度和点出中心度，点入中心度表示城市接受城市之间经济联系的能力，而点出中心度则衡量城市发出城市之间经济联系的能力。计算公式如下：

$$C_{in} = \frac{\sum_{j=1, j\neq i}^{N} Q_{ij}}{N-1} \tag{5.3}$$

$$C_{out} = \frac{\sum_{j=1, j\neq i}^{N} Q_{ji}}{N-1} \tag{5.4}$$

其中，C_{in} 和 C_{out} 分别表示点入中心度和点出中心度，Q_{ij} 和 Q_{ji} 分别表示两节点 $i(j)$ 和 $j(i)$ 城市的联系强度，N 表示城市的个数。

点度中心势表示网络中节点的集中趋势，刻画了整个网络的中心趋势，计算公式如下：

$$C = \frac{\sum_{i=1}^{N}(C_{max} - C_i)}{\max[\sum_{i=1}^{N}(C_{max} - C_i)]} \tag{5.5}$$

其中，C 表示点度中心势，C_{max} 表示网络中最大中心度的值，C_i 表示各个节点城市的中心度。

3. 凝聚子群

子群指的是在既定条件和目标约束下，彼此互动联系的一群城市。在子群内部，城市之间将保持紧密的联系以及积极的关系，具有一定的凝聚力。凝聚子群将分析这类城市子群的聚类性，由此来剖析城市的集聚程度。①

（二）沿线城市群的整体网络密度分析

将表 5－1 中引力模型计算的结果导入 Ucinet 软件，并利用软件自带的 NetDraw 绘图软件，生成 2009 年、2013 年和 2017 年 G60 科创走廊沿线城市经济联系的可视化网络结构图（见图 5－1）。图中的每一个节点代表相对应的城市，节点城市间的有向线段代表了城市间的联系以及方向。从图 5－1 至图 5－3 中可知，2009 年至 2017 年 G60 科创走廊沿线城市的经济联系不断趋于密集，经济联系的网状结构不断凝聚。随着长三角

---

① 彭芳梅. 粤港澳大湾区及周边城市经济空间联系与空间结构——基于改进引力模型与社会网络分析的实证分析[J]. 经济地理，2017（12）：57－64.

一体化战略不断推进，九个城市之间的经济联系明显上升，尤其是 2017 年，浙江、上海、安徽三个地区的城市经济联系程度显著提升。

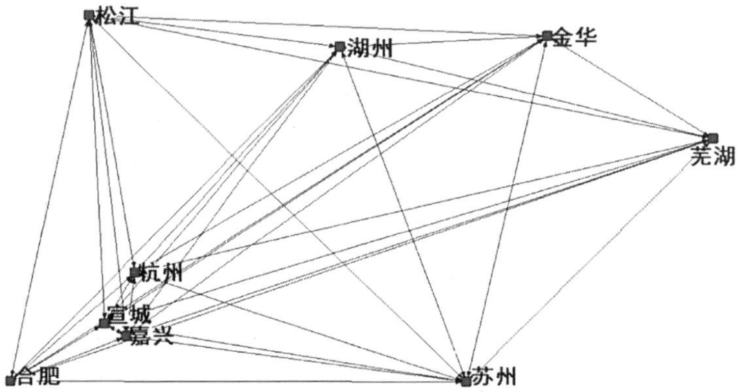

图 5－1 2009 年 G60 科创走廊沿线城市网络结构图

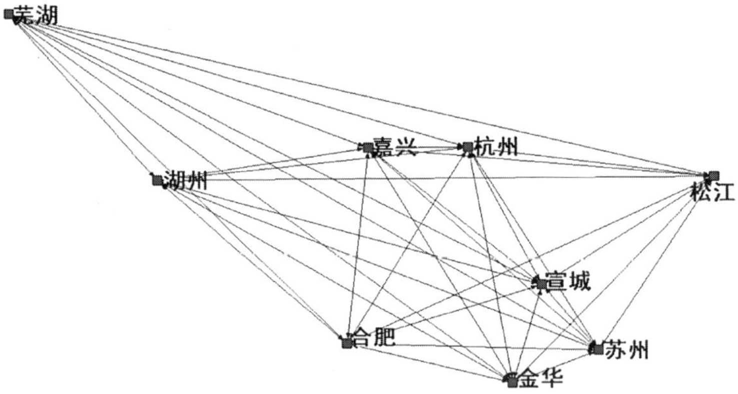

图 5－2 2013 年 G60 科创走廊沿线城市网络结构图

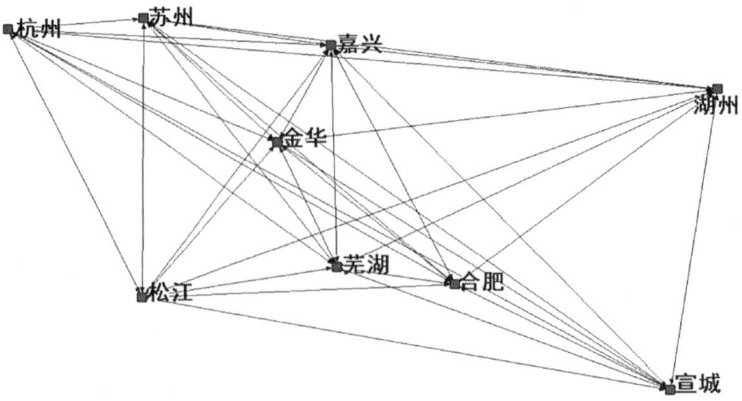

图 5－3 2017 年 G60 科创走廊沿线城市网络结构图

可视化网络结构图直观的说明了城市之间的联系更加紧密，在此基础上本书将测算 G60 科创走廊沿线城市经济联系网络密度。但 Ucinet 软件对于多值数据的处理比较复杂且学界尚未统一标准，所以本书将对九个城市之间经济联系值的多值数据转化为 0 — 1 数据。一方面，本书测算每个城市与其他城市经济联系的平均值，若某个城市经济联系数值高于平均值，则记为 1，反之，若某个城市经济联系数值低于平均值，则记为 0；另一方面，本书根据各年份经济联系的矩阵表，将分界值定位 1、5、10 来进行处理。通过两种方法对 G60 科创走廊沿线城市经济联系进行处理，测算城市网络密度，结果如表 5－2 所示。

表 5－2　2009—2017 年 G60 科创走廊沿线城市经济联系网络密度

年　份	2009	2013	2017
采用平均值方法	0.361 1	0.388 9	0.402 8
分界值为 1	0.875 0	0.958 3	0.986 1
分界值为 5	0.486 1	0.680 6	0.763 9
分界值为 10	0.375 0	0.500 0	0.611 1

不论采用何种取值方法，结果都表明 2009 年至 2017 年 G60 科创走廊沿线城市的经济联系密度不断增加，而且增加的幅度都接近 2 倍，说明九个城市之间的经济联系日益紧密，网状结构不断形成。随着经济不断发展，城市与城市之间的联系日益紧密，尤其是随着长三角高质量一体化的不断推进，必然要求 G60 科创走廊沿线城市的网络结构更加密切。一方面，制度有效衔接的加强是促进城市群经济联系增强的直接原因。良好的制度是经济联动的重要基础，制度不断完善打破了不同区域之间的行政壁垒，促进了要素跨区域自由流通，使要素资源更加合理配置，能够增强不同区域之间的经济联系程度。G60 科创走廊积极探索精准的制度创新和有效的制度供给，聚焦于市场一体化，促进要素自由流动和配置，使沿线城市群联系的网络密度不断上升。譬如，2018 年 7 月 G60 科创走廊联席会议办公室在上海松江成立，这是全国首个地市级层面实体化运作的城市

一体化发展协调机构，成为制度创新的先行探索。此后，G60 科创走廊不断加强制度衔接，打破区域间的行政壁垒，深入推进“一网通办”来优化营商环境，出台了跨城市营业执照、工业产品生产许可证办理等政策举措。不仅如此，G60 科创走廊聚焦于人才流动等要素资源配置，出台人才 18 条，积极推动科研资源的共享。制度一体化水平提高能够加速人才、科研等要素资源流通，形成资源流通网络，提高区域经济联系网络密度。

另一方面，交通网络的完善为城市群经济联系增强提供了有利条件。交通对于经济发展具有基础性、先导性作用，是加快城市群集聚、都市圈形成的重要基础。G60 科创走廊沿线城市经济发展已经进入创新驱动模式，各项创新指标皆高于全国和长三角地区平均水平。譬如，2017 年九城市 R&D 投入 1 513 亿元，占 GDP 的比重为 3.1%，高于全国 2.15%、长三角地区 2.78% 的水平；拥有发明专利 18.2 万件，每万人口发明专利拥有量 37.14 件，远远高于全国 9.8 件、长三角地区 22.85 件的水平。创新驱动模式依靠人才、数据等新要素，需要城市间的分工与协作，而交通网络完善是提高城市联系的重要基础，有助于城市之间的协同创新。G60 科创走廊沿线城市群依托 G60 高速公路、沪苏沪合高铁等交通网络，连接了上海、杭州、苏锡常、合肥等众多大型都市圈，促进了城市群之间的经济联系。不仅如此，交通网络的完善能够加速人才流、物资流、资金流等要素流动，促进城市之间的联系。尤其是人才，依靠高铁网络，能够实现跨区域的生产、生活，助力经济发展。截至 2018 年底，G60 科创走廊已集聚国家级人才超 2 000 人，院士专家工作站 547 个，高校 176 所。①

（三）沿线城市群的中心性分析

利用 Ucinet 软件对 G60 科创走廊节点城市的点入度和点出度进行测算，结果如表 5－3 所示。从表中可知 G60 科创走廊沿线城市的经济联系日益紧密。不论是点出度还是点入度，都呈现较快的上升趋势。2009 年至 2017 年，每个城市的点入度和点出度都快速上升，说明每一个城市与其他城市之间的联系都趋于更加紧密，城市网络结构不断形成。

① 包海波，潘家栋．以 G60 科创走廊促长三角一体化[N]．浙江日报，2018－03－07．

表 5－3　G60 科创走廊沿线城市经济联系网络中心性

年份	点出度						年份	点入度					
	2009		2013		2017			2009		2013		2017	
1	苏州	683.93	苏州	1 269.90	苏州	1 740.72	1	苏州	193.97	苏州	352.277	苏州	526.91
2	杭州	516.06	杭州	920.71	杭州	1 426.63	2	杭州	254.64	杭州	466.69	杭州	657.83
3	嘉兴	227.55	嘉兴	406.07	嘉兴	574.31	3	嘉兴	531.64	嘉兴	953.34	嘉兴	1 362.87
4	湖州	86.26	湖州	149.46	湖州	210.37	4	湖州	308.03	湖州	543.78	湖州	791.20
5	芜湖	40.51	芜湖	122.08	芜湖	182.62	5	芜湖	60.28	芜湖	158.32	芜湖	236.48
6	金华	37.15	合肥	112.12	合肥	178.18	6	金华	75.98	合肥	90.81	合肥	133.64
7	合肥	36.82	金华	66.80	金华	94.62	7	合肥	36.79	金华	135.28	金华	211.06
8	松江	28.97	宣城	45.35	宣城	65.30	8	松江	141.14	宣城	165.64	宣城	243.62
9	宣城	20.02	松江	40.38	松江	48.37	9	宣城	74.81	松江	266.73	松江	357.52

从点出度来看，苏州市的点出度一直独占鳌头，而且远远高于点入度，说明苏州市对外界的输出大于对外界的接受。这对于 G60 科创走廊建设至关重要，能够带动 G60 科创走廊沿线其他城市的快速发展。一直以来，苏州是江苏经济发展的重要增长极，依靠吸引外资来发展先进制造业，苏州市已经成为 G60 科创走廊的战略性新兴产业高地。杭州紧随其后，向外辐射能力显著，这与杭州市信息经济快速发展密不可分。2007 年之后，杭州市主打信息产业，当前又以数字经济为“一号工程”，走出了转型升级的高质量发展道路，对于 G60 科创走廊沿线城市也具备较强的辐射带动作用。在点出度的排名中，G60 科创走廊沿线城市基本处于较为稳定的状态，只有安徽的合肥和宣城略有上升。这是因为安徽不断重视创新驱动的重要作用，譬如合肥获批国家研究中心，并拥有 3 个国家实验室，创新能力大大增强，创新引领经济发展的效果日益凸显，从而对外界的辐射力也有所增加。

从点入度来看，苏州、杭州等强市的点入度相对而言较小，而嘉兴的点入度一直很大，说明嘉兴接收其他城市的辐射作用明显。这是因为嘉兴南邻杭州、北接上海和苏州，能够承接上海、苏州、杭州等城市的产业和技术转移。不仅如此，2017 年嘉兴获批浙江省全面接轨上海示范区，嘉兴在 G60 科创走廊建设中的地位将得到进一步凸显，而这也有利于嘉兴自身的快速发展。与此同时，安徽三省合肥、芜湖、宣城的点入度排名有所提升，说明安徽与江苏、上海、浙江的联系日益紧密，这也是长三角高质量一体化所要求的。G60 科创走廊是长三角高质量一体化的先行区，所以合肥、芜湖、宣城与苏州、杭州等地的联系也日益紧密，尤其是产业承接、项目转移上将得到充分体现。在安徽省内，芜湖的点出度和点入度均高于合肥，这是因为芜湖作为安徽经济的次增长极，其主要任务是带动皖江城市的发展，成为安徽省向东南扩展、承接产业转移的战略高地。

表 5－4 为 G60 科创走廊沿线城市经济联系网络的中心势，以此来反映沿线城市整体的联系水平，该值越接近 1，说明网络越具有中心性。从点出度中心势而言，G60 科创走廊沿线城市的联系呈现较为缓慢的上升趋势。随着长三角更高质量一体化不断推进，沿线九个城市之间的互动将更加明显，不论是产业承接还是政策统一上，都将不断践行更高质量一体化战略。从点入度中心势而言，一定程度上呈现了上升趋

势。说明 G60 科创走廊沿线城市不仅与外界保持了较为紧密的联系，G60 科创走廊沿线城市的内部互动也不断加强，这与高质量一体化的战略安排有着必然联系。

表 5－4　2009—2017 年 G60 科创走廊沿线城市经济联系网络中心势

年　　份	2009	2013	2017
点出度中心势	23.275%	23.662%	23.246%
点入度中心势	16.151%	15.536%	16.153%

（四）沿线城市群的凝聚子群分析

本书采用迭代相关收敛法（CONCOR）进行聚类分析，结果如图 5－4 和表 5－5 所示。从结果中可知，2009 年至 2017 年，G60 科创走廊沿线城市的凝聚子群并未发生任何改变，主要分为了 6 个子群（见表 5－5）。G60 科创走廊沿线的九个城市可以分为 6 个凝聚子群，虽然子群内部的城市较为稳定，但是也说明了 G60 沿线城市的子群还不够紧密，基本处于单独的状态。只有在地域较为邻近的状态下，才产生了凝聚子群，这与 G60 科创走廊的高质量一体化建设还存在一定的差距。①从子群的划分中，可以看出 G60 科创走廊沿线城市的集群规模有待进一步提升。

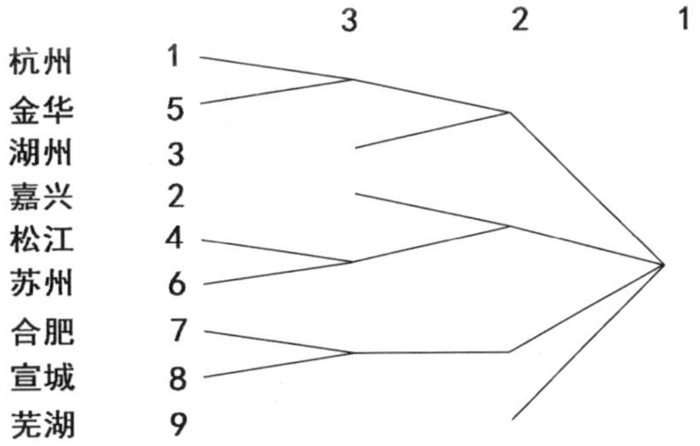

图 5－4　2009/2013/2017 年 G60 科创走廊沿线城市经济联系网络凝聚子群

① 鲜果，曾刚，曹贤忠．中国城市间创新网络结构及其邻近性机理［J］．世界地理研究，2018（10）：136－146．

表 5－5 2009/2013/2017 年 G60 科创走廊沿线城市经济联系网络凝聚子群

年份	城市					
2009	1	杭州、金华	2	湖州	3	嘉兴
	4	松江、苏州	5	合肥、宣城	6	芜湖
2013	1	杭州、金华	2	湖州	3	嘉兴
	4	松江、苏州	5	合肥、宣城	6	芜湖
2017	1	杭州、金华	2	湖州	3	嘉兴
	4	松江、苏州	5	合肥、宣城	6	芜湖

在此基础上，本书测算了 G60 科创走廊沿线城市子群密度，结果如表 5－6 所示。G60 科创走廊沿线城市的凝聚子群密度都呈现上升趋势，说明沿线城市的凝聚子群之间的联系都在不断提升，G60 科创走廊的网络联系不断密切，这对于 G60 科创走廊的发展具有重要意义。但从 6 个子群来看，嘉兴与松江、苏州两个子群之间的联系最为紧密。这主要是因为嘉兴毗邻上海，在区位上具有得天独厚的优势，能够较为有效地承接苏州和松江的产业转移，所以使得这两个子群之间的联系最为紧密，而且这种趋势将会不断提升。同时，嘉兴与合肥、宣城的联系最弱，主要是因为两大子群之间的距离较远，导致两大子群的联系不密切。

表 5－6 2009/2013/2017 年 G60 科创走廊沿线城市经济联系网络凝聚子群密度

2009/2013/2017	1	2	3	4	5	6
1	27.94/48.85/76.67	73.61/127.14/194.50	97.08/170.71/262.69	29.43/53.51/82.40	6.53/12.84/19.85	6.05/14.35/22.28
2	16.97/28.98/40.81	0/0/0	19.86/35.52/47.14	10.50/18.51/26.04	4.11/7.14/10.05	3.25/6.68/9.42
3	38.99/68.56/97.88	34.28/58.51/82.92	0/0/0	52.27/94.67/132.82	3.69/6.82/9.67	3.37/7.46/10.64

续表

2009/2013/2017	1	2	3	4	5	6
4	38.31/70.37/98.49	59.14/105.02/143.82	156.24/282.21/384.49	41.57/76.13/97.97	7.71/16.21/22.62	7.48/18.64/26.06
5	1.75/4.77/7.71	2.81/6.58/9.98	1.78/4.51/6.95	1.59/4.60/7.29	3.86/9.81/14.95	13.30/39.10/59.87
6	1.31/4.33/6.69	2.64/7.78/11.66	1.59/4.98/7.49	1.16/3.98/6.02	15.68/46.36/69.03	0/0/0

产生城市群分化的原因在于发展程度的差异性，城市之间的分工协作能够避免同质化竞争，形成差异化发展路径。各城市依托要素禀赋发展优势产业，通过分类聚合增强了城市之间的经济联系。就产业层面而言，松江、嘉兴、杭州、苏州分别聚焦智能制造、先进制造业、数字经济及战略性新兴产业等，规避了城市之间的同类竞争，而新材料技术创新联盟、机器人产业联盟等产业联盟的成立又促进了城市之间的合作。①但城市之间的发展不均衡也导致了凝聚子群的分化演绎，譬如杭州与苏州拥有产业高端、交通便利等优势，形成了强大的外向辐射能力，能够带动周边城市的发展，而嘉兴得益于良好的区位优势，能够承接沪杭苏等城市的产业转移和技术转移。不可否认，虽然上海、江苏、浙江、安徽等地都呈现较好的发展态势，但这四个地区的内部发展依旧存在不平衡、不均等问题。2013 年至 2017 年，安徽省的国民生产总值、产业结构、进出口等各项指标都快速增长，呈现向好向快态势，但安徽省的整体发展还是落后于其他三省市，经济规模、开放程度、创新能力等相关指标都低于上海、江苏、浙江，区际发展不平衡限制了高质量的一体化，也导致城市群落差异分化。

① 人民论坛课题组．如何实现更高质量的创新发展——上海市松江区以 G60 科创走廊推动创新发展调研报告[J]．国家治理，2018 (3)：29－43．

第四节 虹桥商务区：打造长三角高端商务新中心

虹桥商务区在长三角一体化新发展和“一极三区一高地”中发挥了核心作用，对标国际一流，全力打造国际开放枢纽、国际化的中央商务区和国际贸易中心新平台的定位，勇当服务长三角一体化发展国家战略的排头兵。在这片规划面积86平方千米的土地上，大虹桥“十年磨一剑”，从一片农田到高端CBD，从人气低谷到总部集群，从承接小会展到永不落幕的“进博会”，充分发挥大交通、大会展、大商务功能，持续规划开发建设，将区位优势真正变为现实发展优势，迎来万商云集、生机勃勃的蓬勃景象。目前，区内企业2.5万余家，其中沪苏浙皖一市三省企业上万家，占总数的42%，总部经济凸显，内资总部类企业及上市公司209家，外资总部类企业79家。承接进博会“6+365天”的溢出效应，“买全球、卖全球”的购物新地标，为打响“上海购物”品牌、加快建设全球影响力的国际消费城市提供了有力砝码。

一、虹桥蝶变：从机场到临港商务区

从无到有（自然村落→高端商务区），从起步到加速（旧房拆除→虹桥新区→大虹桥），站在今朝，回首往昔变迁，随着虹桥商务区宏伟蓝图中一个个项目的落实，虹桥商务区一直在一步紧接着一步地实现商、旅、文融合发展，夯实了“长三角城市群之眼”的国际影响力。①

（一）上海唯一空中通道

从26个城市出发，1个小时的车程就能到达虹桥商务区。飞机、高铁、轨交、长途客运、出租车……这里被称为“除了船以外都能开进来”的枢纽。仅仅用了二十多年，虹桥就从上海西部的小村落迅速发展成为世界瞩目的国际一流商务贸易中心。但早在1980年之前，虹桥仅有26家工厂、700多户居民，田野、农舍，小河蜿蜒，一派田园风光。当时的虹桥

① 陈文彦，钱智．上海城市经济联系网络结构研究[J]．上海师范大学学报（自然科学版），2015(2)：182-189．

机场，与虹桥乡仅一路之隔，是上海在国内、国际之间，飞来飞去的唯一空中通道。①虹桥机场最早可以追溯到1921年，民国政府在虹桥路西端建起一个机场，沿用路名“虹桥”。1963年后，虹桥机场从一座军用机场改为民用机场。虹桥路沿线建起许多乡村别墅，路的尽头是旧上海第一个高尔夫球场“虹桥勺球俱乐部球场”。

（二）全国经开区先行者

1982年，上海决定筹建一个吸收外资开发建设的新区。1983年春，“虹开发”打下第一根桩基。1986年国务院正式批准在原程家宅、马家角和小许家宅等自然村部分境地将旧房全部拆除，划定南至延安西路、北至仙霞路、东至中山西路、西至古北路这块区域开辟为经济技术开发区，以虹桥路路名命名为“虹桥经济技术开发区”。

1988年，虹桥开发区以2 800万美元成功出让开发区第26号地块50年土地使用权。这是我国最早进行国际招标土地批租的开发区。从20世纪90年代起，虹桥开发区每平方米土地引进外资超过2 000美元，成为全国土地含金量最高的开发区。

（三）巨无霸综合交通枢纽

2009年7月10日，虹桥商务区设立。2010年，虹桥经济开发区被命名为大虹桥，成为全球第一个高铁、飞机、地铁三大交通工具融为一体的国际交通枢纽，在国内第一次实现了“空铁零换乘”。

从虹桥出发，高铁1小时内到达长三角各重要城市，飞机1.5小时即能到达韩国，2~5小时内覆盖全国和日韩及东南亚主要城市；另外，虹桥商务区还计划建设道路32条。其中，高快速路13条，跨区道路10条，区内主要道路9条。沪宁高速、沪常高速、北青公路、纪鹤公路等多条道路交织，东西南北纵贯之间，从虹桥坐高铁半日内可以直达中国大陆北方、南方、中西部（除疆、藏、蒙、青、琼外）的所有省会。“轨陆空”三位一体的虹桥，让世界变得近在咫尺。

围绕着这一综合交通枢纽，虹桥商务区还建成了世界上单体建筑面积最大的会展综合体——国家会展中心，国家级对外贸易新平台，中国国际

---

① 王亿方，刘翀，谢辉. 虹桥综合交通枢纽十年发展回顾与展望[C]//中国城市规划学会城市交通规划学术委员会. 品质交通与协同共治——2019年中国城市交通规划年会论文集. 北京：中国城市规划学会城市交通规划学术委员会：中国城市规划设计研究院城市交通专业研究院，2019：242－252.

进口博览会的永久会址。

（四）大型国际临空综合功能平台

如今虹桥商务区除了“全球枢纽”“国际会展”两项成就之外，更是跨国公司总部、高端商务机构、现代服务企业、科技创新企业和长三角企业的汇聚地，累计注册法人3万多家，包括23家跨国公司总部、21家世界500强企业和将近6 000家长三角企业，吸引了诸如包括阿里巴巴、壳牌等两百余家总部类企业，初步形成了以总部经济为核心，以高端商务商贸为重点，以航空、会展、互联网、大健康为特色的产业格局。

根据虹桥商务区建设实施方案，到2025年其服务长三角、联通国际的枢纽功能不断提升，将成为总部企业、国际组织和专业机构首选地。在国家会展中心与进博会效应的加持之下，大虹桥在诸多配套方面，也已经趋于成熟。以机场为导向，依托大交通、大商务、大会展等功能聚集，AOD模式（airport-oriented development）带来的信息、资本以及人才，让虹桥成为上海另一个比肩陆家嘴的超级CBD，一个“通向世界的登机口”。上海酝酿了20年的“超级引擎”，终于破茧成蝶。从一座机场转变为一座国际开放枢纽，为上海成为“第六大世界级城市群的中心”提供了源源不断的动力。①

二、长三角一体化：虹桥商务区角色定位

自2009年，上海市委市政府明确提出打造面向长三角、服务全国、具有世界影响力的一流商务区，虹桥商务区开发建设正式起步。2016年5月11日，国务院常务会议通过的《长江三角洲城市群发展规划》首次提出“提升上海全球城市功能”，作为长三角城市群的核心，虹桥商务区既是上海连通长三角的桥头堡，又是联系亚太、面向世界的门户，是上海连接对外的重要窗口。根据《上海市城市总体规划（2017—2035年）》，虹桥已升级为上海主城区。2018年，长三角一体化战略的实施，更突出了大虹桥板块的战略商务地位。

大虹桥商务板块位于青浦区与多个环上海城市的主轴与枢纽，是上海与长江经济带的重要交会地带，更是长三角城市群1小时经济圈的核心地

① 李佳川，许兵，黄金平，张鼎．虹桥商务区：打造世界一流水准CBD[J]．上海党史与党建，2018(11)：19-23．

区，拥有良好的区域位置。商务区拥有发达的交通设施配套，包括高铁、机场、汽车、地铁等，2018 年虹桥综合交通枢纽总客流为 4 亿人次，日均近 120 万人次，单日峰值突破 143 万人次，已成为上海市重要的对外交通枢纽中心。便捷发达的交通体系加强了虹桥与周边区域的连接，扩大了上海地区对外辐射能力，目前，虹桥商务板块已与南京、杭州、合肥、宁波、苏州等长三角地区 16 个城市签约合作，进一步深化区域融合发展，扩大了虹桥商务板块在长三角一体化战略中的影响力。①

另一方面，上海进博会的举办吸引了大批国际一流品牌集聚，通过国际博览会窗口，虹桥商务区知名度被进一步打开，进博会的溢出效应将吸引更多知名企业来此交流展示，从而促进虹桥商务区知名度的快速提升，为上海市发挥长三角区域一体化中的龙头作用奠定良好基础。截至 2018 年年底，虹桥商务核心区已入驻企业超过 3 000 家，其中，外资企业 100 余家，企业总部 100 余家，世界 500 强企业包括壳牌、罗氏诊断、一汽丰田、中国平安等，虹桥商务区的总部经济效应已初步凸显。

三、虹桥商务区的发展路径及特色

虹桥商务区开发对标国际一流，着重从国际城区、开放枢纽、生态环境、市政设施、美丽街区、智慧城市等 6 个方面 26 个大类 43 个小类提出了规划、建设和管理的目标、策略和要点，力求体现商务区的发展特色，形成统一的“虹桥标准”，促进商务区引领长三角一体化高质量发展。

（一）打造产城融合的国际城区

一是三级中心引领的高品质全配套公共服务。主城副中心高能级公共服务设施建设要接轨国际一流商务区标准，引领长三角一体化发展；地区中心着重于通过强化功能混合、交通组织和环境空间优化提升地区活力；社区层面集中集约综合设置公共服务设施，率先全面建成 15 分钟社区生活圈。

二是地上地下空间统筹的全连通综合开发。科学合理利用地下空间，轨道交通站点周边地区功能集聚、业态复合，加强地下空间开发；商业商务、研发及开放空间地区，集约节约用地，促进地下空间开发。②地下空

① 施海涛，周伟林，张正芬．卓越中心与未来城市——长三角一体化高质量发展下虹桥发展战略探索[J]．城乡规划，2019（5）：20－27．

② 辛建．上海虹桥商务区拓展为上海自贸区新片区的经济价值[J]．全国流通经济，2019（18）：45－46．

间设置多通道、多出入口，强化地下空间之间的全连通和有效利用。集中的商务、商业区域和轨交站点设置地下连通道，确保 24 小时全天候通行。建设二层连廊，与地面步行道和地下连通道串联，形成立体分层的步行网络。

三是高品质“崇人文”的国际社区。提升商务区人居环境水平，优化房型及小区设计，强化风貌管控，高标准配置住宅区绿化和公共空间，引入高品质物业服务，新建小区不设传统式围墙，倡导人文、体育、休闲设施开放共享，基础教育、文化、社区商业等公共设施的规划配置与建设水平要满足国际化人才的需求，打造包容共享的国际生活示范区。

四是可阅读“最低碳”的城市建筑。建设国际领先的低碳城区，全面执行二星级及以上绿色建筑标准要求，大型商业办公建筑和地标性建筑达到三星标准要求，引领全国最高标准；绿色建材使用比例达到 40% 以上；新建住宅全装修交付；大型公共建筑全部应用 BIM 技术。

五是线上线下“优贸易”的商务环境。以规范、引导服务设施和智慧平台建设为抓手，着力为会展商贸的高质量发展提供基础保障，倡导公共服务设施集中化布局模式，为“一门式”服务优化营商环境提供基础保障，为“一关三检”等机构进驻预留空间。

（二）建设联通世界的开放枢纽

一是多元衔接的国际化综合交通枢纽。打造国际一流交通枢纽，多种交通方式紧密衔接，缩短换乘距离，建设安检一体化专用通道，多语种的交通标识清晰、连贯、美观，提高换乘便捷性和快速疏解能力。解决重点区域停车矛盾，合理配置停车位和实行差别化的有效管理，强化泊位共享和短时停车功能，推广建设立体停车设施，规范非机动车停放。

二是重点提升地面公交服务水平。从线路站点、车辆运行、站台设施等角度全方位提出建设标准，公交站点 500 米内可达覆盖率达到 100%，商务区内任意两点间可通过一次换乘快捷到达；公交车辆运营正点率达到 95% 以上，公交运行速度不低于 18 千米/小时，高于全市平均水平；站台统一设计，站牌多语种标识，实现公交信息实时查询和站台实时显示。

三是全联通、人性化的慢行系统。倡导绿色出行，重点地区保障行人、自行车路权，结合地下空间、二层连廊、绿道、景观河道岸线及桥梁等，为行人提供宽敞连贯的步行系统；新建、改建道路要积极创造条件保障自行车路权，形成安全、通畅、便捷的骑行网络。

（三）营造对标一流的生态环境

一是“最低碳”的一流生态环境。提高水、气、声环境标准，构建与区域连通完整的自然生态格局。生态环境状况指数（EI）值≥63，环境空气AQI优良率达到82%，地表水质达到Ⅳ类水标准（其中重点区域的景观河道水质达到Ⅲ类水标准），环境噪声区达标覆盖率达到100%，主城副中心等重点区域的绿地率大于36%。

二是美观开放的商务区绿色空间。加强公园设计和建设的科学引导，提高城区公园绿地和公共开放空间覆盖率，400平方米以上公园和广场5分钟步行可达覆盖率达到100%；建设一批“四化”精品，突出四季景观；鼓励开发企业认建认养相邻公共绿地，提升建设管理标准；新建建筑的屋顶绿化面积不低于屋顶面积的40%，乔灌木面积不低于屋顶绿化面积的50%；推广绿化高标准一体化养护，重要景观节点养护标准高于一级水平，提升公共空间景观环境品质。

（四）塑造品质高尚的美丽街区

一是尺度适宜的人性化街区。强化路网高密度、街坊小尺度、建筑低高度，主城副中心和地区中心区域的路网密度达到10千米/平方千米，与核心区标准持平；道路设计从“强调通行效能”向“促进街区发展”转变，实施海绵化设计；街区界面的建筑贴线、首层开放、建筑退让、界面透明等指标率先达到《上海市街道设计导则》的推荐标准，塑造连续美观的街道界面。

二是国际一流的街区风貌。从色彩、高度、景观风格等方面要对商务区建筑进行全面管控；公共设施周边原则上不应设置围墙；广告店招鼓励整体设计，与街道或所在城区风貌相协调；重点区域景观照明保持风格和谐统一。强调街区的可阅读性，城市家具注重国际化、智慧化、功能化；打造公共艺术街区，提升街区公共艺术品质和区域城市环境。

三是面向未来的高标准基础设施。聚焦5G示范区、城域物联网建设，高标准建设成为智能互联的智慧虹桥，率先构建集“连接、枢纽、计算、感知”为一体的新一代信息基础设施总体架构，建成一批具有基础性、功能性、示范性的智能基础设施和重点项目，实现5G网络全覆盖。

打造一体化联动便捷的“网上枢纽”，推进展馆智能运营信息化建设，建立绿色建筑信息管理系统。

综观上海自贸区、“飞地经济”、G60 科创走廊以及虹桥商务区等平台载体，可以发现这些平台与长三角一体化相辅相成。一方面，这些平台发展支撑着长三角高质量一体化，而长三角高质量一体化也为平台壮大及跨区域协作提供了时代契机。上海自贸区的发展实践表明，长三角落实“五大发展理念”需要自贸区的带动，以此来克服自然条件、资源禀赋、经济基础区域差异大、发展不平衡等一体化中的难题；“飞地经济”作为跨区域经济合作的重要形态和平台载体，是推进跨界区域共建共享、促进区域间实现优势互补的经济发展模式，已经成为主动接轨上海并承接上海辐射、加强区域合作的重要探索；G60 科创走廊建设从区域制度一体化进行了先行探索，以此来助推科创高地的培育，助力长三角高质量一体化发展；虹桥商务区从一个小镇到国际化商务区，承载着长三角区域的国际商务功能，促进了长三角统一大市场的构建。

第六章

长三角
生态绿色一体化
发展示范区

长三角生态绿色一体化发展示范区（以下简称示范区）以蓝色网络彰显江南水乡河网湖荡密布特色，以绿色网络锚固开发边界，以多模式交通网络带动城镇和功能区发展，以高速泛在的信息网络促进智慧高效发展。到 2025 年，一批生态环保、基础设施、科技创新、公共服务等重大项目建成运行，先行启动区在生态环境保护和建设、生态友好型产业创新发展、人与自然和谐宜居等方面的显示度明显提升，示范区主要功能框架基本形成，生态质量明显提升。到 2035 年，形成更加成熟、更加有效的绿色一体化发展制度体系，全面建设成为示范引领长三角更高质量一体化发展的标杆。本章将围绕示范区的建设基础、建设意义和建设路径展开，重点介绍示范区中的重点项目及合作，进而展示示范区建设全貌。

第一节　长三角生态绿色一体化发展示范区的建设基础

示范区横跨沪苏浙，毗邻淀山湖，涵盖上海青浦区、江苏苏州吴江区和浙江嘉兴嘉善县，面积 2 300 多平方千米。选择青浦区金泽镇、朱家角镇，吴江区黎里镇，嘉善县西塘镇、姚庄镇作为示范区的先行启动区，面积约 660 平方千米，着力构建“十字走廊引领、空间复合渗透、人文创新融合、立体网络支撑”的功能布局，严格控制开发强度，蓝绿空间占比不低于 75%，规划建设用地不超过现有总规模。十字走廊引领，重点是以水为脉，保护水生态、提升水品质、做好水文章，打造绿色人文和创新功能两条走廊。南北向人文走廊，以湖荡水系资源为依托，串联金泽、西塘古镇，形成绿色人文纽带。东西向创新走廊，以西岑科创中心、汾湖高新区和高铁科创新城等为发展组团，形成蓝色创新珠链。空间复合渗透，围绕朱家角、金泽、黎里、西塘、姚庄等小镇，塑造若干高品质宜居宜业宜游的人居空间，体现城镇空间、乡村空间、生态空间、创新空间的复合发展和融合渗透。人文创新融合，依托古镇群落和风貌区组团，融入创新创意基因，构建更富魅力、彰显特色的江南水乡文化景观风貌。立体网络支撑，构建以蓝网、绿网、交通网、信息网为支撑的空间网络。

一、示范区现状

示范区地理相近、文化同源、人文相亲，生态环境和历史文化资源优势明显，这一地区“最江南”，历史上同属于“吴根越角”，有浓厚的江南文化特色，经济基础及区位优势较好。

青浦区，中国上海市市辖区，位于上海市西部，太湖下游，黄浦江上游。东与闵行区毗邻，南与松江区、金山区及浙江省嘉兴市嘉善县接壤，西与江苏省苏州市吴江区、苏州市昆山市相连，北与嘉定区相接。青浦区下辖 3 街道、8 镇，总面积 676 平方千米。以青浦城区为中心，东部河江交错，西部湖荡群集，内河航运具有天然优势，可通行 50 — 300 吨货船，是苏浙沪的重要水上通道。青浦水系丰富，农业较发达。

吴江区，隶属于江苏省苏州市，位于江苏省东南部，东临上海，西濒太湖，南接浙江，北依苏州主城区。全区总面积 1 176.68 平方千米，其中水面积 2.67 万公顷，占全市总面积的 22.70%（均不包括所辖太湖水面）。改革开放以来，通过民营经济和外向型经济的“双轮驱动”，吴江形成了丝绸纺织、电子信息、光电缆和装备制造四大主导产业，新能源、新材料、生物医药和新型食品四大新兴产业，以及现代服务业的“4+4+1”产业体系。

嘉善县，是浙江省嘉兴市下辖县，位于嘉兴市东北部、苏浙沪两省一市交会处，境域轮廓呈田字形，东邻上海市青浦、金山两区，南连平湖市、嘉兴市南湖区，西接嘉兴市秀洲区，北靠江苏省苏州市吴江区和上海市青浦区。地处长三角城市群核心区域，是浙江省接轨上海第一站，是全国综合实力百强县之一，更是全国唯一一个国家命名的“县域科学发展示范点”。民风淳朴，素以鱼米之乡、丝绸之府、文化之邦名扬天下。2019 年以来，先后被评为 2019 年度全国综合实力百强县（市）、2019 年度全国绿色发展百强县（市）、2019 全国营商环境百强县、2019 年全国投资潜力十强县（市）。2019 年 12 月 19 日，嘉善县入选国家城乡融合发展试验区。

二、示范区特点

经济发展水平较高，产业结构较为合理，经济发展水平总体相当，增长潜力较大。2018 年，青浦 GDP 为 1 074.3 亿元，列上海第三；吴江 GDP 为 1 925.03 亿元，是苏州除下辖市县及苏州工业园区外最强区；嘉善 GDP 为 582.6 亿元，位列全国百强县第 50 位。2018 年，青浦、吴江、嘉善 GDP 同比增速分别为 6.4%、7.0%、8.5%，均高于全国平均水平，其中青浦比上海低 0.2 个百分点，吴江和嘉善分别比江苏、浙江高 0.3 和 1.4 个百分点；按常住人口计算的人均 GDP 分别为 8.8 万元、11.1 万元、11.0 万元，其中青浦和吴江分别比上海、江苏低 4.7 和 0.4 万元，嘉善比浙江高 0.3 万元。2018 年，两区一县城乡居民人均可支配收入平均为 52 787.3 元，远高于全国平均水平。城乡居民人均可支配收入，嘉善最高为 58 470 元，其次是吴江为 52 592 元，青浦最低为 47 300 元；城乡收入比，青浦和嘉善较低，分别为 1.68∶1 和 1.69∶1，吴江最高为 1.98∶1，均明显低于全国平均水平。两区一县按常住人口总数计算的人均社会消费品零售总额为 3.8 万元/人，高于全国平均水平；嘉善人均消费能力居中，人均社会消费品零售额为 3.9 万元/人，低于青浦的 4.7 万元/人，高于吴江的 3.1 万元/人，总体人均消费能力较强。

产业结构日趋合理，主导产业特色鲜明。两区一县产业结构相对稳定。2018 年，青浦产业结构呈“三二一”格局，第三产业占比达55.6%，高于全国 3.4 个百分点，低于上海 14.3 个百分点。吴江和嘉善产业结构呈“二三一”格局，第二产业占比分别高于江苏、浙江 6.8 和 13.2 个百分点，第三产业占比分别低于江苏、浙江 4.5 和 13.6 个百分点。两区一县产业集群专业化分工格局初步形成。青浦以“三大两高一特色”产业为主导，是中国国际进口博览会的永久举办地；吴江以丝绸纺织、电子信息千亿产业集群和装备制造、光电缆五百亿产业集群为支撑，华为研发中心落户区内；嘉善以电子信息、装备制造、木业纺织为特色，阿里巴巴数字嘉善建设全面启动。青浦、吴江、嘉善上市企业数分别为 23 家、16 家、6 家。①

① 长三角生态绿色一体化发展示范区总体方案.

总体来说，示范区一是区位优势明显。示范区距离上海市中心60千米左右，距离虹桥交通枢纽30分钟车程，距离苏州市50千米左右，距离嘉兴市60千米左右，区域内高速公路路网纵横[有沪渝（G50）、沪杭（G60）、申嘉湖等高速公路]。

二是生态基底较好。示范区蓝绿空间占比约为69%，先行启动区蓝绿空间比约为77.5%，蓝绿空间占比较高。示范区现状：河湖水面率为19.76%，其中青浦区17.28%、吴江区23.92%、嘉善县13.21%。主要水体包括贯穿示范区的太浦河、东太湖、汾湖、元荡湖和区域内最大的淡水湖淀山湖。

三是古镇文化丰富。这一区域有“吴根越角”的文化底蕴，文化相近、人文相亲，先行启动区5个镇中，有朱家角、金泽、西塘、黎里4个国家级历史文化古镇，具有典型江南水乡特点。

第二节　长三角生态绿色一体化发展示范区的建设意义

建设示范区是实施长三角一体化发展战略的先手棋和突破口，有利于集中彰显长三角地区践行新发展理念、推动高质量发展的政策制度与方式创新，率先实现质量变革、效率变革、动力变革，更好引领长江经济带发展，对全国的高质量发展也能发挥示范引领作用。此次示范区建设，是在生态绿色约束条件下，不依靠“政策红利”，而是通过一体化的体制机制创新，利用市场化手段来配置要素资源，实现区域高质量协调发展。2019年10月示范区成立了理事会和执委会，11月以来已经初步搭建了发展的“四梁八柱”。理事会理事长由两省一市常务副省（市）长担任，实行“轮值制”，两省一市三级政府相关部门的领导作为理事会成员。理事会下设执委会，有1位正主任、2位副主任、5个部门共35位工作人员，由上海市政府副秘书长、市发改委主任、长三角区域合作办公室主任担任主任，具体推进破壁行政管理体制、加快管理一体化进程。相较于传统行政机构，执委会扮演的是“老娘舅”角色，统筹协调青浦、吴江、嘉善共同推进示范区建设，在不改变行政隶属的基础上打破行政壁垒。示范区建设也从传统行政区划调整的纵向一体化实践转向由执委会统筹协调各区域各模块各条线的横向一体化实践，以此来推进区域高质量协调发展。

一、跨界地区迫切需要关系协调

省市县行政边界的跨界地区，是地区关系协调最迫切最直接、矛盾问题最明显的地区，矛盾问题突出表现在以下几个方面：

第一，空间规划不对接，基础设施对接弱，断头路多；永久基本农田保护线和生态保护红线在边界地区往往不对接，土地空间功能相互干扰，缺乏对生态保护区的共保机制；污染产业以及垃圾填埋和焚烧场等在边界布局，导致环境邻避影响事件时有发生。

第二，水资源利用和环境污染交互影响，江河湖水资源量的跨地区分配利益机制和饮用水源地及清水通道的跨地区保护机制亟待完善，跨界上游水污染排放可能导致下游的水环境质量下降，环境矛盾和纠纷较多。

第三，公共服务共建共享程度不高，食品安全、社会治安、渣土车管理、垃圾倾倒等社会治理事务难以跨界联动执法；110 公安报警和 120 医疗急救难以做到跨界服务，跨界公交线路和地铁很少，需要边界换乘；各地社会保障标准差异大，共享难度比较大；重大事件如上海世博会、南京青奥会、进口博览会等基本上在一个城市举行，很少有和周边其他城市的合作共建。

第四，资本、技术、信息等发展要素流动依然不够顺畅，产业发展缺乏融合对接，投融资管理自成体系，财税共享机制缺乏或不完善。凡此种种，限制和约束跨界地区的要素流动、优势互补、资源共享，合作交易成本高，一体化红利弱，影响了整体竞争力的提升，壁垒效应明显，也阻滞了长三角整个区域的一体化进程。因此，率先开展跨界地区的一体化体制机制的探索试验，最容易出效果，也具有代表性和示范意义。

专栏 6－1

破界筑路打通断头路

一座元荡桥，架通青浦和吴江，工程建成后，家住元荡湾两岸的青浦杨湾村和吴江莘塔地区的居民，穿过 180 米的元荡桥便可直达对岸，无须再绕道 G50 高速，至少可以节省 20 分钟。跨湖湾，建一座并不算很长的元荡桥，工程难度并不大，但因是一座跨省桥梁，沪苏两地的水务、航运、规土、城建等多个部门对这座桥都有发言权，标准不一，审批环节繁复，仅水务部门，上海和江苏审批材料的要求都不一样，上海需要提供桥梁防洪评价报告，江苏则不需要……一条路，吴江康力大道段按市政道路建设，青浦东航路段按公路建设。在示范区执委会的牵头下，各方本着高效便利的审批原则，同意由苏州市委托上海市进行审批，按照最优标准报送材料。行政审批许可盖上海和苏州的两个章，实现“共同审批”“共同监管”。通过一个个项目，不断积累创新经验，并使之固化，形成有效工作机制，为全国区域协调发展提供更多可复制、可推广的新成果。

◇ 资料来源：《新民晚报》“青浦到吴江只需 5 分钟！沪苏省际断头路东航路对接康力大道项目今通车”(https://baijiahao.baidu.com/s?id=1682845497153110491&wfr=spider&for=pc).

二、设计区域协调发展新机制

跨界地区一体化体制机制的改革创新需要针对地区发展不协调、区域发展差异大出现的问题症结来展开。跨界地区之间发展协调难度较大，客观上在于跨界地区分属于不同的行政主体，资源整合困难，从各自利益和权限出发，合作深度受到局限。主观上，多层级跨界合作和一体化制度缺失，无法平衡跨界合作的成本-利益格局，使得跨界合作难以达成一致。

从多层级行政管理及治理体系看，第一，中央对地方的多项管理基本上按照行政层级推进，这在很大程度上限制了地方政府的管控要素和有限控制之手伸到临近地区。

第二，长三角现有的省、市、县等各级政府之间的合作协作机制，缺乏顶层设计和契约机制，不能约束双方的合作行为，地区合作只能借助高层级的跨区域规划和协商协作平台，内部协调合作规则不稳定。往往在一些专项领域，沪苏浙皖四方政府可能在会议中签署和达成了一些协议，而现实操作中特别是在没有更高层次行政意志和法律法规约束的条件下，很多达成的合作意向因各方利益冲突而难以落实，或因领导换届、规划调整等原因最终不能落地。

第三，市场化及民间的协作有待加强，企业与民间组织，包括协会、商会在内的民间机构并未有效参与到一体化的合作协调中，非政府组织的灵活性特点没有得到充分发挥。内部管理协调由官方行政部门推进，缺少市场和民间力量的配合，使得一体化工作推进较难、实施效率较差。

为此，一体化的体制机制探索宜针对跨界地区规划管理、资源环境、公共服务、要素流动等不协调问题及体制机制掣肘障碍，按照成本共担、利益共享原则，坚持以市场化主导，以改革创新开放制定和设计市场统一开放、规划协调有序、发展功能协同互补、设施服务共建共享、生态环境联防共治的区域协调发展新机制。

同时，需要从中央和地方事权改革、地方合作平台机制的规范和制度化、鼓励市场主体和公众参与等多层面、多维度，不断尝试，不断完善，确保区域协调机制改革举措横向到边、纵向到底，最大限度放大改革创新合作红利，探索一条上下联动、整体推进的全面改革创新之路和新型区域治理体系，使之能够有效推动跨界分工、合作、协同和共享，实现发展要素可以自由流动、产业和经济有序分工、开发和保护空间得当、社会公平公正、人民共享发展成果。

仍然需要指出的是，跨界一体化发展示范区，是在不改变行政隶属关系基础上，探索跨界地区分工、合作、协同和共享的协调发展机制，需要审慎处理好一体化体制机制和地方行政管理自主性的关系。

三、进一步消除阻滞要素流通的壁垒和障碍

2013 年以来，我国经济进入新常态，增速不断放缓，产业结构不断调整。当前，全球经济贸易格局变化趋势加快，叠加新冠肺炎疫情的冲击效应，传统增长路径已尽显疲态，加快创新驱动、加强区域协调发展对于经济高质量发展至关重要。长三角地区历来是我国经济最具活力、开放程度最高、创新能力最强的区域，理应也完全有条件建立国家新一轮改革开放的先行示范区，使之成为中国经济增长新旧动能接续转换的发生地，以提升区域发展能级和核心竞争力，缓解国内经济下行压力。

但长期以来，囿于行政区划分割和地方利益保护，长三角区域市场准入规则、监管规则、行业标准、资质认证等政策性壁垒降低了资源利用、要素配置和流通的效率。作为改革创新发展先行示范区，长三角一体化发展示范区有助于突破区域壁垒和体制机制障碍，按照市场化要求共同建立

有机统一的区域大市场，在更大范围内推动资源整合、一体化共享及要素自由有序流动，促进资源要素的优化配置和产业功能的整合联动，形成优势互补、协同发展、互利共赢的区域协调发展新格局。

四、构建开放协调的区域空间格局

长三角更高质量一体化发展的逻辑要义在于发挥各方优势特色，明晰城市功能定位及分工协作机制，形成分工合理与各具特色的区域空间格局。基于长三角一市两省资源禀赋、战略地位及政策先行优势，示范区将从实施国家战略的高度，把握区域空间结构优化的机遇，从区域层面构建开放协调的空间格局，进而加强在功能、产业、科创、交通、环境、设施方面的衔接，促进区域空间协同和一体化发展。

示范区应运而生，成为长三角一体化的重要探索，在不改变行政隶属的前提下打破行政壁垒，探索一体化体制机制创新，通过制度创新实现经济高质量发展。高水平建设示范区，探索将生态优势转化为经济社会发展优势、从项目协同走向区域一体化的制度创新，为整个长三角生态绿色发展注入新的活力。

五、形成可复制推广的先进经验

长三角区域一体化战略的实施重点在于落实五大发展理念，探索区域发展协调机制，缩小地区差距，进而推动整体性的高质量发展。因而可以预见，这一跨苏浙沪的一体化发展示范区建设，是长三角区域一体化发展的重大举措。

按照创新、协调、开放、绿色、共享发展理念，加大改革创新开放力度，探索跨界地区的要素流动和地区合作的新型治理模式，探索区域协调发展和一体化分工、合作和协同的体制机制的落地性，探索从区域项目协同走向区域一体化制度创新，推动全面深化改革举措集中落实、率先突破、系统集成，促进示范区共享发展和共同繁荣，提升人民的幸福指数、经济社会发展质量和区域整体竞争力，充分显现一体化体制机制创新带来的巨大合作红利和重大发展成效，加快形成可实施有成效、可复制可推广的先进经验，而后率先在长三角的跨界地区推广复制，进而形成可以影响全国的新型区域发展协调机制。

因此，在示范区改革创新区域一体化体制机制，科学推动跨界率先协调发展，事关长三角区域一体化发展战略意图的落地和操作，具有非常重要的战略和现实意义。

第三节　长三角生态绿色一体化发展示范区的建设路径

一体化不是一样化，示范区更高质量一体化发展战略目标的实现，有赖于最大限度地发挥各地比较优势，化竞争为协同，倾一市两省之力打造新时代全面深化改革开放的示范区，扭转“高层务虚合作、基层务实博弈”的局面。同时，长三角一体化发展还需对以往的研究成果、规划成果等展开全面的系统梳理和集成分析，在新起点上扎实推进长三角一体化进程迈向更高质量的发展阶段。

一、探索建立统一编制、联合报批、共同实施的规划管理体制

以建立统一的国土空间规划体系为探索切入点。构建示范区统一的“总体规划—单元规划—详细规划”三级国土空间规划体系，统一基础底板和用地分类，统一规划基期和规划期限，统一规划目标和核心指标。示范区国土空间规划和各类专项规划由上海市、江苏省、浙江省共同组织编制、共同报批、联合印发；控详规由示范区开发建设管理机构会同两区一县共同编制，按程序报批实施。逐级落实划定生态保护红线、永久基本农田保护线、城镇开发边界和文化保护控制线，制定细化可操作的国土空间用途管制规则，实施分级分类用途管制，建立覆盖示范区全域的“四线”管控体系。建立统一的基于地理信息系统（GIS）数据库的规划管理信息平台，推进示范区各级各类规划成果统筹衔接、管理信息互通共享。研究制定统一的规划建设导则，以更高标准共同提升示范区规划建设品质。

制定统一的项目准入标准，统筹招商引资政策，按照《企业投资项目核准和备案管理条例》有关规定，在一市两省现行政策基础上，整合制定统一的示范区企业投资项目核准目录，对目录以外的企业投资项目实行告

知性备案。赋予示范区开发建设管理机构省级项目管理权限，统一管理跨区域项目。示范区开发建设管理机构负责先行启动区内的项目审批、核准和备案管理。对示范区内、先行启动区外的非跨区域企业投资项目，按照权限由两区一县各自负责。对政府投资项目按照“谁出资、谁负责”的原则加强管理。示范区项目在统一的项目在线审批监管平台办理，实行统一受理、并联审批、实时流转、跟踪督办。

专栏 6－2

执委会协调推进金融 16 条

2020 年 4 月 2 日，长三角生态绿色一体化发展示范区执委会联合人民银行上海总部等 12 个部门共同发布《关于在长三角生态绿色一体化发展示范区深化落实金融支持政策推进先行先试的若干举措》（以下简称《若干举措》），提出 16 条先行先试政策。《若干举措》的出台有利于推进金融领域改革创新举措在示范区集中落实、率先突破，探索跨地区资金要素流动、降低金融交易成本和加强部门合作监管的新模式，加快形成可实施有成效、可复制、可推广的先进经验。

《若干举措》围绕推进同城化金融服务、试点跨区域联合授信、提升移动支付水平、支持设立一体化金融机构、推进跨区域公共信用信息共享、推进一体化绿色金融服务平台建设、推进一体化科技金融服务、建立金融信息共享合作机制等 8 个方面提出 16 条具体的先行先试举措。16 条政策侧重于一体化金融合作、绿色金融发展以及推进金融信息共享等三大领域，与临港新片区、浦东开发开放特色形成错位。

◇ 资料来源：凤凰新闻“长三角一体化发展示范区推出‘金融 16 条’ 侧重一体化金融合作等三大领域”（https://ishare.ifeng.com/c/s/7vLWvuRkf0m）.

二、探索建立生态友好型高质量发展新模式

加强生态环境综合治理。以太浦河、淀山湖、元荡湖、汾湖“一河三湖”为重点，大力推进周边及沿岸地区工业点源污染治理、岸线综合整治。落实最严格水资源管理制度，促进节水减排治污，提升水环境质量，修复水体底部水生动物栖息生态环境，保持一体化示范区水面率稳中有

升。实施耕地和水源保护区土壤保护，开展区域土壤污染治理。到 2025 年，主要水体水功能区水质达标率达到 95% 以上，太浦河水质稳定达到Ⅲ类，淀山湖水质除总氮外所有指标达到Ⅳ类（总氮Ⅴ类）。

构建优美和谐的生态空间。加强生态空间管控，优化城镇与湖荡之间、组团与组团之间的生态空间结构。加强区域生态廊道和自然保护地建设，通过林地绿地、郊野公园、区域绿道串联，提升区域生态环境品质，构建以水为脉、林田共生、城绿相依的自然格局。到 2025 年，绿化覆盖率达到 42% 以上，森林覆盖率达到 20%。

建设著名文化生态湖区。以淀山湖等湖泊为关键节点完善区域水利发展布局，提升淀山湖、元荡湖、汾湖沿线生态品质，贯通环湖岸线，打造一体化的环湖生态景观廊道和慢行交通系统。到 2025 年，先行启动区骨干绿道达到 200 千米以上，示范区骨干绿道达到 500 千米以上。推动湖区水乡古镇文化休闲和旅游资源综合开发利用，形成文化休闲生态战略新空间。

（一）两区一县生态现状

生态环境总体良好，局部水环境和空气质量需要改善，水域、林木资源较为丰富。两区一县水网密布，青浦、吴江、嘉善分别拥有 21 个、320 个和 55 个自然湖泊，水域面积占比分别为 22.1%、22.7%、13.3%，为典型的江南水乡。2018 年，青浦、吴江 、嘉善林木覆盖率分别为16.4%、20.4%和 16.1%，三地林木覆盖占比较为平均。嘉善的水域面积占比和林木覆盖率较青浦、吴江均偏少。水环境总体呈改善趋势。两区一县水环境治理效果较为明显，地表水优良比例上升幅度较大，近三年分别上升了 15.8、8.2、14.3 个百分点，均高于全国平均水平。2018 年，青浦和吴江考核断面水质达标率均为 100%，嘉善 11 个市控以上断面水质的Ⅲ类水断面占比为 72.7%。饮用水水质达标率均为 100%。空气质量稳中向好。两区一县空气质量良好且几近一致，总体呈改善趋势。2016 — 2018 年青浦、吴江、嘉善 PM2.5 平均浓度均逐年下降，分别从 54 微克/立方米降到 42 微克/立方米、45 微克/立方米降到 40 微克/立方米、41 微克/立方米降到 40 微克/立方米，与全国水平基本相当。三地空气质量天数优良比例逐年上升，2018 年分别达到 73.4%、75.0%、78.1%，但均略低于全国平均（见表 6－1）。

表 6-1　两区一县生态现状

	嘉善县	吴江区	青浦区
水域面积/万公顷	0.73	2.67	1.21
湖泊个数/个	55	320	21
水域面积占比/%	13.3	22.7	22.1
林木覆盖率/%	16.1	20.4	16.4
绿化覆盖率/%	33.53	30.34	40.97
PM2.5 平均浓度/（微克/立方米）	41	40	42
空气优良率/%	78.1	75.0	73.4

资料来源：长三角生态绿色一体化发展示范区总体方案.

（二）两区一县生态项目规划

利用青浦、吴江、嘉善三个地区的绿色生态资源，《长三角生态绿色一体化发展示范区总体方案》明确了若干重大生态项目，包括吴江的环元荡生态景观岸线工程、池塘生态化改造和退渔还田，嘉善的嘉善县河湖水系综合提升工程（北部区域）、大成污水处理厂以及青浦的生态廊道项目等（见表 6-2）。

表 6-2　两区一县重大生态项目规划

地　区	序号	项　目　名　称
吴江	1	环元荡生态景观岸线工程
	2	池塘生态化改造和退渔还田
嘉善	3	嘉善县河湖水系综合提升工程（北部区域）
	4	大成污水处理厂
	5	西塘污水处理厂扩容
	6	东部污水处理厂
	7	美丽乡村风景线
青浦	8	生态廊道项目
	9	新塘港河道综合整治项目

资料来源：长三角生态绿色一体化发展示范区总体方案.

吴江区环元荡生态景观岸线工程：环元荡生态景观岸线工程东南起于康力大道东延与上海、江苏省界交界处，东北止于元荡湖东北侧、张园东路南侧现状半岛，总长约 12.7 千米。工程计划分三期实施，一期实施陈家湾至十里江南段，长度约 3.6 千米。主要建设内容涉及环元荡堤防驳岸、生态修复及景观绿道建设，计划总投资 8.6 亿元，一期涉及步道 3.6 千米，防洪大堤 4.8 千米，绿化景观 21 万平方米，投资约 2.5 亿元。工程结合防洪大堤的实施，建设景观步道和骑行道，满足居民休闲出行、保护元荡周边生态环境及水利安全。

吴江区池塘生态化改造和退渔还田：池塘生态化改造和退渔还田工程对汾湖高新区、七都镇等的养殖池塘 4 万亩（其中改造池塘 3 万亩，退渔 1 万亩）进行生态化改造或退渔，实现养殖尾水循环利用或达标排放，不能改造的全部退渔。项目计划于 2020 年 6 月启动，2020 年投入 6 000 万元，基本完成生态化改造 0.8 万亩，退渔 0.6 万亩。该项目积极探索生态优先、绿色发展、乡村振兴有机结合的新路子，促进乡村生态环境改善、自然生态功能提升。

嘉善县河湖水系综合提升工程（北部区域）：项目总投资 28.73 亿元，建设内容主要包括嘉善北部湖荡及水系连通、姚庄太浦河长白荡饮用水水源保护区生态保护提升和全县水系连通及农村水系综合整治等建设内容。计划整治湖荡 17 个，建设湖荡堤防（护岸）49.89 千米，治理河道 20 条，治理长度 48.43 千米，疏浚淤泥 659.79 万立方米，腾退姚庄北片水源地保护区范围内企业 16 家，退养水产养殖 800 亩，种植绿化 2 300 亩。通过项目的实施，着力构建以水为脉、蓝绿交织、林田共生、水城融合的自然生态格局。

嘉善县污水处理厂：项目总投资 10.61 亿元，建设内容主要包括嘉善县先行启动区 3 个污水处理厂（东部污水处理厂新建、西塘污水处理厂扩容、大成污水处理厂提标改造）等。计划新建日处理能力 5 万吨的东部污水处理厂，污水管道 2 千米，新建泵站 1 座，改扩建泵站 4 座；扩容西塘污水处理厂日处理能力将达到 3.5 万吨的规模，并配套相关设施；提高大成污水处理厂清洁排放标准，新建初沉池，改造调节池等。项目建成后，嘉善北部的污水日处理能力将达到 10 万吨以上，处理标准将全面达到一级 A 标准，为提升先行启动区水质等级提供保障，也为示范区生态联保共治、设施一体化共享提供基础条件。

嘉善县美丽乡村风景线：项目总投资 2.52 亿元，公路起点位于与上海市交界的潮里泾港处潮里泾桥中心处，终点在申嘉湖高速公路姚庄收费站出口南侧 300 米左右。一级公路全长约 2.09 千米，路面宽 24.5 米，项目建成后将与上海叶新公路相连，成为先行启动区姚庄镇通达上海东西向重要通道之一。

青浦区生态廊道项目：项目包括沪渝高速、拦路港、青松生态走廊、吴淞江等重点生态廊道及朱家角镇区级生态廊道建设。实施总面积 11 281 亩，其中：沪渝高速沿线总面积 4 750 亩、拦路港-泖河-斜塘沿线总面积 1 352亩、青松生态走廊总面积 3 453 亩、吴淞江沿线总面积 1 400 亩、朱家角区级廊道 326 亩。2020 年计划完成投资 3.2 亿元，基本完成沪渝高速、拦路港、青松生态走廊、朱家角镇生态廊道建设。

青浦区新塘港河道综合整治项目：新塘港位于青浦新城，是连接淀山湖与西大盈港的骨干河道，河道总长 6.32 千米，是流域主要行洪、区域重要引排水通道。本次整治河湖岸线 6.1 千米，西洋淀恢复 703 亩，入淀山湖口门处新建 30 m^3/s 泵闸，以及支河口水闸、桥梁、防汛通道、景观绿化等。工程总投资约 15.9 亿元。该工程属于太湖流域水环境综合治理项目之一。工程建成后，通过水资源合理调度，将淀山湖优质水源西引东排，进一步改善地区河网水质，营造一个河湖相间、水绿交融、人与自然相和谐的美好环境。

三、探索建设一体化综合交通体系

建设互联互通基础设施体系。建立多层次、立体化、跨区域的交通网络体系，完善城际和市域（郊）铁路网络布局和轨道交通布局，加强城镇组团之间中低运量局域线、公共交通网建设，强化“毛细血管”交通网络连接。譬如，推进东航路新改建工程，东起沪青平公路，西跨元荡湾，与江苏吴江康力大道对接。工程建成后，家住元荡湾两岸的青浦杨湾村和吴江莘塔地区的居民，穿过 180 米的元荡桥便可直达对岸，无须再绕道 G50 高速，至少可以节省 20 分钟。

（一）两区一县交通现状

现代综合交通网络初步构建，交通基础设施需加快提升，现代综合交通网络建设初见成效。两区一县交通区位优势明显，交界位置距离上海市中心 60 千米左右、距离苏州市 50 千米左右、距离嘉兴市 60 千米左右、距离虹桥交通枢纽约 30 分钟车程。从既有、在建和规划交通设施数量看，高铁及城际铁路 6 条、城市轨道 3 条、高速公路 10 余条、水运航道近 10 条。按照“通勤化、网络化、立体化”要求，初步构建了高铁、城际铁路、城市轨道、高速公路、城市公共交通和水运港口等协同共进的现代综合交通运输体系。目前，两区一县已开通跨省公交线路 23 条，其中 5 条线路在两区一县之间运营，加之省际间断头路加快打通，交通基础设施互联互通格局将进一步完善。嘉善交通基础设施规划建设亟待“破题”。嘉善县境内仅有沪杭高铁通道，公路对外交通线路仅 4 条（G60、S32、G15、G320），高速公路出入口仅有 5 个，相比青浦、吴江两地差距较大，交通基础设施配套较为薄弱。在上海大都市区毗邻区交通网络中，公路网密度较低，仅为嘉兴市平均密度的 80%。处于先行启动区的西塘、姚庄两镇，尚无高等级公路，迫切需要高标准推进交通基础设施建设。

（二）两区一县交通项目

交通互联互通是示范区的重要基础，三个地区结合区域基本情况，谋划示范区公交互联互通、青浦区东航路对接康力大道新改建项目、嘉善县姚庄至杨庙公路省界段工程等项目（见表 6－3），架构起完善的基础交通网络。

表 6－3　两区一县重大生态项目规划

地　区	序号	项　目　名　称
两区一县	1	示范区公交互联互通
青浦	2	外青松公路北段新改建项目
	3	复兴路北延伸段新改建项目
	4	东航路对接康力大道新改建项目
嘉善	5	姚庄至杨庙公路省界段工程

资料来源：长三角生态绿色一体化发展示范区总体方案.

示范区公交互联互通：公交互联互通是打破行政区划壁垒、打造协同高效管理体制机制、加快管理制度创新的大胆尝试，同时也是完善示范区公交网络、提高客运服务水平的重要举措。截至目前，示范区跨省公交线网已形成跨省域公交线路 17 条，其中“长三角一体化示范区公交”5 条，跨省毗邻线路 12 条，运营总里程达 325 千米，日均投运 41 辆车，日发超 600 班次，日均服务旅客出行近万人次。下一步将结合实际，不断优化线路走向、站点设置、运营时间等，加快打造跨区域便捷交通网络，进一步增强区域出行的通达性、便利性，让群众有实实在在的获得感。

青浦区外青松公路北段新改建项目：外青松公路是上海市青浦区与江苏省昆山市省省对接的一条主要通道。项目新改建段落位于青浦区白鹤镇，南起白石公路，北至江苏省界，对接昆山绿地大道，路线全长约 3.36 千米，昆山段路线长度约 0.8 千米。外青松公路道路等级为二级公路，设计速度 60 千米/小时，规划红线宽度为 31 — 41 米，全线采用双向六车道规模。项目共新建特大桥 1 座（吴淞江大桥），大桥 1 座（北中新河大桥），其中北中新河大桥连续跨越青龙江、北中新河、东大盈港，新建跨河中桥 4 座。全线设置雨、污水管道，项目总投资约 17.22 亿元。

复兴路北延伸段新改建项目：项目北起江苏省界，接昆山市曙光路，南至青浦区淀山湖大道，接现状复兴路，全长约 2.12 千米。其中，涉及对昆山境内曙光路进行改造，改造长度约 0.11 千米；青浦境内复兴路长度 2.01 千米，红线宽度 32 — 44.82 米，含新建桥梁 7 座。建设规模为双向四车道，总投资约 3.37 亿元。项目于 2018 年 12 月开工。通过此项目，一是加强上海和昆山地区的联系，促进环淀山湖战略协同区共同发展，完善朱家角镇骨干路网；二是环淀山湖交通环路初步形成，推动世界级湖区水乡古镇文化休闲和旅游资源的整体开发利用；三是通过复兴路雨污水管道施工和周边水系整治项目的实施，可以使淀山湖周边的生态环境进一步改善，保护江南水乡的自然风貌。

青浦区东航路对接康力大道新改建项目：项目东起青浦区东航路，西跨越元荡湖与吴江区康力大道对接，道路等级为二级公路，建设规模为双向四快二慢车道，红线宽度 40 米，全长约 2.27 千米，含有桥梁 4 座，总投资约 2.3 亿元。项目已于 2019 年初开工建设，进行路基土方和桥梁基础施工，已实现通车。该项目是推进示范区道路互联互通，促进区域经济社会发展再上新台阶的重大民生工程。项目的建设对打通省际断头路，打破行政区划所带来的交通阻隔，提高省际路网可达性具有重要意义。项目建成后将有利于集散 G50 沪渝高速的交通，提升青西地区对外交通辐射能力，有力促进长三角一体化发展。

嘉善县姚庄至杨庙公路省界段工程：项目总投资 2.52 亿元，公路起点位于与上海市交界的潮里泾港处潮里泾桥中心处，终点在申嘉湖高速公路姚庄收费站出口南侧 300 米左右。一级公路全长约 2.09 千米，路面宽 24.5米，项目建成后将与上海叶新公路相连，成为先行启动区姚庄镇通达上海东西向重要通道之一。

四、探索建设协同创新产业体系

打造知识创新型总部聚集区，集聚一批拥有技术创新、商业模式创新、功能创新的高成长性总部企业。引进高水平的研究型机构、企业技术研发中心、新型研发组织等，推进科技创新资源开放共享，推动产学研深度协同联动。建设长三角产权共同交易市场。构建多层次创新空间，围绕西岑科创中心、元荡科技城、汾湖高新区、中新嘉善现代产业园、祥符荡创新中心等打造创新组团，布局特色鲜明的创新小镇、创新社区。鼓励吸引社会资本兴办各类创新创业支撑平台，营造良好创新创业环境。加快培育数字化新业态，规划建设长三角数据中心，打造区域信息枢纽港。

联合提升原始创新能力。加强科技创新前瞻布局和资源共享，集中突破一批"卡脖子"核心关键技术，联手营造有利于提升自主创新能力的创新生态，打造全国原始创新策源地。推动硬 X 射线自由电子激光装置、未来网络试验设施、超重力离心模拟与实验装置、高效低碳燃气轮机试验装置、聚变堆主机关键系统综合研究设施等重大科技基础设施集群化发展。优先布局国家重大战略项目、国家科技重大专项，共同实施国际大科学计划和国际大科学工程。加快科技资源共享服务平台优化升级，推动重大科研基础设施、大型科研仪器、科技文献、科学数据等科技资源合理流动与开放共享。

协同推进科技成果转移转化。充分发挥市场和政府作用，打通原始创新向现实生产力转化通道，推动科技成果跨区域转化。加强原始创新成果转化，重点开展新一代信息技术、高端装备制造、生命健康、绿色技术、新能源、智能交通等领域科技创新联合攻关，构建开放、协同、高效的共性技术研发平台，实施科技成果应用示范和科技惠民工程。依托现有国家科技成果转移转化示范区，建立健全协同联动机制，共建科技成果转移转化高地。

强化协同创新政策支撑。加大政策支持力度，形成推动协同创新的强大合力。建立示范区一体化人才保障服务标准，实行人才评价标准互认制度，允许地方高校按照国家有关规定自主开展人才引进和职称评定。支持地方探索建立区域创新收益共享机制，鼓励设立产业投资、创业投资、股权投资、科技创新、科技成果转化引导基金。

（一）两区一县产业创新发展现状

创新能力持续提升，创新资源分布不均，创新平台契合度高，创新水平仍居洼地。两区一县已引进产业契合度较高的创新研究平台。2018年，青浦在航空、汽车领域依托龙头企业建成主要创新平台3个，吴江引进清华大学和东南大学主要创新平台2个，嘉善引进新能源、机电、信息技术等主要创新平台4个。青浦、吴江、嘉善以常住人口计算的每万人发明专利拥有量分别为32.8件、8.7件、18.5件，分别高于全国21.3件、低于全国2.8件、高于全国7件，分别低于上海14.7件、低于江苏17.8件、低于浙江5.1件。两区一县创新能力在所属省市仍属洼地。高新技术产业快速发展，创新资源分布不均。两区一县高新技术产业持续快速发展，产值占比逐年提高。2018年，青浦、吴江、嘉善分别拥有有效高新技术企业478家、488家、178家，高新技术产业产值占规模以上工业总产值比重分别为53.1%、47.7%、43.5%（见表6－4）。在有效高新技术企业数量和产业产值占比上，嘉善相比而言均存在明显差距，青浦高新技术产业发展情况最好，未来两区一县在高新技术领域协同创新的空间较大。

表6－4　两区一县产业创新发展现状

	青浦区	吴江区	嘉善县
主要创新平台个数	3	2	4
发明专利/（个/每万人）	32.8	8.7	18.5
有效高新技术企业/（家）	478	488	178
高新技术产业产值占比/%	53.10	47.70	43.50

资料来源：长三角生态绿色一体化发展示范区总体方案.

（二）两区一县产业创新发展规划项目

示范区执委会明确了产业发展指导目录和先行启动区产业项目准入标准，实现跨省级行政区“一个目录明导向、一个标准定准入”，提出在示范区发展以“五大经济”为主导的产业，包括功能型总部经济、特色型服务经济、融合型数字经济、前沿型创新经济和生态型湖区经济。其中，功能型总部经济的重点是放大虹桥国际开放枢纽溢出效应，引进和培育一批跨国企业、民营企业和央企国企总部，如正在推进建设的青浦华为研发中心等。特色型服务经济重点发展现代商贸物流、绿色金融、科技服务等特色鲜明的高端服务业，如依托进博会发展国际化、精品化的会展业。融合型数字经济重点发挥三地的数字经济和智能制造优势，发展“AI+”“5G+”“北斗+”“大数据+”等新产业、新业态和新模式。前沿型创新经济重点发展生命健康、新能源等新兴产业，支持传统产业焕发新活力，如江苏吴江推进建设国家先进功能纤维创新中心等（见表6－5）。生态型湖区经济是按照因地制宜的原则，发展体现时代风、江南韵和国际范的湖区水乡文体旅游、绿色农业等滨湖产业。

表6－5　两区一县产业创新发展重大项目规划

地区	序号	项　目　名　称
青浦	1	上海精测半导体创芯园
	2	金发科技全球汽车材料创新研发中心
	3	华为研发中心
吴江	4	京东方柔性智慧显示终端项目
	5	英诺赛科氮化镓项目
	6	国家先进功能纤维创新中心
嘉善	7	姚庄立讯智能智造项目
	8	利天万世锂电池及系统总成项目
	9	长三角未来邨（同济数字经济）

资料来源：长三角生态绿色一体化发展示范区总体方案.

青浦区上海精测半导体创芯园：项目是上海精测半导体技术有限公司

的重要项目，公司通过自主构建研发团队及海外并购引入国产化等手段，快速进军半导体检测设备行业，突破核心技术，增强市场竞争力，实现产业化。项目位于青浦区市西软件园内，规划用地面积约55亩，拟建建筑面积12万平方米以上，计划总投资约50亿元，主要用于科研、办公及配套设施，如研发办公楼、实验室、会议室、高端展厅、食堂及附属设施等。计划集聚一批国产集成电路自主研发的创新企业，共同推动集成电路产业链集群发展。

青浦区金发科技全球汽车材料创新研发中心：项目位于青浦区朱家角镇，规划用地面积126亩。金发科技全球汽车材料创新研发中心项目，包括车用高分子材料实验室、塑料改性与加工国家工程实验室之合成改性研发平台、聚合物材料应用安全评价中心、中试车间；汽车用高新材料产业化基地项目，包括高性能汽车发动机周边工程塑料生产基地、环境友好汽车材料研发及产业化生产基地、长纤增强材料综合应用生产基地。

青浦区华为研发中心：项目位于青浦区金泽镇，是华为公司全球战略布局的重要项目之一，将优先装载华为终端芯片、无线网络和物联网研发等业务，加速产业集聚，建设成为全球高标准的高科技研发基地。聚焦于摄像机、机顶盒、智能电视等设备的端到端视频芯片，以及面向家庭网络和物联网的连接芯片解决方案。项目已取得的一期建设用地1 420多亩，拟建建筑面积约100万平方米，计划总投资71亿元，主要用于科研、办公及配套设施，如研发办公楼、实验室、数据中心、会议室、高端展厅、食堂及附属设施等。计划导入23万科技研发人才。目前各组团正处于方案设计阶段，将努力打造“现代经典建筑博物馆”。

吴江区京东方柔性智慧显示终端项目：我国半导体显示终端制造产业随着上游TFT－LCD面板、相关配套设备本地化的快速发展，开始拥有了自主知识产权的核心技术，具备了较强的全球竞争力。整机业务是半导体显示产业链的最后环节，物联网的快速发展为终端整机产业的发展带来了新的机遇。吴江京东方柔性智慧显示终端项目位于苏州市吴江经济技术开发区，一期总投资约40.22亿元人民币，建设周期为2018年1月至2020年12月。项目占地469亩，主要生产液晶电视、液晶显示器、智能白板、艺术终端、商显终端等产品，建成后预计年产智慧终端显示产品2 000万台，2019年已部分投产。该项目充分发挥京东方集团的资源整合能力、智能制造产业优势，通过改造、升级、扩产整机智能制造生产线，提高生产效率，降低人工成本，有助于提升产业链价值，加强产业综合竞争力，进而促进区域经济高质量发展。

吴江区英诺赛科氮化镓项目：氮化镓材料能突破硅材料在功率电子应用的物理极限，是国家重点支持的“新一代信息功能材料及器件”及“关键战略材料”，也是新能源汽车、5G 通信等国家战略新兴产业的核心基础。吴江英诺赛科氮化镓项目有望在 5 年内形成一个以宽禁带半导体材料及器件为主，内容涵盖先进器件设计、材料制备、器件制造以及后段高端封测在内的全产业链的百亿元级规模的第三代宽禁带半导体材料器件产业基地。该项目总投资 68.55 亿元，总用地面积 370 亩，项目投产后预计形成年产 78 万片功率控制电路及半导体电力电子器件产能。

吴江区国家先进功能纤维创新中心：吴江国家先进功能纤维创新中心是全国第 13 家、江苏省首家国家级制造业创新中心，也是全国第一家由民营企业牵头组建的国家级制造业创新中心。创新中心围绕功能纤维新材料、高端用纤维材料及纺织品、前沿纤维新材料等方向，在关键共性技术、基础材料、核心工艺等方面，不断实现先进功能纤维技术革命性突破，打破国外垄断，不仅承载着纺织工业的发展，也承载着国防、交通、环保、健康等创新高科技产业的发展。创新中心采用“公司+联盟”的模式，依托江苏新视界先进功能纤维创新中心有限公司进行实体化运营，股东单位集聚了产业链领军企业及知名高校、科研院所等 15 家，构建了从基础研究、技术开发、产品制造、商业化应用的全创新链的创新联盟，现联盟单位已发展会员百余家。创新中心充目前已经覆盖了 50%以上本领域的国家重点实验室、国家工程实验室、国家工程技术中心、国家工程研究中心等国家级创新平台，能够为研究开发行业关键共性技术服务。

嘉善县姚庄立讯智能智造项目：项目总投资约 30 亿元，由立讯智造（浙江）有限公司投资建设，租赁嘉善姚庄电子产业园开发有限公司厂房 13.8 万平方米用于生产和办公，规划年产 2 000 万件智能可穿戴设备。企业自建 29.5 亩、建筑面积 51 000 平方米的生活配套区。立讯智造已获得授权发明专利 2 件，申请中专利 71 件，其中 23 件已获得申请号。预计达产后年总产值 100 亿元，实现税收 6 亿元。通过该项目，有助于姚庄镇培育壮大通信电子产业，打造引领长三角通信电子产业发展的标杆企业。

嘉善县利天万世锂电池及系统总成项目：项目总投资约105亿元（15亿美元），由荷兰锂能沃克斯公司投资建设。项目总用地面积1 000亩，总建筑面积约87万平方米，规划年产20GWH锂电池及系统总成，项目分二期建设，其中一期占地面积502亩，规划年产8GWH锂电池及系统总成，并建设办公、研发及宿舍等配套设施。项目于2020年3月开工，计划于2025年3月竣工。项目达产后预计年总产值150亿元、综合税收8.5亿元。该项目的实施，对新能源技术变革具有重要意义，依托该项目，嘉善将打造成为长三角新能源前沿技术创新高地。

嘉善县长三角未来郡（同济数字经济）：项目总投资约106亿元，位于嘉善县归谷科技园，规划面积约1 290亩，用地面积约780亩，总建筑面积约80万平方米。项目重点聚焦新一代信息技术应用和健康医疗两大领域，集聚智慧医疗与人工智能、数字经济等产业以及校友企业总部；建设院士专家工作站、研究院、重点实验室、高端研发机构等平台吸引院士、教授团队等高层次人才。项目于2019年12月开工，计划于2023年12月竣工。项目以国际化、智慧型、生态化为目标，按照“以产为主、产城融合”的发展理念，紧扣浙江省数字经济“一号工程”，突出“数字产业化、产业数字化、管理数字化”三大方向。项目建成后，将成为沪浙校地合作高质量发展的示范引领地、同济教授科研成果转化的首选目的地、同济校友企业长三角发展的最佳集聚地。

五、探索促进各类要素跨区域自由流动的制度安排

统一企业登记标准。示范区内企业登记在政策条件、程序方式和服务措施等方面执行统一的标准规范。开展统一的企业开办服务试点示范。建设企业开办全程网上服务平台。开展“一照多址”改革试点，加快企业名称登记制度改革。在示范区内注册企业可自由选择注册地名称。统一跨区域迁移的登记注册条件和程序，建立示范区内企业自由迁移服务机制。对落户示范区的企业，在企业经营许可、各类资质认定等方面建立统一标准、实施统一便利化服务。“异地可办”“就近能办”“一网通办”，三地政务数据正在最大限度共享。企业跨省迁移至少涉及两地行政审批、市场监管、税务、银行等8个部门，原来办理时间15个工作日，如今只需要一天。2020年5月，苏州石磊企业管理有限公司把企业从苏州吴江区迁移到上

海青浦区，一窗办理、仅用一天，示范区“跨区域通办”刷出了新纪录。

推行人才资质互认共享。在示范区推行专业技术人员职业资格、继续教育证书、外国人工作许可证跨区域同行业认证、人力资源市场服务人员资质互认等互认互准制度。探索建立统一的人才评价体系。打破户籍、身份、学历、人事关系等制约，促进人才合理流动。制定实施符合示范区发展需求的特殊人才政策，赋予示范区统筹使用各类编制资源的自主权和更大用人自主权。

推进要素资源跨区域交易。在示范区建立土地使用权、排污权、用能权、产权、技术等要素综合交易平台。加强各类公共资源交易平台合作，深化公共资源交易平台整合，研究建立区域交易合作机制，推进信息、场所、专家等资源共享，鼓励市场主体跨省市自主选择平台进行公共资源交易，促进要素跨区域流动。

共建统一开放人力资源市场。联合打造长三角高层次人才交流平台、人力资源服务平台，推动人力资源、就业岗位信息共享，服务政策有机衔接、整合发布，联合开展就业洽谈会、专场招聘会和职业技术培训。加强面向高层次人才的协同管理，探索建立户口不迁、关系不转、身份不变、双向选择、能出能进的人才柔性流动机制。加大国际人才招引政策支持力度，大力引进海外人才。设立外国人业务“单一窗口”，完善外国人来华居留工作许可制度和人才签证制度。

增强产业技术创新能力。依托国家自主创新示范区等创新载体，提升示范区全域创新浓度。吸引高水平研究机构和科研院所，设立产业技术创新和育成中心；引导建立产教融合、校企合作的新型研发机构，支持研发型企业与国内外高校、科研机构之间组建联合研发中心；进一步强化协同创新力度，共建跨区域多层次产业创新合作平台。

六、探索跨区域投入共担、利益共享的财税分享管理制度

推动税收征管一体化。推进电子税务局一体化建设，实现办税服务平台数据交互，探索异地办税、区域通办。探索创新财税分享机制。建立一市两省财政共同投入机制，共同出资设立示范区投资开发基金，统筹用于示范区开发建设。结合建设进程逐步探索财税分享机制，研究对新设企业

形成的税收增量属地方收入部分实行跨地区分享，分享比例按确定期限根据因素变化进行调整。探索财税管理制度。落实国税总局“四统一”“四互助”措施，探索建立跨区域产业转移、重大基础设施建设、园区合作的成本分担和利益共享机制，建立利益争端处理机制。

专栏 6－3

长三角地区建立外管证信息交换机制　方便纳税人异地经营

跨区域经营逐渐成为常态。但根据现有规定，纳税人到异地临时从事生产经营活动，需要在外出经营之前，向主管税务机关申请开具《外出经营活动税收管理证明》，也就是纳税人常说的外管证。纳税人拿到外管证后，异地经营时要先向当地税务机关进行报验，在这个过程中，有时会面临税务机关沟通不畅、办税成本较高、地域政策限制等问题。为此，税务总局依托长江经济带信息共享平台，出台《长江经济带（泛长三角区）〈外出经营活动税收管理证明〉信息交换实施意见》，要求在长江经济带发展中，加强税务机关协作，解决纳税人外出生产经营遇到的实际问题。税务机关针对纳税人外出经营建立起外管证信息交换机制，有效解决各地税务机关之间的税务信息共享问题。纳税人从甲地到乙地开展外出经营，报验时，乙地税务机关将相关信息直接导入系统，无须纳税人等待。等到纳税人在乙地经营结束，乙地税务机关再将相关申报完成及核销报验登记等信息通过平台“发货”给甲地，甲地“收货”后完成外管证缴销。外管证信息交换机制建立后，税务机关之间以信息共享平台为依托，不断提升跨区税收管理服务协同水平，积累了可推广、可复制的创新经验。

◇ 资料来源：国家税务总局“加强信息共享　推动税收征管协作　营造良好税收环境”(http://www.chinatax.gov.cn/n810219/n810724/c1999595/content.html).

七、探索共建共享的公共服务政策

加强区域基本公共服务标准和制度衔接。以国家基本公共服务项目清单及两省一市清单为基础，加强清单内项目、标准、制度的对接和统筹，结合清单动态调整，选取若干项目试点实行统一标准。探索部分基本公共服务项目财政支出跨区域结转机制。促进基本公共服务城乡标准水平统一衔接和可持续，创新农村基础设施和公共服务设施决策、投入、建设和运行管护机制。

探索区域公共服务便捷共享的制度安排。实行不受行政区划和户籍身份限制的公共服务政策。推进实施统一的基本医疗保险政策，逐步实现药品目录、诊疗项目和医疗服务设施目录的统一。探索组建跨区域医疗联合体，建立居民就医绿色通道。完善医保异地结算机制，开展异地就医急诊、门诊医疗费用直接结算试点。鼓励优秀品牌养老服务机构在示范区布局设点或托管经营，探索试点跨行政区养老服务补贴异地结算。探索以社会保障卡为载体建立居民服务“一卡通”，在交通出行、旅游观光、文化体验等方面率先实现“同城待遇”。按可达性统筹 120 服务、110 服务范围，统一使用 021 固定电话长途区号。

（一）两县一区公共服务现状

公共服务一体化水平有待提升。教育资源分布不均。2018 年，青浦、吴江教育机构数总体相当，均在 200 所左右；嘉善教育机构体量最小，仅为 86 所，不足青浦、吴江的 1/2。两区一县优质高端教育资源较为不足，仅吴江有普通高等教育学校 1 所，其他主要是幼儿园、义务教育阶段学校和高中。医疗资源较为欠缺。2018 年，吴江卫生医疗机构数和床位数分别为 430 家和 6 276 张，青浦分别为 376 家和 2 242 张，嘉善卫生医疗机构数仅为 184 家，约为青浦、吴江的 1/2。2016 — 2018 年，两区一县平均每千人病床数范围分别为 4.6 — 4.8 张、4.4 — 4.6 张、4.6 — 6.7 张，处于全国平均水平以下，医疗资源存在明显短板（见表 6 - 6）。

表 6 - 6　两县一区教育医疗资源现状

	青浦区	吴江区	嘉善县
教育机构数/所	200 左右	200 左右	86
高端教育资源/所	0	1	0
医疗机构数/家	376	430	184
床位数/张	2 242	6 276	2 000 左右
病床数范围/（张/每千人）	4.6 — 4.8	4.4 — 4.6	4.6 — 6.7

资料来源：长三角生态绿色一体化发展示范区总体方案.

（二）两区一县公共服务规划项目

青浦、吴江和嘉善三个地区利用好数字技术等优势，加快推进政务服务一体化水平，同时也加强在教育、医疗等领域的合作，不仅能促进公共服务一体化水平提升，也会加快要素资源流动（见表 6-7）。

表 6-7 两区一县公共服务规划项目

地　区	序号	项　目　名　称
公　共	1	政务服务“一网通办”
青　浦	2	上海民办兰生复旦学校青浦分校
	3	复旦大学附属妇产科医院青浦分院
	4	乡村振兴成片打造项目
吴　江	5	苏州大学未来校区
	6	“中国·江村”特色田园乡村项目
	7	吴江上海远程医疗会诊项目
嘉　善	8	嘉善县第二人民医院
	9	西塘宋城演艺谷
	10	“上海之窗·智慧科学城”枫惠学校

资料来源：长三角生态绿色一体化发展示范区总体方案.

政务服务“一网通办”：2019 年以来，青浦、吴江、嘉善三地政务服务部门同步设立了“长三角一体化”服务专窗，建立三地联络小组，落实专人负责，探索为示范区内企业提供绿色通道服务，实现企业常态化开办一日办结。通过打造青、吴、嘉三地线上专栏，统一访问入口，形成异地通办事项清单和异地办理专窗清单。探索“跨区域通办”模式，通过“收受分离、异地可办”，共发放“跨区域通办”营业执照 10 张，其中 1 张为证照联办。此外，青吴嘉三地还将市民、企业需要的高频事项、民生事项、常用证明等纳入长三角政务服务“自助通办”，推进电子证照跨省应用，实现企业营业执照、身份证、驾驶证等 8 类电子证照共享互认。截至目前，示范区已布设统一的综合自助终端 151 台，青浦吴江嘉善分别有 152 项、442 项、202 项事项和证明纳入“自助通办”吴江“长三角一体化”服务专窗已实现区、镇两级中心全盖。嘉善设立国际创新中心（上海）政务服务专区，探索形成“前台在上海、后台在嘉善”的政务服务新模式。

青浦区上海民办兰生复旦学校青浦分校：项目位于青浦区朱家角新镇区 D07－04 地块，东至港周路、西至淀园路、北至 D07－01 地块、南至朱家角路。项目用地面积 53 581.15 平方米（约 80 亩），建筑面积 79 726.92 平方米（其中地上 70 726.92 平方米、地下 9 000 平方米），总投资约 8.08 亿元，新建幼儿园建筑、小学建筑、中学建筑、体育馆、专业教室、实验楼、宿舍楼及其他附属配套设施工程。学校定位幼儿园托班至高中，幼儿园至初中 70 个班，学生总数约 2 140 人，高中另预设 6 个班级。项目已于 2019 年 9 月开工，计划于 2021 年 7 月竣工。

青浦区复旦大学附属妇产科医院青浦分院：项目位于青浦区朱家角新镇区 A01－01 地块，东至浦泰路、南至规划河道、西至复兴路、北至淀山湖大道。规划用地面积 64 118 平方米（约 96 亩），拟建一所集医、教、研、妇幼保健于一体、500 张床位的三级甲等专科医院，拟建总建筑面积 85 991 平方米（其中地上 66 289 平方米，地下 19 702 平方米）。一期容积率 1.1（整体容积率 1.5，预留二期可建面积约 25 000 平方米），绿化率 35%。主要包括门诊部、急诊部、医技部、住院部、妇幼保健所、地下车库及其他配套用房。项目总投资约 8.7 亿元，已于 2019 年 9 月开工，计划于 2022 年 4 月竣工。

青浦区乡村振兴成片打造项目：项目以金泽镇莲湖村为标杆，由点及面、连片打造朱家角镇沈太路片区（张马村、李庄村、张巷村、新胜村、林家村、建新村和王金村 7 个村）、练塘镇朱枫片区（东庄村、芦潼村、大新村、徐练村、东库村、蒸浦村、浦南村 7 个村）、重固镇 S26 北部片区（徐姚村、章堰村、新丰村、回龙村、中新村 5 个村）3 个乡村振兴示范片区，涉及 19 个村。计划至 2022 年，通过逐步推进基础设施、公共服务、环卫设施和风貌提升等 272 个建设内容，全面提升片区乡村振兴显示度。项目总投资约 6.41 亿元，已于 2019 年 11 月开工，计划于 2022 年 12 月竣工。

吴江区苏州大学未来校区：苏州大学未来校区（苏州长三角示范区产学研合作园）位于江苏省苏州市吴江区太湖新城，依胜地生态公园而建，总用地面积约 1 000 亩，总建筑面积约 40 万平方米。校区将打造成为一所体现前沿先导研究，服务区域新兴产业发展，适应国际高端人士工作生活的综合性教育园区。项目一期投资额约 11 亿元，2020 年计划投资 8 000 万元。校区本科生规模不少于 6 000 人，国际学生约 30%；教职员工 750 人，其中外籍教师约 200 人，合作办学机构不少于 3 个。一期 216 亩内考虑容纳学生人数约 2 000 人，教职员工约 250 人。

吴江区“中国 · 江村”特色田园乡村项目：特色田园乡村建设按照“产业兴旺、生态宜居、乡风文明、治理有效、生活富裕”的总要求，紧扣“生态优、村庄美、产业特、农民富、集体强、乡风好”特色田园乡村建设的总目标，以打造“中国 · 江村”品牌为引领，以长漾特色田园乡村带的建设为重点，着力打造乡村振兴示范区。目前，全区共开展了 14 个试点村庄建设，其中 2 个村庄入选省级试点，8 个村庄入选市级试点，3 个村庄通过市级验收。震泽镇众安桥村谢家路自然村过省级验收，被命名为“苏州市特色田园乡村精品示范村”。全区 14 个特色田园乡村试点计划完成总投资额 9.40 亿元。

吴江上海远程医疗会诊项目：吴江上海远程会诊项目依托互联网技术，利用现代化通信工具和专业的视频系统，建设互联互通的远程医疗平台，逐步为居民提供包括远程门诊、远程医学影像诊断、远程临床病例会诊、远程病理诊断在内的远程医疗服务。系统的实施，可以有效缓解“看病难”问题，吴江区居民在区内就可以申请上海 35 家优质三甲医院的顶尖医学专家、教授甚至是院士会诊的服务资源，享受最优质最高水平的医疗服务。目前项目已启动上海吴江医疗卫生数据共享信息化建设，完成医院远程会诊网络建设。

嘉善县第二人民医院：项目总投资 11.8 亿元，主要在先行启动区建设嘉善县第二人民医院配套相关设施，分二期建设。其中，一期总用地面积 58.1 亩，总建筑面积 52 316 平方米（含地下建筑面积 15 709 平方米），设置床位 400 张，车位 642 个；二期总用地面积 73.2 亩，总建筑面积约为 101 000 平方米（含地下建筑面积 25 000 平方米），新建综合门急诊医技楼、病房楼（综合病房及专科病房）、康复楼、行政后勤科研培训综合楼以及辅助设施，设置床位 500 张。项目于 2018 年 3 月开工，项目一期已于 2019 年 1 月建筑结顶，整体项目计划于 2024 年 12 月竣工。其中

2020 年计划投资 1.8 亿元。项目建成后，将有效提升先行启动区高水平医疗服务资源供给，也为示范区的区域共建高水平医疗设施提供了全新平台。

嘉善县“上海之窗 · 智慧科学城”枫惠学校：项目位于嘉善经济技术开发区“上海之窗 · 智慧科学城”区块，总投资约 8 亿元，总用地面积约 86.81 亩。项目引进全球知名教育品牌“惠灵顿公学”，规划建设一所惠立民办小学、初中及一所惠灵顿高中，项目总建筑面积约 70 000 平方米，其中地上建筑面积约 57 000 平方米，地下建筑面积约 13 000 平方米。项目计划于 2020 年 6 月开工，2022 年 8 月竣工，其中 2020 年计划投资 4.8 亿元。在智慧科学城内配套国际标准的公共服务设施，将进一步提升嘉善国家经济开发区公共服务水平，为浙沪毗邻地区发展赋能。

八、探索建立统一的公共信用管理制度

统一公共信用评价体系。统一公共信用信息数据归集标准，探索建立覆盖企业、自然人、社会组织、事业单位等主体的公共信用评价体系。统一红黑名单认定标准，推动结果互认。统一信用修复标准，保障信用主体权益。推动形成区域统一的公共信用报告制度。建立区域信用联合奖惩机制。推动信用信息嵌入一体化政务服务平台，实现事前差异化政务服务、事中分类监管、事后联动奖惩。聚焦生态环境、食品药品、文化旅游、产品质量等重点领域，统一信用治理，建立以信用为基础的市场监管机制。推动信用服务领域供给侧改革。培育一批专业化、特色化信用骨干服务机构。探索环境风险企业信用评价机制和企业环境风险评级机制。参与构建跨区域企业信用信息平台和新型金融业态监测分析平台，联合加强非法金融机构的分类处置，防范区域性系统性金融风险。

专栏 6－4

共建“信用长三角”

长三角地区正发挥信用在优化营商环境中的作用，不断拓展“信易贷”“信易租”“信易行”等“信易+”产品，以及“互联网+民生+信用”应用场景，多形式多渠道推广应用公共信用产品，增强群众获得感。长三

角地区是国家发展和改革委员会批复的全国首个区域信用合作示范区。2018 年以来，根据长三角更高质量一体化发展要求，一市三省结合《长三角一体化发展三年行动计划》和《长三角地区深化推进国家社会信用体系建设区域合作示范区建设行动方案（2018 — 2020 年）》等相关安排，共同打响“信用长三角”品牌。

◇ 资料来源：信用中国“共建‘信用长三角’”(https://www.creditchina.gov.cn/xinyongdongtai/shehuichengxin/201906/t20190605_157814.html).

示范区建设取得了积极成效，但其建设的难点和重点都在于一体化制度创新，由于青浦、嘉善、吴江分属上海浙江江苏一市两省，地理位置毗邻，文化传统渊源很深，但行政区划不同、财税机制不同、产业基础不同，因此，示范区探索一体化制度创新示范意义重大。譬如，嘉善经济体量小，在从属级别的支持上，嘉兴市经济和财政规模与上海、苏州差异也较大；上海青浦区、嘉兴嘉善县、苏州吴江区财税机制各不相同，在示范区的框架下，会形成利益机制的冲突；生态约束、土地空间优先等问题也限制了产业发展等。在此情况下，需要平衡好高质量发展与生态保护之间的双重关系，破解生态绿色约束下如何通过区域一体化来实现经济高质量发展的难题。这就需要加大改革创新开放力度，用一体化体制机制创新来创造更多发展空间，创造更多区域协调发展红利。探索“两山”理论与一体化的新路径，探索跨界地区的要素流动和地区合作的新型治理模式，探索区域协调发展和一体化分工，探索从区域项目协同走向区域一体化制度创新，促进示范区共同发展和共同繁荣，加快形成可实施有成效、可复制、可推广的先进经验，为全国区域协调发展的新模式、新机制贡献力量。

第七章

世界级城市群与长三角高质量一体化发展

城市群是未来我国经济发展的重要增长极，湾区则是世界级城市群的核心平台，承载着世界60%以上的经济总量，形成世界级创新集群、先进制造业集群以及城市群。改革开放以来，我国城市化水平不断提高，形成了京津冀、长三角、珠三角等城市集群，已经成为全球竞争高地。长三角地区是我国经济发展最有活力、创新最有潜力的区域之一，城市群通过开放与创新，实现人口集聚、创新集聚、金融集聚、产业集聚，通过资源优化配置实现新生产力布局，在一体化的作用机制下，形成能够参与全球竞争的都市圈城市群。本章将从浙江大湾区为长三角世界级城市群打造平台、一体化助推长三角世界级城市群培育、新基建为长三角世界级城市群注入内核三个层面进行阐述。

第一节　浙江大湾区为长三角世界级城市群打造平台

世界三大湾区的发展轨迹虽然不尽相同，但其中也存在显著带有规律性的共同点，包括优越的地理位置、较强的经济基础及经济核心区、较强的产业带及世界影响力、广阔的经济腹地、良好的创新环境等。纵观长三角发展脉络，也具备发达港口群、交通网络体系、服务业为主体及创新发展的趋势，具备打造世界级湾区的条件，而浙江大湾区建设也应该是长三角一体化的题中之义。

一、世界级城市群演进及趋势

人类的城市来源于聚落，尽管城市的发展史已经有几千年了，但是城市作为一个区域的政治、经济、产业、文化、交通、人口的中心，还是18

世纪 60 年代英国工业革命开始以后的事。此前英国只有伦敦 1 个城市人口超过 5 万人，而据统计，到 1850 年英国的第一次工业革命完成之时，这样的城市有 31 个，英伦城市群是第一个世界级的城市群，它由世界纺织工业之都——曼彻斯特、纺织机械重镇——利兹、伯明翰、谢菲尔德等大城市，以及星罗棋布的众多小城镇构成。① 1850 年，英国的城市化率超过 50%，英国成为人类历史上第一个工业化和城市化的国家，1851 年，伦敦世博会的举办让大英帝国迎来了"高光时刻"。从英国发轫的工业革命在大半个世纪后点燃了欧洲大陆的工业革命和城市化火种，大巴黎地区、荷兰、比利时、普鲁士莱茵、西里西亚、北意大利等地成片的城市群开始出现。此后是美国东北部大西洋沿岸城市群、俄罗斯中央区、日本东京湾等区域开始崛起。改革开放后我国的粤港澳、长三角、京津冀、长江中游、成渝等城市群也发展很快。②

目前可以称之为世界级城市群的，主要有美国东北部大西洋沿岸城市群、北美五大湖城市群、日本太平洋沿岸城市群、英伦城市群、欧洲西北部城市群、中国长江三角洲城市群、美国西海岸城市群、中国粤港澳城市群、中国京津冀城市群、德国鲁尔工业区城市群这 10 大城市群。③那么，这些城市群被称为世界级城市群，其发展规律是什么，值得深思。

一是历次工业革命是世界级城市群发展的"气运"。能不能抓住工业革命的机遇加速发展，是一个区域城市化、城市群发展的核心变量。正如美国学者彭慕兰（Kenneth Pomeranz）在《大分流》一书中所说，19 世纪欧洲工业化充分发展以后，一个在全球占支配地位的西欧中心才开始出现，西欧的各大城市、各大城市群成为世界的中心。

二是世界级城市群有其基本"门槛"。世界级城市群自然是指世界上最大的数个城市群。法国地理学家戈特曼（Jean Gottmann）认为，成熟的世界级城市群应具备以下条件：① 区域内城市密集；② 拥有一个或几个国际性城市，如日本太平洋沿岸城市群的东京、名古屋和大阪等；③ 多个都市区连绵，相互之间有较明确的分工和密切的社会经济联系，共同组

---

① 郑艳婷．中国城市群的空间模式——分散性区域集聚的理论背景、形成机理及最新进展［J］．地理科学进展，2020（2）：1－14．

② 任宏，李振坤．中国三大城市群经济增长的影响因素及其空间效应［J］．城市问题，2019（10）：63－68．

③ 朱金鹤，孙红雪．中国三大城市群城市韧性时空演进与影响因素研究［J］．软科学，2020（2）：72－79．

成一个有机的整体，具备整体优势；④ 拥有一个或几个国际贸易中转大港、国际航空港及信息港作为城市群对外联系的枢纽；⑤ 总体规模大，城镇人口至少达到 2 500 万；⑥ 是国家经济的核心区域。

三是“经济圈”是“城市群”发展的一种高级形态。目前我们说的“经济圈”是指一国内部的某一特定区域，在一国经济总量中占有很大比重，并对全球经济产生影响。不是所有的城市群都可以叫“经济圈”，它既要是一国经济的增长极，同时也要与全球供应链保持着密切的联系。当前，世界十大城市群作为生产力中心和消费目的地，起着全球供应链上的重要节点作用。

发展到现在，从功能构成来看，世界级城市群的核心功能往往包括国际服务、科技创新、文化康体、门户枢纽四大功能，是全球跨国公司总部集中地、国际活动的召集地、全球创新推进器、国际性旅游目的地及全球信息、通信和交通枢纽。其发展趋势也包括如下几点：

一是强化配置全球资本的控制和中枢能力，发挥辐射世界、服务全球的世界级经济引擎作用。世界级城市群的核心是全球资本要素流动、交易、配置的枢纽型功能节点，同时也是全球政治、科技和文化交往的中心，不仅具有金融商务、国际交往、国际会展等显著的国际服务功能，而且通过资金融通、资本交易、技术标准等方面的话语权，形成了对全球经济、贸易、航运、资源、能源等多领域的控制力和支配力。

二是拓展应用和技术创新，营造更多元化、多层次的创新空间。随着创新成为全球主要城市和城市群的动力，全球城市往往充分借助一流高校及科研机构的强大基础研究能力，培育或引进高科技企业，发展战略性新兴产业，从而形成研发—转化—生产的完整功能体系，成为全球重要的经济引擎。如西雅图市，只是美国第 13 大城市，却是美国第 4 大创新型城市，2011 年产生了超过 4 000 个专利，位列全美第 6 位，这得益于高科技大公司像微软、波音和亚马逊的存在。又如全球创新成功的典范硅谷，在其发展的各个阶段都培育出了国际知名的大企业。从空间上看，随着产业间融合的趋势愈加明显，以及对人性化需求的回归，创新空间也从主要依托产业园区转向更加多元化、多层次的创新载体。结合老城区历史文化遗存，利用低成本优势打造的“双创”空间和文化创意空间，以及校区、园区主导，融合社区的创新空间逐步出现，如硅谷、硅巷、M50、中关村等。

三是重视文化和消费驱动的服务业发展，与服务和消费有关的经济要素比重不断上升，并逐步居于主导地位。20 世纪的最后 10 年，以纽约、芝加哥为代表的美国部分大都市开始出现复苏，其根源在于这些城市实现了由生产型城市向消费型城市的成功转型。数据显示，在中等收入水平以上的国家，服务消费占全部消费的比重在 50% 以上，特别是文化创意产业是城市服务业再上新台阶的新动力源泉。以伦敦为例，21 世纪初，伦敦颁布《伦敦创新战略行动计划》，向世界宣告了城市创新发展时代的到来。到 2002 年，伦敦的创意与文化产业总收入估计达 250 亿—290 亿英镑，对艺术的商业投资达 5 290 万英镑，信托与基金会的投资达 2 820 万英镑，个人投资 1.45 亿英镑。伦敦博物院、档案馆、图书馆每年获得的公共与私人资金支持达 5.3 亿英镑。此外，伦敦电影业每年产值达 7.36 亿英镑。美国则控制了世界 75% 的电视节目和 60% 以上的广播节目的生产和制作，塑造了好莱坞、NBA、迪斯尼等世界性品牌，并通过在上海、香港、东京等地建设迪斯尼乐园的方式对外传播美式价值观。

四是强调“在岸发展”与经济、社会、文化功能的多重开发。英美模式的世界城市建设，突出强调城市的全球抱负与国际面向，通过担负国际功能乃至离岸业务、中转职能来达成经济结构与规模的跃升，通过众多跨国公司、国际组织支撑形成“超国家”功能，即所谓的“离岸发展”。然而这一发展模式也带来了自身的问题，无论是全球金融危机，还是上溯到上轮亚洲金融危机和墨西哥金融危机，国际投资从来都是出逃的主力，受打击最重的恰恰是他们之前蜂拥而至的所谓国际大都市、世界城市。这在一背景下，全球城市逐步重视“在岸发展”，形成面向全球与国家的双重发展取向，强调要首先关注和经营好城市自身和直接腹地，谋求根植性的发展。城市发展重心也转向经济功能、社会功能、文化功能的多重开发，以此来弥补或者防止社会分化，促进经济、社会协调发展。

二、世界三大湾区演进

湾区是指由一个海湾或者相连若干个海湾、港湾、邻近岛屿共同组成的区域。纵观全球经济社会发展历史，湾区经济是世界各国城市群发展到高级阶段的必然趋势，全球 60% 的经济总量集中于湾区，而其中最为著名的湾区包含了纽约湾区、旧金山湾区、东京湾区等。①湾区经济演进往往经历港口经济、工业经济、服务经济、创新经济四个阶段，最后形成滨海经济、港口经济、都市经济与网络经济的高度融合。世界三大湾区亦是经历了第二次工业革命以来一百多年的发展，尤其是二次世界大战后经济和金融全球化的不断深入推进，才达到今日之规模（见图 7-1）。

	产业湾—东京湾	科技湾—旧金山湾	金融湾—纽约湾
范围	东京、神奈川、千叶、埼玉等一都七县	旧金山、圣塔克拉拉县等九县	纽瓦克、纽约-泽西-白原市地区等四个分区
面积	3.68 万平方千米	1.79 万平方千米	1.74 万平方千米
人口	4 347 万	715 万	2 340 万
GDP	1.8 万亿美元	0.76 万亿美元	1.4 万亿美元
人均 GDP	4.1 万美元	9.9 万美元	6.9 万美元

图 7-1 世界三大湾区比较

资料来源：樊明捷.区域协同：旧金山、纽约与东京湾区借鉴[J].城市规划通讯，2020(8).

纽约湾区是世界级湾区之首，经历了制造业快速发展阶段、后工业化阶段以及知识经济主导阶段。19 世纪中叶，运河、铁路等交通设施发展联通了纽约与内陆腹地，使纽约成为美国制造中心。二战结束后，纽约推行“知识密集型”产业复兴，建设“袖珍工业园区”及“高科技产业研究园区”等产业平台，巩固全球金融中心的地位。当前纽约湾区的城市化水平高达 90%，制造业产值占据全美的 30%。究其原因，纽约湾区发展的原因在于消费市场潜力巨大并且信息资源丰富，有利于纽约集聚起经济发展的要素。②同时，天然的地理位置优势为纽约成为贸易中心奠定了核心优势，而且开放包容的政策为纽约吸引丰富劳动力输入以及国际资本流入提供了有利条件。

旧金山湾区百年发展成就世界第一创新栖息地，但亦经历了淘金期、

① 伍凤兰，陶一桃，申勇．湾区经济演进的动力机制研究——国际案例与启示[J]．科技进步与对策，2015 (12)：31-35.

② 田栋，王福强．国际湾区发展比较分析与经验借鉴[J]．全球化，2017 (11)：100-114.

后淘金期及后工业化时代。19 世纪后半期的淘金热带动了旧金山地区发展，使其成为湾区制造业中心；后淘金时代制造业逐步衰退，金融业成为主导产业；①后工业化时代，旧金山湾区城市结构不断形成，吸引全球优质人才、资金、技术等高端要素集聚，滋生出开放和具有创造性的社会环境，也打造了世界级创新高地硅谷。1951 年斯坦福大学科技园成立，1972 年第一家风险资本落户，引导了半导体工业、软件产业和互联网服务产业的发展，成为世界第一的创新栖息地。旧金山湾区发展的优势在于宜居宜业的环境吸引了高端人才等创新要素进驻，“小政府、大社会”的制度环境提供了良好的创新创业氛围。同时，大力发展绿色交通网络、合理规划城市功能等都为旧金山湾区百年发展提供了基础保障。

东京湾区的发展由政府主导和城市群协同合作产生，以现代物流和高新技术等产业为主导。19 世纪中叶东京凭借日本政治中心的地位迅速崛起成为工业中心，并形成了以东京车站为中心的都市圈铁道网；1956 年由东京都及相关地方城市等政府主导首都圈规划与城市群协同分工，形成一个“广域港湾”，东京-横滨、东京-千叶两大世界级制造业带得到了加强。②由此可见，东京湾区的发展最为重要的因素是政府合理规划，包括都市圈内部的城市功能分配、产业用地等土地资源有效利用以及港口与城市的和谐发展等。③不仅如此，早在 19 世纪中叶东京已经具备完善的交通网络，有效提高了要素资源流动的效率，为东京湾区快速发展提供了有力保障。

三、湾区建设与长三角一体化

世界三大湾区的发展轨迹虽然不尽相同，但其中也存在显著带有规律性的共同点。一是湾区往往具有发达港口群，占据国际门户的优势区位打造开放枢纽，引领区域打造一流的城市群。二是湾区具有发达的内联外通的交通网络体系，包括高速公路、轨道交通、机场、港口等。例如，19 世

① 申勇，马忠新. 构筑湾区经济引领的对外开放新格局——基于粤港澳大湾区开放度的实证分析［J］. 上海行政学院学报，2017（1）：83－91.

② 鲁志国，潘凤，闫振坤. 全球湾区经济比较与综合评价研究［J］. 科技进步与对策，2015（6）：112－116.

③ 林贡钦，徐广林. 国外著名湾区发展经验及对我国的启示［J］. 深圳大学学报（人文社会科学版），2017（9）：25－31；王旭阳，黄征学. 湾区发展：全球经验及对我国的建议［J］. 经济研究参考，2017（24）：5－10.

纪东京便已具备完善的交通圈，而当前东京圈2 000多千米轨道交通体系连接京滨、京叶两大制造带城市群，促使要素能够自由流通。[①]三是湾区产业结构以服务业为主体，世界三大湾区第三产业比重均超过75%，完成了向服务经济转型。四是湾区引领着创新经济的快速发展。三大湾区建设中都能够抓住新一轮产业技术革命的机遇，斯坦福大学和斯坦福科技园孕育了硅谷，纽约湾区拥有优质的大学资源，东京湾区拥有筑波科技园等平台。由此可知，世界级湾区皆具有以下共同点，包括优越的地理位置、较强的经济基础及经济核心区、较强的产业带及世界影响力、广阔的经济腹地、良好的创新环境等。

就湾区发展而言，往往经历港口经济、工业经济、服务经济和创新经济四个阶段，利用开放和创新集聚要素资源，推动经济高质量发展。就开放而言，湾区经济靠港而生、依湾而兴，具有天然的开放属性，开放是湾区经济发展的先决条件和根本优势。与其他都市圈相比，湾区通常拥有多个大能级的港口城市，依赖国际港口发展而蓬勃，在不断扩大的货物贸易中，港口城市成为对外开放门户，促进了国际贸易、外来投资和港口发展。就创新而言，包括了基础性动力由基础设施本身对经济活动某要素产生吸引力的特质来决定，如湾区港口群、跨海大桥、集疏运物流网络等；外源性动力表现为政府规划、对出口投资领域的引导，外部竞争、市场兼并整合等，而内生性动力是湾区经济形态在发展过程中形成的一种自组织的内在力量，表现为市场分工、知识共享、规模经济、交易费用降低等。

在开放和创新的作用下，湾区经济发展也呈现了三大规律：一是临港经济和港口发展互动共生。20世纪50年代海运革命后，优良的深水港口码头纳入生产线组成部分，临港工业迅速崛起。如：日本在东京湾以南的沿太平洋带状工业地带，布局石化、钢铁、造船等产业，聚集了日本2/3的经济总量、3/4的工业产值。二是产业集聚和区域优势互为表里。硅谷高技术产业、华尔街金融业等案例中，产业集聚带来知识溢出、分工细化、规模经济、人才集聚等效应，推动形成了第二波区域产业集聚发展，避免了因劳动力和土地成本上升而走向衰落。区域产业集聚一般有三大动力："自然聚集力"（自然资源、地理区位、劳动力和基础设施等）、"人文

① 王宏彬．湾区经济与中国实践[J]．中国经济报告，2014(11)：99－100．

凝聚力”（血缘、亲缘、地缘，如宁波商帮文化、福建台海相连、东南亚华侨）和“外溢聚集力”（知识溢出、人才集聚、信息扩散、规模经济、产业链延伸等）。其中，“自然聚集力”和“人文凝聚力”带来区域第一波产业集聚，“外溢聚集力”带来第二波产业集聚并不断巩固区域发展优势。三是产业功能和社会功能互为支撑。德国鲁尔工业基地内，建有各种博物馆、运动场、剧院等社会配套设施，实行产业、办公、科研、大学、居住等混合布局。新加坡工业园区提供广泛的社会服务，包括住房、交通、教育、安全、公共事业、法律支持和商务咨询等，甚至包括娱乐园区和高尔夫球场。人不仅是经济动物，更是社会动物。社会事业对产业和人力资源具有先导效应和锚固作用，人不仅要在产业发展中获得收入，更要获得舒适便捷的生活、愉悦丰富的社会交往以及实现人生的价值。

纵观长三角发展，也具备发达港口群、交通网络体系、服务业为主体及创新发展趋势，具备打造世界级湾区的条件，而浙江大湾区建设也应该是长三角一体化的题中之义。①2018 年 4 月，针对长三角一体化习近平总书记要求“上海进一步发挥龙头带动作用，苏浙皖各扬所长”。加快浙江大湾区建设就是各地方扬己所长，充分发挥比较优势，全力推进长三角一体化发展的战略举措。从内在要求来看，浙江大湾区建设与长三角一体化高度一致，浙江大湾区建设为长三角一体化发展提供平台载体，而长三角一体化为浙江大湾区建设提供了历史契机。

目标上，浙江大湾区建设与长三角更高质量一体化发展，以创新驱动为核心动力构筑现代化经济体系，以世界级城市群促进区域协调发展，两者目标指向一致，聚力高质量，聚焦一体化发展。浙江大湾区建设是在中共十九大精神指引下，践行新发展理念，加快建设现代化经济体系的重大战略。长三角更高质量一体化发展是贯彻中共十九大报告中关于东部地区率先发展、创新发展的战略部署，长三角区域要在未来三年内基本形成创新引领的现代产业体系和协同创新体系，发挥服务全国、辐射亚太的门户地位作用，在全球资源配置体系中枢纽作用加快显现，以世界级城市群和现代产业集群参与全球化竞争与合作。空间上，浙江大湾区与长三角区域有着无法分割的时空联系，是长三角高质量一体化发展的重要组成部分，

---

① 张昱，陈俊坤．粤港澳大湾区经济开放度研究——基于四大湾区比较分析［J］．城市观察，2017（6）：7－13．

两者是一个不可分割的有机整体。从发展进程来看，浙江大湾区在长三角一体化推进中逐渐成形。路径上，以上海为长三角龙头，浙江大湾区建设的战略任务、政策设计、区域规划、基础设施、产业科创布局等充分对接长三角一体化发展。加强了数字经济、智能制造等世界级现代产业集群统筹布局，发挥上海科创中心的作用，合作共建科创走廊、共享世界级科创与产业资源。大湾区建设的实施路径与长三角更高质量一体化发展相辅相成、相互促进。

在此进程中，长三角一体化发展也要引领长江经济带发展。长三角地区是“一带一路”和长江经济带的重要交会点，是中国和长江经济带的经济、金融和产业高地和对外开放的前沿。长三角区域一体化与长江经济带发展同为国家战略，两者相互促进。推动长江经济带战略有利于长三角地区整合长三角港口资源，完善综合立体交通走廊建设；有利于长三角地区同步推进产业转型升级与产业转移；有利于长三角稳步推进新型城镇化，加强城市群分工合作；有利于引领长江中上游城市群一体化发展；有利于深化长三角对外开放；有利于长三角积极探索绿色崛起途径。推动区域一体化和协调发展，长三角应形成先行先试的示范作用，着力打破行政壁垒的约束，创新体制机制改革，探索区域合作的新形式和新举措。推动长江经济带高质量发展，必须立足上中下游地区比较优势，创新区域产业协调发展机制，统筹人口分布、经济布局与资源环境承载能力，打破行政分割和市场壁垒，促进要素跨区域自由流动，提高要素配置效率。高新技术产业以长三角中心城市极化蔓延为主，呈现单核多极化模式演化。这就需要以产业空间布局为抓手，推动长江经济带上中下游地区产业协同发展。

专栏 7－1

沪舟甬铁路奠定长三角自由贸易港基础

2020 年 7 月 17 日，上海市政府网站公布《关于同意〈上海浦东综合交通枢纽专项规划〉的批复》。批复中明确，上海东站将规划预留沪舟甬铁路通道的接入方式。与上海在海上“接轨”，是舟山彻底改变交通格局的大手笔。近 10 年来，关于沪舟甬跨海大通道的相关谋划和研究从未间断。2018 年 3 月，《宁波铁路枢纽规划（2016 —2030 年）》提出，“远景规划预留上海经洋山至舟山铁路”。2018 年 7 月，《长三角地区一体化发展三年行动计划（2018 — 2020 年）》提出开展东海二桥的规划研究工作；2019 年 6 月，《长江三角洲区域一体化发展规划纲要》提出，“提升省际公路通达能力，规划建设东海二桥、沪舟甬等跨海通道”。2019 年 9 月，《上海铁路枢纽总图规划（2016 — 2030 年）》提出，“远景规划预留沪甬（舟）铁路”，线位为经规划东海二桥至洋山并继续向南延伸。沪舟甬跨海大通道是推进长三角区域一体化实施海洋强国战略和国家建设世界级港口群的重大支撑性和标志性工程，是长三角实施陆海统筹、面向世界，海铁联运、江海联运和环太平洋经济圈先进制造业及物流枢纽开放的关键性和先导性通道，有利于形成加快构建更高开放度的沪浙组合港群为核心的长三角自由贸易港。

◇ 资料来源：《新民晚报》“沪舟甬跨海通道规划有新进展：舟山海上通道正向上海延伸”（https://baijiahao.baidu.com/s?id=1672729942505775464&wfr=spider&for=pc）.

四、协同推进浙江大湾区建设

建立健全有效的区域分工体系和推进机制，是长三角地区共建世界级湾区的关键所在。基于各个城市的比较优势和各扬所长，基于要素的自由流动和有效配置，基于长三角共同体各成员城市的共同发展。

一是要发挥区域比较优势，有效促进产业链空间分工合理布局。从产业链的区域分工角度看，区域比较优势主要体现在商务成本、物流便捷、营商环境三个方面。商务成本区域比较优势具有梯度性，中心城市往往商务成本较高，而且呈现走高趋势，这对成本敏感的加工型项目，是重要的空间布局决定因素。这些年以上海最为突出，苏州、杭州、南京等紧随其后，这些中心城市的房地产价格、劳动力价格上升迅猛，且居高不下。长三角地区的商务成本空间梯度性更加明显，中心城市周边的中小城市以及安徽、江苏的苏中苏北地区、浙江的浙东南地区，商务成本区域比较优势进一步上升。物流便捷区域比较优势具有地理区位上的特定性，面向全球全国市场的产业链，对港口及立体交通、枢纽连接等有更多的基础设施配套要求。显然，作为国际航运中心的上海最具物流便捷优势，上海大都市圈中的各个城市，或有很好的港口条件，或与上海国际枢纽互联互通，也都具有很强的物流便捷优势。长三角地区的其他城市，特别是沿江沿海城市，这些年随着高速公路网、跨江跨海大桥及高铁网的更多覆盖，地理区位条件得到很大改善，物流便捷的区域比较优势得到大幅提升。营商环境区域比较优势具有对外开放的国际性，开放度越高，与国际通行规则接轨越高，越具有发展优势。上海之所以吸引了很多外商投资、国内民营资本和总部项目，与它的开放优势、营商环境优势有很大关系。近几年长三角各地高度重视营商环境建设，上海对标国际最高标准，其他城市则对标上海，在提高政府办事效率、建立公平竞争环境、提供有效公共服务等方面都在展开新的努力。值得一提的是，相对处于内陆地带的一些城市更加积极地接轨上海、融入长三角，其营商环境的相对劣势正在发生根本性改善。长三角地区的产业链分工，要基于上述三个维度区域比较优势的综合考量，商务成本很重要，但物流便捷和营商环境是基础和前提。不难发现，长三角地区具有综合区域比较优势的空间正在向纵深延伸，从上海向上海大都市圈延伸，从各个中心城市向周边城市延伸，从传统的长三角核心区向长三角城市群延伸。这也意味着产业链空间布局已具备了向长三角腹地延伸的条件，一些原来只具备商务成本优势的城市，随着物流条件和营商环境的改善，可以在协助各个中心城市保持产业链国际竞争比较优势，参与世界级产业集群建设中发挥更大作用。因此，要坚持发挥各地区域比较优势，深入推动产业链空间布局的合理调整，把一些在中心城市优势不再的生产环节、配套项目，更大力度地转移布局到更具优势的中小城市，同时进一步建设中小城市连接中心城市的立体交通体系，促进营商环境全面接轨，形成世界级产业集群区域整体联动的良好格局。

二是各地分工打造，积极推进世界级龙头企业培育。要根据行业龙头企业的空间分布，在培育壮大世界级产业集群行业龙头企业上实行区域分工，同时加强与高端创新资源空间配置的匹配度。这一分工的必要性在于上海虽然是首位城市，并没有能力在多个行业领域特别是较多细分行业中多头出击实施龙头企业培育，而南京、杭州、合肥、苏州、无锡等中心城市更容易在某个行业领域形成聚焦力并取得更好实效。某个行业的龙头企业有其成长壮大的地域特定土壤或基因，其中既有地方历史文化因素、当地政府多年扶持因素，还有产业集聚区内的产业链配套和集聚因素等，应该继续秉持地域成长基因原则。对行业龙头企业的培育，不只包括那些超大企业，还包括更多细分行业中的隐形冠军、产业链关键环节中的核心企业，这些企业分布更广，更需要各地积极参与进来，在细分领域培育造就具有国际竞争力的龙头企业。

三是各地分工聚焦，有力实施核心关键技术攻关。突破各个行业中的“卡脖子”核心关键技术，全面提升产业创新策源能力，是长三角地区建设世界级产业集群的基础工程和必由之路。由于各个产业的创新策源能力建设都需要大量的持续性投入和集中最优秀的专业创新队伍，而且还需要相应的基础科学综合配套，因此实施核心关键技术攻关工程更要坚持区域分工原则，重点在上海、合肥、南京、杭州、苏州等高端创新资源集聚度高的中心城市，既要把各自有限的创新资源更多集中到各自优势领域，还要积极争取国家资源、省级资源进一步配置到这些优势领域，让优势更优，攻关力更强，然后各地叠加起来，就可形成长三角地区强劲的产业创新综合实力。各个中心城市在核心关键技术攻关上开展分工，基于两大准则：“国家队”力量与国家科技创新重大专项的布局。要充分依托中国科学院在各中心城市的科研院所布局、国家大科学设施在上海张江和合肥的布局，以及教育部一流学科建设布局，形成更加清晰的区域分工。行业龙头企业及其产业链，以及国家级技术中心的空间布局。对核心关键技术上有内在需求，龙头企业自身在技术创新上有大投入，当地政府积极提供特殊支持，以及拥有国家级技术中心，这四个因素在哪个产业、哪个中心城市形成的叠加效应明显，就赋予了这个中心城市在核心关键技术攻关中的分工定位。

专栏 7－2

世界级湾区建设需要区域合作

共建世界级湾区要做好合作这篇大文章。区域合作，基于各个城市之间的取长补短、优势互补；基于减少地方壁垒，让要素自由流动；基于公共资源共享、公共服务规模效应。

一是激发中心城市创新溢出，促进创新链与产业链空间融合要秉持资源共享、辐射服务的原则，构建创新链与产业链深度融合的合作模式。一条路径是主动走出去，促进中心城市创新链扩散溢出。再一条路径是积极接进来，让各地共享中心城市的创新资源和综合配套优势。也有两种有效合作模式。

二是围绕世界级龙头企业培育，深化产业链创新链区域合作。既要围绕行业龙头企业所在区域增强有针对性的产业集群布局和创新资源配置，更要突出行业龙头企业在产业链、创新链区域合作中的导向作用、凝聚作用，包括各地参与相关中心城市的总部集聚区建设、深化产业集聚区之间的合作、推进跨地区的产业联盟、产业基金建设。

三是围绕核心关键技术攻关，凝聚各地优势开展紧密合作。在核心关键技术攻关上，加强长三角各中心城市间的区域合作很关键。一方面，长三角地区在上海、合肥牵头下，整体承担着重要的国家攻关任务。另一方面，长三角各地对于攻克“卡脖子”核心关键技术，都有共同的强烈诉求，都有一定的资金投入能力，还都有各自的优势特点，把这些动能整合起来，优势叠加起来，就可以产生更加强劲的攻关效应。

◇ 资料来源：刘毅，王云，李宏.世界级湾区产业发展对粤港澳大湾区建设的启示[J].中国科学院院刊，2020，35(3)：312－321.

第二节　一体化助推长三角世界级城市群培育

长三角地区是我国经济发展最有活力、创新最有潜力的区域之一，以上海为核心，以南京、杭州、合肥为区域增长极，通过一体化优化区域要素流通配置，建设创新协同体系、构建统一开放市场、推进内外双向开放、营造一流国际环境，打造“一核多极”的世界级城市群，以此参与全球竞争、承接世界经济重心转移。

一、构建创新生态吸引国内外高层次尖端人才

高端人才要素提升城市群生产效率。高端人才是高质量产业网络、创新网络和城市网络的核心，能够有效改进技术跃迁的轨道，以此改变产业生产函数，提高城市发展效率。所以高端人才是世界级城市群培育的核心要素，驱动着产业高质量发展的方向。一方面，人才作为智力要素，将有

效改造和提升产业结构，促进产业升级，带动城市群的国际化进程和高端化进程。另一方面，国际一流人才引进带来国际一流学科、国际一流团队和国际一流产业的转移，推动城市群现代化产业体系建立。

长三角城市群构建统一大市场来导入国际高端要素，推动城市群生产率提升。一方面，加强人才信息与管理的协作。有效推进人力资源、就业信息等共享，促进人才服务一体化的水平。在此基础上，针对高层次人才探索新的协同管理体制机制，譬如户口不迁、关系不转、身份不变、双向选择、能出能进的人才柔性流动机制。另一方面，做好人才服务保障工作，包括人才培训、职称互认等，充分打通人才流通中的壁垒，使得要素资源能够在长三角城市群中合理有效配置。在此基础上，人才进驻往往带来项目，而项目发展、落地生产等都需要资金支持。所以长三角城市群也要加强资本市场的分工协作，包括完善区域性的股权市场、建立统一的抵押质押制度等。在跨区域资本协作机制中，各城市设立长三角一体化发展投资专项资金，保证高层次大项目、重大基础设施的建设，为长三角世界级城市群建设奠定基础。①

二、建设创新协同产业体系打造世界级先进制造业集群

先进制造业集群优化城市群产业结构。产业发展充分利用了城市的各种资源，为城市发展提供了物质基础；产业发展也会拓宽城市的边界，吸引大量劳动力进驻，要求地方政府能在产业园区周边完善基础配套设施，包括商业配套等，从而拓宽了城市的空间，延伸了城市边界。②世界级城市群培育需要有产业支撑，而世界级先进制造业集群能够为城市群带来现代化产业体系，奠定城市群的基础。在此过程中，核心城市侧重于研发创新，提供原创动力；外围城市承载核心城市的溢出，侧重于加工等环节，提供生产动力，共同助推产业体系构建。

长三角城市群以科创中心建设为引领，促进产业链与创新链的深度融合，提升在全球价值链中的位势，打造世界级先进制造业集群。一方面，

---

① 张佩，赵作权．世界级竞争力集群培育的欧盟模式及其启示[J]．中国软科学，2019(12)：72-80．

② 黄丹荔，吴昳．长三角城市群的金融集聚效应和金融辐射效应研究[J]．财经问题研究，2019(12)：65-72．

建立关键技术领域的协同攻关机制，联合提升原始创新能力，集中突破一批卡脖子技术，为现代化产业体系建设提供基础保障。在此过程中，充分重视科技市场建立，推进科技成果在跨区域之间更为有效地转换。发挥市场和政府的作用，依托长三角技术交易市场联盟，推进技术交易市场互联互通，形成具有国际影响力的全球创新成果集散中心。另一方面，聚焦集成电路、人工智能、生命健康等十大重点领域，发挥各城市的要素禀赋优势，培育布局一批适应地方发展的未来产业集群。在此基础上，完善城市分工体系，中心城市侧重于研发创新、外围城市侧重于生产流通，通过城市之间的合理布局、分工协作，为世界级城市群建设提供产业支撑。

三、推进对外开放嵌入全球价值网络

全球创新网络营造城市群发展氛围。产业发展需要人才，人才为产业发展提供要素，但最终人所生存的空间在于城市，而人的需求也是城市发展的方向。产业高级化需要引进高端人才，而高端人才的医疗保障、子女教育问题等都需要城市发展来进行解决，从而推动了城市基础设施建设，促进城市发展。不仅如此，高端人才往往属于海归人才，其需求不仅停留在完善的医疗教育等服务，更需要与国际接轨的高水平医疗教育，这对于城市群发展提出了更高的要求，决定了城市打造国际化社区、未来社区的必然性。

世界级城市群应当是世界级竞争力集群，长三角城市群把握好“一带一路”建设契机，加快“走出去”与“引进来”的步伐，构建对外开放新机制，培育国际竞争合作新优势。①在对外贸易上，长三角城市群围绕中国国际进口博览会、虹桥国际开放枢纽等载体，打造高水平的对外开放平台。尤其是利用好新一代信息技术的优势，加强跨境电商的国际合作，构建数字化贸易平台，促进上海、南京、杭州、合肥等跨境电商综合实验区不断发展。在产业合作上，扩大制造业、服务业、农业等领域的对外开放，加强与全球500强和行业龙头企业的合作，共同开拓建立全球创新链、产业链、供应链。同时，加快国际合作园区建设，加强产业合作、产能互补，高水平打造境外产业集聚区。在人文交流上，深化科技、教育、

---

① 王腾飞，谷人旭，马仁锋．长江三角洲城市创新关联演化特征及其影响因素研究［J］．西南民族大学学报（人文社会科学版），2019（12）：121－128．

医疗等国际合作，加强高端智库的国际交流。依托好世界互联网大会、世界智能制造大会等国际会议，开展文化、旅游交流。

四、完善基础设施打造一流营商环境

良好发展环境保障城市群分工协作。良好的发展环境包括了城市群的文化氛围以及基础服务体系。一方面，高端人才、产业集聚会带来特有的创新氛围，形成城市群的文化底蕴。譬如美国硅谷、日本筑波等科技新城吸引高层次人才，形成了创新创业的微生态创新文化氛围，包括国际文化与本土文化的融合。另一方面，政府加强商业、医疗、教育、交通等基础配套设施建设，提高公共服务的供给能力，以此满足产业发展的需求，也为城市群发展奠定基础性保障，能够促进城市群更高质量的一体化发展。

世界级城市群需要具有国际竞争力的发展环境，而交通网络、公共服务等基础配套完善是其基础条件。长三角城市群统筹跨区域基础设施建设，为一体化增强支撑保障。在基础设施方面，有序推进互联互通的交通网络建设，打造轨道上的长三角、提升省际公路通达能力等，构建现代综合交通网络，从而充分保障人才、资金等高端要素的自由流通。同时，进一步打造世界级机场群，实现与世界各国的联系交流，提高航空国际竞争实力。在政务运行方面，加快数字技术赋能来提高行政审批效率，加快推进重点领域的智慧应用，加快长三角政务数据资源共享共用，提高政府公共服务水平。在公共服务方面，不断满足人民群众日益增长的美好生活需要，将一体化红利惠及长三角每个城市。创新跨区域服务机制，推动医疗异地结算、社保异地办理、档案异地查询等项目。加强高端教育医疗资源的共享，推进长三角区域知名高校、科研机构的合作，协同攻坚关键技术，提升长三角区域的国际竞争力。

五、世界级城市群培育存在难点

世界级城市群建设需要以一体化为基础，区域内部实现体制机制等层面的有效协调。长三角城市群涉及上海、江苏、浙江、安徽一市三省，从一体化层面来看依旧存在难点。

一是发展动机需要持续性增强。长三角高质量一体化是建设世界级城市群的基础，也是牵引我国经济高质量发展的“引擎”。但推进长三角高质量一体化的动力在于一体化为上海、江苏、浙江、安徽各个地区带来足够大的发展空间，能够吸引各个地区加快体制机制协调、加速信息共享、加强资源互济等。但从目前长三角城市群发展的现状来看，世界级城市群建设的利益空间并未对各地区形成强有力的吸引。在此进程中，由于上海的经济发展规模和对外开放程度等因素，上海当之无愧成为长三角城市群的龙头，能够向江苏、浙江、安徽三省外溢合作所带来的利益，但这三省与上海市之间的互惠互利机制并没有充分体现，城市群发展的合作效益机制还不健全，导致了长三角建设世界级城市群缺乏有效的机制支撑，主观能动性需要进一步激发。

二是内部发展依旧存在不平衡。虽然上海、江苏、浙江、安徽都呈现较好的发展态势，但这四个地区的内部发展依旧存在不平衡、不均等，这也是导致世界级城市群建设的合作红利无法凸显的直接原因。一方面，安徽省的经济规模、开放程度、创新能力等相关指标都低于上海、江苏、浙江。虽然 2013 年以来安徽省的国民生产总值、产业结构、进出口等各项指标都快速增长，呈现向好向快态势，但安徽省的整体发展还是落后于其他三省市，这就导致安徽省更多地是吸收上海等地区的合作红利，区际发展不平衡限制了高质量的一体化。另一方面，上海的龙头地位有所下降。虽然上海市综合发展实力位居长三角城市群首位，但从近年上海的发展轨迹来看，经济增长、开放程度等呈现放缓趋势，优势明显下降。与之相对应的是，江苏、浙江、安徽等省迎头赶上，使得传统的长三角格局不断被打破，但新的长三角布局还未形成，限制了世界级城市群建设。

三是体制机制需要进一步畅通。从根本上而言，世界级城市群建设需要体制机制的进一步畅通，使得长三角地区能够真正实现协调发展。长三角建设世界级城市群需要从广度与深度上延伸一体化水平，使得地方政府在合作红利和竞争红利两者之间更加偏好于合作红利，而且关键是打破地区之间的行政壁垒，畅通体制机制，真正消除地方政府之间的恶性竞争。不仅如此，还应当有效配置长三角区域内部资源，实现有效的帕累托改进。但从当前长三角内部而言，一市三省的体制机制还有待进一步完善，在政策畅通层面有待进一步加强。尤其是在公共资源领域，需要有效衔接。譬如，现有高端公共资源往往集聚于上海等大城市，安徽等省份的高端公共资源明显不足。在此情况下，破解区域间公共资源不平等成为长三角城市群发展需要解决的重点问题。

第三节　新基建为长三角世界级城市群注入内核

面对新冠肺炎疫情冲击带来的巨大市场风险和外部不确定性，以5G基站、特高压、城际高速铁路和城际轨道交通、新能源汽车充电桩、大数据中心、人工智能和工业互联网为代表的新基建，被各方视为稳增长、稳就业、促创新、助转型的关键支撑。事实上，2018年12月的中央经济工作会议就明确提出，“要发挥投资关键作用，加大制造业技术改造和设备更新，加快5G商用步伐，加强人工智能、工业互联网、物联网等新型基础设施建设”。2020年3月4日召开的中央政治局常委会议进一步提出要“加快5G网络、数据中心等新型基础设施建设进度”。毫无疑问，区别于旧基建，新基建以5G、人工智能、工业互联网等数字基础设施为核心，蕴含了强烈的科技创新导向和产业服务导向，是适应于数字经济、绿色经济、共享经济等现代经济形态的现代化基础设施体系。新基建的不断强化标志着我国经济快步进入高质量发展的新阶段，特别是数字经济作为主动力、主引擎地位的进一步确立。作为全国经济发展最活跃、开放程度最高、创新能力最强的区域之一，长三角地区肩负着率先实现高质量发展、推动区域一体化协调发展以及更高层次参与国际合作竞争的战略使命。面对新基建的投资热潮，长三角地区既有起步早、投资大、基础好的先发优势，又有产业数字化、绿色化转型的旺盛需求，以及科技企业汇聚，民间资本活跃，具有超前谋划、领先一步、整体推进新基建高水平部署的良好条件。因此，加快推进新基建，是助力长三角高质量一体化发展的强大支撑。

一、新基建为长三角高质量一体化发展提供新动力

基础设施一体化，是长三角高质量一体化发展的重要内容，也是推进长三角高质量一体化的重要动力。加快新基建建设，其意义不仅仅是为长三角一体化生产生活提供基础服务的公共设施，更重要的是激发经济发展

的内生动力，为产业发展、城市转型等提供助力，进而为长三角高质量一体化提供新动力新路径。

新基建形成新配套、新业态、新要素，助推长三角高质量发展。加快新基建不仅是“补短板”，而且着眼长远，前瞻引领，通过加强数字化的新配套、新需求以及以大数据为核心的新要素，增强新兴产业发展活力与传统产业转型动力。新配套提升产业链，5G基站联通5G网络，充电桩保障新能源汽车充电需求，大数据中心服务数据存储和计算，工业互联网支撑制造业数字化转型，没有这些配套也就难以构筑数字化的产业链。新需求提供新动力。新基建的建设将催生对于硬件、软件、生产装备以及服务的大量需求，比如全国超500万的5G基站建设需求将大大加速5G基站芯片、高频器件、服务器的产业化进程。工业互联网近万亿的市场空间将推动物联网专用芯片、工业软件、数控装备等产业快速发展。发力新基建，可以进一步提升长三角地区关键核心技术与产品的自研能力，进而为迈向全球创新链、产业链和价值链中高端提供新支撑。新要素激活新业态。5G、工业互联网建设能够全面畅通大数据的流动与共享，人工智能可以强化数据的分析与应用，而高铁、轨道交通、特高压、新能源汽车充电桩等设施建设则进一步补全经济社会能源连接。信息网、交通网、能源网的互联互通将充分释放海量数据资源，孕育孵化出数字经济的新业态，是激发数字经济市场活力的前提和基础。

新基建提升城际互联互通，助力长三角一体化协同发展。基础设施的一体化是长三角一体化协同发展的先导与基础。发展新基建将加快长三角城市同城化、云网端一体化以及公共服务共享化，推动一市三省互联互通实现一体化协同发展。首先是加快交通同城化。作为新基建的重点，城际高铁、城际轨道交通以及新能源汽车充电桩等加快高速、便捷、绿色、智能的城市交通基础设施建设，有利于推动城市群交通便捷化、都市圈交通同城化以及市域交通通畅化。其次是实现云网端在线一体化。在原有物理空间、社会空间联通的基础上，依托5G网络、工业互联网强化信息空间的联通，推动城市群都市圈的数字化以及在线一体化，进而推动公共服务共享水平。再次是推动新旧基建融合互补。新基建建设包括对传统基础设施的数字化改造提升，联通中心城市、县城、中心镇、中心村的新基建，将有利于缩小城区之间、城乡之间原有基础设施的差距，提高区域交通、通讯通达和其他基础设施的综合配套水平。

新基建驱动智慧政务和协同创新，加快长三角治理能力现代化。数字基础设施一头联系着社会公众、市场主体，一头联系着各级政府，通过数字化的桥梁实现信息共享，有助于实现治理能力现代化。新基建催生智慧政务。新型基础设施建设首先有利于支撑各级政府充分运用大数据、虚拟现实等新型技术手段，城市公共管理、公共服务、公共安全等领域的智慧化将大大提高各地政府的公共服务能力。新基建加速区域“一网通办”。新型基础设施的互联互通将推动政务数据的有效共享，为长三角“一网通办”奠定基础。基于统一的入口和标准化的流程，各地企业、居民将享受更为高效、便捷的公共服务。新基建支撑区域间协同创新。发展新基建有利于加强区域内部的协调发展以及提升应对危机的能力，进一步优化营商环境。更大范围的业务在线、数据共享以及可视化，能够帮助一市三省有效发现推进行动协同、政策协同过程中存在的问题，实现对公共服务和政策创新的快速迭代和持续优化调整。

专栏 7－3

上海新基建行动方案出炉

2020 年 4 月 27 日，上海市政府常务会议审议通过了《上海市推进新型基础设施建设行动方案（2020 — 2022 年）》，立足数字产业化、产业数字化、跨界融合化、品牌高端化，提出了指导思想、行动目标、四大建设行动的 25 项建设任务、8 项保障措施，形成了上海版“新基建”35 条。计划通过 3 年努力，率先在 4 个方面形成重要影响力：率先打造新一代信息基础设施标杆城市，率先形成全球综合性大科学设施群雏形，率先建成具有国际影响力的超大规模城市公共数字底座，率先构建一流的城市智能化终端设施网络。到 2022 年底，上海新型基础设施建设规模和创新能级迈向国际一流水平。

“新网络”建设行动。高水平建设 5G 和固网“双千兆”宽带网络，加快布局全网赋能的“工业互联网+集群”，建设 100 家以上无人工厂、无人生产线、无人车间，带动 15 万企业上云上平台。

“新设施”建设行动。加快推进硬 X 射线等大设施建设，开展下一代光子科学设施预研；争取国家支持布局新一轮重大科技基础设施；建设电镜中心、先进医学影像集成创新中心、国家集成电路装备材料产业创新中心等若干先进产业创新基础设施；围绕前沿科学研究方向，布局建设重大创新平台。

“新平台”建设行动。建设新一代高性能计算设施，打造超大规模人工智能计算与赋能平台。建设政务服务“一网通办”和社会治理“一网统管”基础支撑平台，探索建设数字孪生城市。构建医疗大数据训练设施，支持人工智能企业开展深度学习等多种算法训练试验。探索建设临港新片区互联设施体系和长三角一体化示范区智慧大脑工程。

“新终端”建设行动。规模化部署千万级社会治理神经元感知节点；新建 10 万个电动汽车智能充电桩；建设国内领先的车路协同车联网和智慧道路；建成市级公共停车信息平台；拓展智能末端配送设施，推动智能售货机、无人贩卖机、智慧微菜场、智能回收站等各类智慧零售终端加快布局；建设“互联网+医疗”基础设施；培育教育信息化应用标杆学校；打造智能化“海空”枢纽设施；完善城市智慧物流基础设施建设。

◇ 资料来源：上海市推进新型基础设施建设行动方案(2020 — 2022 年).

二、发力新基建，长三角地区有基础、有条件

长三角是世界六大城市群中规模最大的、人口密度最高的城市群，以 4%的国土面积汇聚了全国约 1/7 的人口，创造了 1/4 的经济总量。综合经济实力雄厚、数字经济活力彰显，民间资本活跃，特别是在新基建建设中已先行一步，先发优势明显。可以说发力新基建，长三角地区有基础、有条件。

经济发展水平高。2019 年，长三角一市三省除安徽外，上海、江苏、浙江人均 GDP 都已超过高收入经济体水平，上海、江苏和浙江的 R&D 经费支出占生产总值的比重分别为 3.93%、2.72%和 2.6%，率先进入创新驱动阶段。2019 年中国企业 500 强榜单显示，一市三省共有 133 家企业上榜，总营业收入达到 14.4 万亿元，占全国 500 强企业的比重达到 18.2%，区域内涌现出一批具有国际影响力的企业。

数字经济活力彰显。21 世纪经济研究院、阿里研究院联合发布的

《2019长三角数字经济指数报告》显示，2018年长三角数字经济规模占全国数字经济总量的28%，是全国数字经济最活跃、体量最大、占比最高的地区。在数字产业发展中，长三角地区集聚了全国1/2的芯片制造企业，1/3软件服务企业，云计算、大数据、物联网、人工智能、5G、集成电路等技术创新活跃。其中上海和杭州两地领先优势明显，在布局世界级数字产业集群、推动传统产业的数字化升级、提升数字化治理水平等方面，引领着长三角数字经济发展路径的探索。

民间资本活跃。民营经济发达、民间资本充裕是长三角发展的内生优势。《2019胡润中国500强民营企业》榜单显示，总部在长三角区域的上榜企业共有172家，占比高达34.4%，其中上海、浙江上榜企业均超60家，分别为67家和60家。2019年，上海、江苏、浙江和安徽民间投资分别增长3.9%、3.0%、7.2%和18.5%，且浙江和江苏的民间投资占全部投资比重高达61.5%和69.6%。在基础设施与公共服务领域，民间资本持续发力，投资比重不断提高。以浙江为例，总投资409亿元的杭绍台铁路、总投资383亿元的杭温铁路分别引入复星集团等8家民营企业联合体和百盛联合集团，民间资本持股均达51%，为铁路投融资体制改革走出新路，也让长三角经济更具“黏合力”。在新基建建设中，长三角地区民间资本的充裕将为进一步拓宽融资来源，激发活力奠定基础。

新基建有先发优势。5G是新基建中的基础设施，也是长三角一体化大背景下支撑城市能级提升的先导工程。截至2019年底，全国共建成5G基站超13万个，其中上海建成超1.6万个，浙江建成1.58万个，江苏也有近万个，基站数量均居全国前列。新能源公共充电桩方面，江苏以6.57万台位列全国第一，上海以5.54万台列全国第四，浙江和安徽分别以2.97万台和2.64万台列第六、第七位。根据2018年的《5G先试先用推动长三角数字经济率先发展战略合作框架协议》，到2021年长三角城市群基本实现千兆到户覆盖，城域物联网基本实现长三角城市群全覆盖。为了应对疫情冲击和经济下行压力，当前一市三省紧紧抓住一体化机遇，大力推动新基建重点项目建设。2020年，上海年度计划投资1 500亿元，聚焦科技产业、城市基础设施、城乡融合与乡村振兴等领域；江苏年度计划220个省重大项目，总投资达5 410亿元。浙江积极建设长三角一体化云数据中心，强化“云计算-缘计算”和“5G通信-高效计算”技术和设施的协同能力，促进云计算、数据智能、智能网和移动协动等协同发展。

三、长三角着力新基建要处理好三方面关系

不同于旧基建，新基建具有技术路线不确定、强技术和经济关联、平台化运行等特点。技术路线不确定。新基建属于新产业，主导技术路线尚未形成，这意味着对于新基建的投资面临较高风险。强技术和经济关联性。新基建之间相互补充，具有很强的关联性，比如特高压改进了5G基站、大数据中心对电力的满足，但同时自身稳定性也依赖网络技术、人工智能技术的突破。这意味着新基建发展中，对技术创新的同步性、产业配套的系统性有更高要求。终端运行平台化。不同于旧基建单一的物理属性，新基建具有显著的信息属性。对于终端平台而言，能够以低成本实现更大范围运营，网络规模效应更趋明显。这些特征决定了长三角区域发力新基建既要充分发挥现有基础和优势，更要有新思路、新方法，在推动建设过程中需要创新高质量发展制度和一体化协同发展制度，着重处理好三方面关系。

一是长三角各地政府之间的关系。在新基建各领域，当前一市三省的推进存在明显的不均衡。而长三角高质量一体化发展，要避免重复建设、低水平竞争，必须优化投资结构。因此，需要建立新基建规划建设的一体化协调机制，以政策统一性、规则一致性和执行协同性打破行政壁垒和本地市场保护，推动规划衔接、资源共享、创新联动，实现长三角地区之间更为规范、更具效率的良性互动。

二是政府与企业之间的关系。新基建并非政府的“强刺激”，特别是新基建的技术不确定性以及强关联性需要政府与市场的有效配合。换言之，在新基建建设中，政府要注重通过市场分散化，开展多样性的技术路线和商业模式探索的自由，同时消除民间资本进入相关产业领域的体制性障碍、政策性问题及法律性约束，充分发挥公共财政及政策的协调和杠杆作用。从现状来看，长三角区域的新基建建设，市场显示的作用是十分显著的，比如工业互联网领域，已涌现出了智能云科、宝信、徐工信息、阿里云、合力等一批平台企业，其中阿里云预计到2025年将连接2亿台工业设备，服务工业企业30万家；在江苏，超过60万台工程机械装备通过徐工集团的汉云平台“登云上网”。

三是国有民营、大小企业之间的关系。新型基础设施建设中的平台化趋势及平台的天然垄断性，在一定程度上约束了创业型企业、中小微企业的参与空间。与此同时，大企业虽然有技术优势和投资能力，但考虑到新基建的投资回报是建立在产业乘数效应基础上的，而现阶段由于缺乏业务创新和拓展的激励，国有企业的投资意愿并不十分强烈。因此政府推进新基建，要着力推动各类企业主体平等竞争、生产要素自由流动，特别是要为创新型企业和民营企业的进入和参与建设创造更多机会。

四、加快新基建，合力推进长三角高质量一体化发展

长三角地区应牢固树立“一盘棋”思想，紧扣高质量和一体化两个关键，紧紧抓住新基建建设的领先优势和示范效应，超前谋划，统筹布局，以强有力的一体化机制创新形成强大合力，推动形成分工合理、优势互补、各具特色的共建共享格局。

率先示范，扩大新基建比例。一是加快推进已明确项目。在切实执行相关法规的前提下，加大“放管服”改革，及时高效办理相关审批或核备手续，加快建设进程。二是以新领域、新区域拓展为重点加大投资力度。将数字基础设施融入交通、能源、城市基础设施等专项规划，以融合发展方式推动新型基础设施建设。三是针对本次疫情期间暴露出来的公共卫生、应急体系、物资储备等短板进行补充性投资。四是适度超前布局。作为对外开放和参与国际竞争的主要平台，长三角在规划和建设新基建时必须具有前瞻性，特别是在超大型数据中心、智能超算、量子计算等战略领域要适度超前，加快加大投资力度。

聚焦重点，推动高质量一体化发展。一是将新基建作为长三角协同创新体系建设的重要内容。协同整合一市三省的科技创新力量，针对制约区域高质量一体化发展的基础设施共性技术，加大投资力度，合力破解关键性难题。二是以新基建提升产业优势。全面梳理产业转型升级需求清单，聚焦深化创新链、提升产业链、强化供应链，布局建设一批新基建重点项目，推动提升核心竞争力、形成市场势力。三是率先建成区域性工业互联网平台集群，为传统行业转型升级赋能。将海量工业数据资源，转化为高效率的生产、高质量的创新，同步拉动新材料、新器件、新工艺和新技术的发展。四是在一体化方面，着力解决同城化、云网端一体化，缩小区

域、城乡差距，并围绕城市公共管理、公共服务、公共安全等领域推动智慧应用，提升居民畅行长三角的感受度和体验度。

统筹谋划，健全新基建一体化建设体制机制。一是统一规划。着眼高质量一体化发展，健全新基建规划建设的常态化沟通协调机制，从全域角度统筹新基建重大项目。二是加强标准互认。探索建立长三角区域标准化联合组织和一体化新基建标准体系，前瞻性地统一区域内各类基础设施的网络标准和技术接口。三是建立重大新基建建设的成本分担和利益共享机制。对于区域投资、税收等利益争端建立协商机制，统筹各地加大政策支持力度，形成加快推进新基建建设的强大合力。

共建共享，提升新基建建设运维效率。一是绘制长三角新基建一体化建设的数字地图，实现建设信息的对称化、动态化。二是创新投资机制，目前长三角地区已设立了多只产业投资基金，如长三角协同优势产业基金、上海长三角产业升级股权投资基金、长三角产业创新股权投资基金等，要进一步加强区域间联合，建立长三角新型基础设施基金，鼓励各类金融机构积极参与，特别是对于技术要求高、投资总量大、产业关联性高的新基建，可采用联合投资方式。三是探索基础设施一体化管护机制，引入专业化的平台企业，提高管护的市场化程度。四是统筹开展新型基础设施建设过程中的环境保护工作，加强排放标准、环保规范和执法规范对接。

激发社会活力，放大新基建产业乘数效应。一是积极吸引民间资本参与新基建发展，发挥 PPP（即政府和社会资本合作）等混合所有制经济模式优势，拓宽融资来源。二是充分调动互联网平台企业、上市公司以及民营龙头企业的积极性，发挥这些企业的专业能力、创新能力和适应市场变化的能力。三是鼓励运营商加强与下游垂直应用领域创新型企业的合作和协调，引导用户向 5G 网络迁移，促进新业态、新产业、新服务发展。四是基于公共数据开放和众创平台建设，优化长三角区域创新生态，以人工智能、工业互联网等为重点，为中小企业提供更多的创业服务平台。

长三角世界级城市群培育需要有高层次人才、先进制造业集群、全球创新网络及良好的发展环境等。具体而言，高端人才要素提升城市群生产效率，先进制造业集群优化城市群产业结构，全球创新网络营造城市群发展氛围，良好发展环境保障城市群分工协作。在此过程中，浙江大湾区建设为长三角世界级城市群打造提供了平台、一体化助推了世界级城市群培育、新基建注入了核心动力。所以，长三角世界级城市群建设首要解决的问题在于畅通体制机制，通过制度的形成将区域一体化进行有效推进，释放长三角城市群发展的红利。借鉴欧盟等地区世界级城市群建设的经验，出台长三角公约等制度框架，以常规制度形成将长三角城市群发展的工作进行有效推进。同时，以浙江大湾区建设为载体，培育世界级制造业集群。浙江大湾区建设是我国经济高质量发展的必然趋势，而长三角与浙江大湾区建设应当互为补充。加速资源整合、加强产业链合作、加快创新要素共享，从长三角区域层面来构建世界级大湾区，以此推进长三角世界级产业集群进程。充分明确长三角各城市的错位发展及产业分工，形成高质量的产业空间格局。以新基建为契机，提高轨道交通、高速公路等运载能力，打通长三角的关键节点城市，实现长三角区域内部的有效串联。利用好互联网技术，打破地方政府部门之间的“信息孤岛”，实现信息共享，搭建起信息共享网络，提高政府行政效率，让企业、民众等微观主体真正感受到长三角城市发展所带来的红利。

第八章

展　望

长三角地区是我国经济发展最有活力、创新最有潜力的区域之一，通过开放与创新，实现人口集聚、创新集聚、金融集聚、产业集聚，通过资源优化配置实现新生产力布局，在一体化的作用机制下，形成能够参与全球竞争的都市圈城市群。长三角高质量一体化是区域协调发展的重要战略支撑，亦是我国经济发展的区域增长极。随着一体化不断推进，长三角地区也更加明确了发展的新目标。例如，长三角生态绿色一体化示范区出台了《长三角生态绿色一体化示范区产业发展指导目录》（以下简称《指导目录》）和《长三角生态绿色一体化发展示范区先行启动区产业项目准入标准（试行）》（以下简称《准入标准》），清晰回答了“示范区应当发展什么样的产业”和“先行启动区可以落地什么样的项目”问题，明确了示范区的产业方向和准入门槛。此次出台的《指导目录》和《准入标准》，是全国首个跨省级行政区域统一执行的产业发展指导目录和产业项目准入标准。

此次出台的《指导目录》中，“五大经济”尤其引人注目：功能型总部经济，聚焦知识创新、功能创新、模式创新，比如在建的上海青浦华为研发中心；特色型服务经济，发展现代商贸物流、绿色金融、科技服务、节能环保等高端服务业，如依托进博会的国际化、精品化会展业；融合型数字经济，发展“AI+”“5G+”“北斗+”“大数据+”等新产业、新业态和新模式，如中新嘉善现代产业园为代表的智能传感器核心基地；前沿型创新经济，重点发展生命健康、绿色新能源、轻质智能装备、服务型制造等新兴产业，如江苏吴江推进建设国家先进功能纤维创新中心；生态型湖区经济，释放湖荡水网、田园风光、古镇文化等资源魅力，如浙江嘉善嘉佑现代农业田园共同体。“五大经济”的提出，立足示范区现有产业基础和禀赋特色，旨在推动一、二、三产业融合创新发展。

一、长三角产业协同的动态性特征明显

区位交通是吸引企业转入的首要因素。随着高速公路、跨江跨海大桥和高铁的建设，南通、嘉兴、滁州等地已逐步加入承接上海产业转移的前沿阵地。环保安监“一票否决制”，使得环保成为长三角企业迁出最普遍的原因。土地指标紧缺、投资强度门槛提高、政府明确招商产业导向、跟随供应链迁出、成本及人力资源等因素，是影响长三角企业迁移的重要因素。同时，在不同的区域内，产业集聚、经营成本、人力资源、营商环境等各要素的作用程度差异性也比较明显。总之，在推力和约束力相互作用下，长三角产业协调呈现出明显的动态性。

一是低端产业转移与总部回迁共存。由于商务成本压力，长三角产业向三、四线城市迁移的趋势明显，但受制于三、四线城市科研能力薄弱、开放度不足、管理人才跟不上等问题，存在总部类功能迁回一线城市的压力。二是高端产业转移与自主创新共存。长三角迁入产业整体向高层次跃迁，从承接传统的劳动、资源密集型产业向承接具备空间布局能力、自主创新实力、价值链延伸要求的资本、技术密集型行业转变。重点迁入门类集中在装备制造、电子信息、汽车。三是外资向节点城市转移的力度加大。外资向上海、杭州、南京、合肥等中心城市的转移力度在加大，对苏州、无锡、宁波等重要节点城市布局也在加剧。从国际分工与转移来看，特斯拉、西门子医疗等为代表的企业落地上海，上海与全球的高端制造网络联系更为紧密。同时，高新制造业研发中心对上海的青睐度提升，成为上海嵌入全球创新网络的重要接口。内资科技企业如腾讯、房地产企业如阳光城集团、国企如中国中铁等，也在选择上海设立华东总部或迁址到上海。四是跨区域的园区协同共建模式日益成熟。长三角较为成熟的产业园区，如苏州工业园区等，已有异地合作尝试。合作区域主要为同省或相邻省份城市。土地紧缺与产业联动是推动长三角产业园区进行异地拓展的主要动力。在异地拓展的过程中，主要障碍在分税机制方面，同时投资主体、团队搭建、政策等方面的体制机制也需要进一步完善。

二、长三角城市群产业热度不断升温

为全面、客观、实时、量化地评价长三角地区高质量发展水平和发展

趋势，戴德梁行与上海社科院课题组从经济规模、增长增量、基础建设、对外开放、生态环境、城市生活、产业环境、科创驱动八大方面超过45个指标，设置三项评价指标。其中产业投资环境指数为一项综合指标，产业成长性指标及产业创新力指标为其中子项。一是长三角城市群产业投资环境指数梯度性特征明显。上海长三角领头羊地位稳固。南京、苏州、杭州三市位列第二梯队。第三梯队代表城市为无锡、宁波、南通等江浙城市，近年发展势头迅猛，其中江北城市南通经济增长亮眼，大有反超之势。二是长三角城市群三、四线城市产业发展迅速。产业成长性指数，重点对城市的经济发展活力指标——产业投资活跃度、产业先进性及科创力等指标进行比选。核心城市的发展增速已进入平稳期，嘉兴、常州、盐城等发展速率已超过核心城市。整体来看，长三角各地对于产业发展的热度不减，杭州依托创新产业及民营经济转型表现突出。三是长三角城市群产业整体创新力稳步提升。产业创新力重点考虑高新产业占比、企业研发投入及科创能力等，考量城市产业的创新力。第一类城市代表为上海、杭州、苏州，综合创新能力处于领先地位，依靠专项基金、政策等多元手段大力推进创新发展。第二梯队中，南通、常州、无锡、合肥等城市近年R&D经费及人才数量不断增加，带动城市整体科创力量发展。苏北、浙南、安徽等城市排名落后，正在培育科技创新氛围。

三、长三角产业协同发展前景广阔

新冠肺炎疫情期间，长三角的产业保障能力、城市管理能力再一次经受考验，在区域内达成更纵深的协同成为共识。

一是空间布局将呈现“云状协同”新态势。第一，“去中心化”新趋势明显，物理联系趋于扁平。随着高铁路网密度加强、运行效率提升，上海及省会城市在物理连接上的中心效应在下降。在江苏、浙江省内，越来越多的铁路连接可绕道省会了；在长三角范围内，越来越多的铁路连接可以绕道上海了。跨省城市要素流动正在实现精准对接。第二，“中心化”新格局，强者恒强。区域中心节点城市的辐射效应仍然突出，上海、南京、杭州、合肥的区域中心城市强者恒强。第三，长三角即将进入闭环连接时代，主要经济带关注点多元反转。随着浙西交通改善，尤其是商合杭高铁及杭黄高铁的开通，合肥可跳过南京，实现直接与上海、浙江的高效联系。长三角的连接即将从U形连接进入闭环连接。作为传统外资高地，沪宁合科创走廊近年开始重视科创及内资企业的招引。而传统民营经济活跃的G60走廊地带，近年开始关注外资的招引。第四，未来有望实现多核多中心。上海是长三角硬核城市，南京、杭州、合肥等省会城市及苏州、宁波等经济大市，有望成为跨省交流的新核心，长三角逐步形成“云状协同”。

二是产业无序同质竞争格局被打破，协同发展创新经济逐步确立。第一，长三角产业向创新经济演进。目前，长三角高耗能、高排放、高污染、低产出的“三高一低”行业全面收缩，产业全面向战略新兴产业迈进，在产业细分日趋明显的情况下，产业定位同质问题逐步弱化。上海形成金融服务、国际商务、科技创新等外向型发展能力；杭州的互联网与电子商务产业，宁波的航运与贸易，苏州的外向型工业，无锡的物联网与智能制造，南京的半导体与芯片等现代特色产业已具备参与全球竞争的基础能力。第二，整合优势创新资源，协同上海共建国际科创中心。未来长三角地区的科技创新将瞄准具有全球影响力的科技创新中心这一战略坐标。苏浙皖三地集聚了丰富的产业创新资源，在有些领域还领先于上海，如杭州的互联网技术、合肥的量子通信技术等。上海将更加积极地吸引苏浙皖三地的国家级科研机构和大公司研发机构入驻上海，支持他们在上海设立研究院、研究中心，把上海作为科技创新的前方基地和桥头堡。

三是存量盘活，增量创新，探索“飞地”合作模式。上海、苏南等开发较早的城市，盘活工业用地存量、合理置换是下一阶段发展的重点。受制于土地增量，产业向土地指标较宽裕、生产成本更低的苏北、安徽的部分城市扩散。在此过程中，通过跨省跨市的分税机制以及相关的权责分配机制落地，推进产业园区共建，实现“飞地”合作。

四、一市三省高质量一体化依旧存在难点

从涉及的区域来看，长三角一体化有着坚实的基础。比如，上海综合服务功能齐全，江苏实体经济基础好，浙江民营经济活跃，安徽科技创新后发优势明显、区域经济深具活力。作为国家战略，长三角一体化始终紧扣“高质量”，对标国际最高标准、最高水平，合力打造世界级产业集群。但不可否认，一市三省高质量一体化依旧存在难点。

一是长三角高质量一体化的红利需要有效增强。长三角高质量一体化

最根本的目的在于推动经济高质量发展，打造长三角成为牵引我国经济增长的“引擎”。推进长三角高质量一体化的动力在于一体化为上海、江苏、浙江、安徽各个地区带来足够大的红利，能够吸引各个地区加快体制机制协调、加速信息共享、加强资源互济等。但从目前长三角一体化的现状来看，一体化的红利并未对各地区形成强有力的虹吸效应。合作红利的产生，是一方行为对另外一方的溢出，那么一体化红利的产生本质上是双方合作互利互惠的有效体现。在长三角一体化进程中，由于上海的经济发展规模和对外开放程度等因素，上海当之无愧成为长三角一体化的龙头，能够向江苏、浙江、安徽三省外溢合作红利，但这三省与上海市之间的互惠互利机制并没有充分体现，一体化合作红利的机制还不健全，导致了长三角高质量一体化缺乏有效的红利支撑，导致长三角高质量一体化的主观能动性需要进一步激发。

二是长三角地区的内部发展依旧存在不平衡。虽然上海、江苏、浙江、安徽都呈现较好的发展态势，但这四个地区的内部发展依旧存在不平衡、不均等，这也是导致长三角高质量一体化合作红利无法凸显的直接原因。一方面，安徽省的经济规模、开放程度、创新能力等相关指标都低于上海、江苏、浙江。虽然安徽省的国民生产总值、产业结构、进出口等各项指标都快速增长，呈现向好向快态势，但安徽省的整体发展还是落后于其他三省市，这就导致安徽省更多的是吸收上海等地区的合作红利，而对于长三角高质量一体化的红利贡献并不高，区域间发展不平衡限制了高质量的一体化。另一方面，上海的龙头地位有所下降。虽然上海市综合发展实力位居长三角一市三省的首位，但从近年上海的发展轨迹来看，优势明显下降，经济增长、开放程度等呈现放缓趋势。与之相对应的是，江苏、浙江、安徽等省迎头赶上，使得传统的长三角格局不断被打破，但新的长三角布局还未形成，一定程度上限制了长三角更高质量的一体化。

三是长三角高质量一体化的前提在于体制机制畅通。长三角高质量一体化的困境在于未能形成足够强的红利，而其根本原因在于体制机制还需要进一步畅通，使得长三角地区能够真正实现协调发展。长三角一体化需要从广度与深度上延伸，使得地方政府在合作红利和竞争红利两者之间更加偏好于合作红利，而且关键是打破地区之间的行政壁垒，畅通体制机制，真正消除地方政府之间的恶性竞争。不仅如此，还应当有效配置长三角区域内部资源，实现有效的帕累托改进。但从当前长三角内部而言，一市三省的体制机制还有待进一步完善，在政策畅通层面有待进一步加强。尤其是在公共资源领域，需要有效衔接。譬如，现有高端公共资源往往集聚于上海等大城市，安徽等省份的高端公共资源明显不足。在此情况下，破解区域间公共资源不平等成为长三角高质量一体化需要解决的重点问题。

五、以更高标准推进长三角一体化

未来，以更高标准推进长三角一体化，要让市场在资源配置中起决定性作用，同时更好发挥政府作用。除了产业发展的高标准外，还要进一步建好基础设施、严格环境标准、协同产业发展、限制无序竞争、优化营商环境等，从而提高区域资源整体配置效率和全球资源吸纳能力。

一是以城市群合作为载体，加快一体化进程。纵观世界经济发展脉络，全球60%的经济总量集中于纽约湾区、旧金山湾区、东京湾区等世界级城市群。随着我国经济快速增长，世界级城市群建设是我国经济高质量发展的必然趋势，而长三角一体化与城市群合作应当互为补充。一方面，长三角一体化是世界级城市群建设的必然路径；另一方面，城市群合作为长三角一体化提供了天然载体。要加强上海、江苏、浙江、安徽一市三省的抱团联动，加速资源整合、加强产业链合作、加快创新要素共享，从长三角区域层面来构建世界级城市群，以此推进长三角一体化进程。同时，明确一市三省的错位发展及产业分工，能够使得各省市在推进长三角高质量一体化的过程中享受到分工合作所带来的一体化红利。譬如，浙江在推动杭州宁波一体化的过程中，以嘉兴为龙头全面接轨上海，承接上海的产业转移，实现优势互补、分工协作，做强一体化的红利。

二是搭建一体化协作平台，完善一体化机制。长三角一体化首要解决的问题在于畅通体制机制，借鉴部分发达国家区域一体化的经验，通过制度的形成将区域一体化进行有效推进，释放长三角高质量一体化的红利。一方面，一市三省成立长三角高质量一体化工作领导小组，从组织层面进行有效保障。并且建立定期会议制度、信息沟通制度等，从制度层面来推动长三角一体化进程，搭建长三角一体化的政策沟通平台、工作协调平台。尤其是利用好互联网技术，打破地方政府部门之间的“信息孤岛”，实现长三角区域内部的信息资源共享。另一方面，借鉴欧盟等地区经验，一市三省在推动长三角一体化的过程中，出台长三角公约等制度框架，以常规制度形成将长三角一体化的工作进行有效推进。在此进程中，应当明确长三角高质量一体化的红利共享机制，使得一市三省有足够动力来推动长三角高质量一体化。

三是打造基础公共服务网，构建一体化保障。长三角一体化不仅需要政策保障，也需要交通、信息等公共服务保障，打造基础公共服务网络是确保长三角高质量一体化的必要条件。一是构建一体化的现代综合交通体系。以长三角高质量一体化为契机，提高轨道交通、高速公路等运载能力，打通一市三省的关键节点城市，实现长三角区域内部的有效串联，以交通体系保障长三角高质量一体化。二是构建一体化的信息共享体系。利用好互联网技术，打破地方政府部门之间的“信息孤岛”，实现信息共享，搭建起信息共享网络，提高政府行政效率，让企业、民众等微观主体真正感受到长三角高质量一体化所带来的红利。三是构建一体化的基础服务体系，包括能源互济、环境保护等体系。长三角高质量一体化还体现在资源要素有效流通，打破地方之间的资源流通壁垒，促进要素资源充分流通，构建完善的区域内部要素资源市场。同时，长三角高质量一体化应当更加绿色、更加美丽，在环境保护等方面亦要加强协调合作，推进绿色一体化。

参考文献

[1] 习近平.推动形成优势互补高质量发展的区域经济布局[J].求是,2019(24).

[2] 习近平.坚持和完善中国特色社会主义制度 推进国家治理体系和治理能力现代化[J].求是,2020(1):4-9.

[3] 习近平.我国经济已由高速增长阶段转向高质量发展阶段[J].新湘评论,2019(24):4-5.

[4] 习近平.浙江领导纵论长三角[J].今日浙江,2007(3):18-19.

[5] 习近平.干在实处 走在前列:推进浙江新发展的思考与实践[M].北京:中共中央党校出版社,2006.

[6] 托马斯·弗里德曼.世界是平的[M].湖南:湖南科学技术出版社,2006.

[7] 施卫东,孙霄凌.京沪高铁建设对两地及沿线创意产业发展的影响[J].经济与管理研究,2008(10):80-84.

[8] 胡芬,张进."高铁时代"湖北旅游发展战略的思考[J].当代经济,2010(19):82-84.

[9] 覃成林,杨晴晴,高速铁路发展与城市生产性服务业聚集[J].经济经纬,2016(3):1-6.

[10] 刘亚洲,李祥妹,王君.沪宁高铁沿线制造业产业发展优势空间分异研究[J].华东经济管理,2013(7):67-71.

[11] 张云鹏,晏燕,王久梗.郑西高铁沿线城市空间产业结构调整的影响研究[J].铁道运输与经济,2014(7):9-12.

[12] 蒋华雄,蔡宏钰,孟晓晨.高速铁路对中国城市产业结构的影响研究[J].人文地理,2017(5):132-138.

[13] 田野.高铁对城市群产业格局演变的影响[D].广州:暨南大学,2017.

[14] 周怡然.高速铁路对湖北相关产业的影响研究[D].武汉:武汉工程大学,2017.

[15] 张楠楠,徐逸伦.高速铁路对沿线区域发展的影响研究[J].地域研究与开发,2005(3):32-36.

[16] 张国华,李凌岚.综合高速交通枢纽对城镇空间结构的影响——以长株潭地区为例[J].城市规划,2009(3):93-96.

[17] 王昊,龙慧.试论高速铁路网建设对城镇群空间结构的影响[J].城市规划,2009(4):41-44.

[18] 于涛,陈昭,朱鹏宇.高铁驱动中国城市郊区化的特征与机制研究——以京沪高铁为例[J].地理科学,2012(9):1041-1046.

[19] 吕韬,姚士谋,曹有挥等.中国城市群区域城际轨道交通布局模式[J].地理科学进展,2010(2):249-256.

[20] 王缉宪,林辰辉.高速铁路对城市空间演变的影响:基于中国特征的分析思路[J].国际城市规划,2011(1):16-23.

[21] 胡天军,申金升.京沪高速铁路对沿线经济发展的影响分析[J].经济地理,1999(5):101-104.

[22] 徐玉萍.高速铁路建设促进区域经济发展问题研究[J].江西社会科学,2011(12):62-65.

[23] 张莉,何宽,朱丽莉.高速铁路对区域经济发展的影响要素及机理分析[J].铁道运输与经济,2012(12):64-69.

[24] 唐卫宁,汪建丰.沪杭高铁对浙江经济发展的影响及其战略取向[J].科技管理研究,2012(19):195-198.

[25] 林晓言,陈小君,白云峰,韩信美.京津城际高速铁路对区域经济影响定量分析[J].铁道经济研究,2010(5):5-11.

[26] 王凤学.中国高速铁路对区域经济发展影响研究[D].长春:吉林大学,2012.

[27] 汪建丰,李志刚.沪杭高铁对沿线区域经济发展影响的实证分析[J].经济问题探索,2014(9):74-77.

[28] 王垚,年猛.高速铁路带动了区域经济发展吗?[J].上海经济研究,2014(2):82-91.

[29] 王苇航.高科技产业成就旧金山湾区[N].中国财经报,2017-07-29(6).

[30] 樊明捷.旧金山湾区的发展启示[J].城乡建设,2019(4):74-76.

[31] 伍凤兰,陶一桃,申勇.湾区经济演进的动力机制研究——国际案例与启示[J].科技进步与对策,2015(23):31-35.

[32] 黄鲁成.创新群落及其特征[J].科学管理研究,2004(4)：5-7.
[33] 李万,常静,王敏杰,等.创新3.0与创新生态系统[J].科学学研究,2014(12)：91-98.
[34] 胡曙虹,黄丽,杜德斌.全球科技创新中心建构的实践——基于三螺旋和创新生态系统视角的分析：以硅谷为例[J].上海经济研究,2016(3)：21-28.
[35] 卢明华,李国平,孙铁山.东京大都市圈内各核心城市的职能分工及启示研究[J].地理科学,2003(2)：150-156.
[36] 中国人民银行上海总部国际部课题组,罗扬.东京城市经济圈发展经验及其对长三角区域经济一体化的借鉴[J].上海金融,2008(4)：10-13.
[37] 刘祥敏,李胜毅.一体化分工跨区域合作的典范——东京大都市经济圈发展的经验和启示[J].天津经济,2013(12)：16-19.
[38] 丁一文.国外首都圈发展规律及其对我国“首都经济圈”建设的启示[J].河南大学学报(社会科学版),2013(4)：63-73.
[39] 张晓兰,朱秋.东京都市圈演化与发展机制研究[J].现代日本经济,2013(2)：66-72.
[40] 崔健.东京都市圈实现循环共生型社会对我国的启示[J].环境保护,2014(19)：62-65.
[41] 刘瑞,伍琴.首都经济圈八大经济形态的比较与启示：伦敦、巴黎、东京、首尔与北京[J].经济理论与经济管理,2015(1)：79-94.
[42] 王应贵,娄世艳.东京都市圈人口变迁、产业布局与结构调整[J].现代日本经济,2018(3)：27-37.
[43] 张磊.都市圈空间结构演变的制度逻辑与启示：以东京都市圈为例[J].城市规划学刊,2019(1)：74-81.
[44] 日本总务省统计局.2017年日本统计年鉴[M].东京：日本每日新闻社,2018.
[45] 傅志寰,陆化普.城市群交通一体化理论研究与案例分析[M].北京：人民交通出版社,2016.
[46] 赵岩,郭小鹏.日本大都市圈广域联合治理模式创新研究——以首都圈首脑会议为例[J].日本问题研究,2019(3)：73-80.
[47] 蓝宏,荣朝和.日本东海道新干线对城市群人口和产业的影响及启示[J].经济地理,2017(8)：93-98.
[48] 李荣欣.日本东海道城市群建设启示录[J].前线,2018(4)：76-78.

[49] 刘祥敏,李胜毅.一体化分工跨区域合作的典范——东京大都市经济圈发展的经验和启示[J].天津经济,2013(12):16-19.

[50] 白智立.日本广域行政的理论与实践:以东京“首都圈”发展为例[J].日本研究,2017(1):10-26.

[51] 乌兰图雅.京津冀协同发展与日本的经验——以首都圈规划为中心[J].东北亚学刊,2015(3):11-14.

[52] 郭小鹏.从灾害危机到复兴契机:关东大地震后的东京城市复兴[J].日本问题研究,2015(1):45-54.

[53] 曹庆锋,常文军.日本轨道交通发展历程及经验启示[J].交通运输研究,2019(3):10-17.

[54] 孟美侠,张学良,潘洲.跨越行政边界的都市区规划实践——纽约大都市区四次总体规划及其对中国的启示[J].重庆大学学报(社会科学版),2019(4):22-37.

[55] 武廷海.纽约大都市地区规划的历史与现状——纽约区域规划协会的探索[J].国外城市规划,2000(2):3-7,43.

[56] 武廷海,高元.第四次纽约大都市地区规划及其启示[J].国际城市规划,2016(6):96-103.

[57] 徐双敏,陈洁.非政府组织在城市圈建设中的作用研究——以纽约城市圈建设为例[J].长江论坛,2010(3):82-85.

[58] 张学良.加快发展大都市圈的战略与政策研究报告 附件 纽约大都市区四次总体规划及其对中国的启示[C].北京:中国经济改革研究基金会,2018:92-121.

[59] 马淑肖.纽约和东京都市圈演化机制比较研究以及对京津冀都市圈发展启示[J].时代金融,2014(20):90-98.

[60] 于兴钢.北京与纽约的产业结构变动研究[D].北京:首都经济贸易大学,2014.

[61] 周振华,陈向明,黄建富主编.世界城市——国际经验与上海发展[M].上海:上海社会科学院出版社,2004.

[62] 高雪.典型都市圈产业转型升级国际比较研究[D].保定:河北大学,2017.

[63] 刘瞳.世界主要都市圈经验的借鉴和北京都市圈的发展[D].北京:中共中央党校,2011.

[64] 雒冬雪.中国三大城市群经济发展的生态约束研究[D].上海:华东师范大

学,2012.
[65] 张晓兰.东京和纽约都市圈经济发展的比较研究[D].长春：吉林大学,2013.
[66] 安静文.世界城市空间结构比较及其对北京的启示[D].北京：首都经济贸易大学,2011.
[67] 庞德良,唐艺彬.纽约都市圈的城市空间结构功能及其演化动力因素[J].社会科学战线,2012(7)：252－254.
[68] 任博.纽约都市圈协同发展的经验及启示[J].北京金融评论,2018(4)：89－97.
[69] 唐艺彬.美国纽约大都市圈经济发展研究[D].长春：吉林大学,2011.
[70] 陈振华,王健.国外发达都市圈外围城镇发展经验及其启示[C]//中国城市规划学会、南京市政府.转型与重构——2011 中国城市规划年会论文集.北京：中国城市规划学会,2011：1518－1531.
[71] 涂建军,毛凯,况人瑞,李南羲.长江经济带三大城市群城际客运联系网络结构对比分析[J].世界地理研究,2021,30(1)：69－79.
[72] 马一鸣,马佳,杨怀宇.长三角地区农村集体经营性建设用地入市模式研究[J].农业与技术,2020(14)：143－147.
[73] 花建.长三角文化产业高质量一体化发展：战略使命、优势资源、实施重点[J].上海财经大学学报,2020(4)：32－48.
[74] 徐沈.长三角一体化中推进安徽制造业高质量发展探析——基于新发展理念的视角[J].安徽行政学院学报,2020(4)：58－63.
[75] 李娜,张岩.长三角生态绿色一体化发展示范区建立财税分享机制的问题及对策建议[J].上海城市管理,2020(4)：38－43.
[76] 林斐.长三角一体化格局下安徽创新经济发展的路径选择[J].上海城市管理,2020(4)：44－49.
[77] 肖本华.上海自贸试验区临港新片区发展金融交易平台思路和举措[J].科学发展,2020(7)：30－40.
[78] 刘潇.长三角地区生产性服务业增长效率的比较分析[J].统计与决策,2020,36(13)：103－106.
[79] 张峰.国家战略视角下的数字长三角发展现状与未来探析[J].当代经济,2020(7)：33－35.
[80] 刘志彪,徐宁.统一市场建设：长三角一体化的使命、任务与措施[J].现代

经济探讨,2020(7):1-4.

[81] 刘志彪.建设长三角全球产业链集群[N].社会科学报,2020-07-02(1).

[82] 刘斯敖.三大城市群绿色全要素生产率增长与区域差异分析[J].社会科学战线,2020(7):259-265.

[83] 岑锦豪.高铁对区域经济一体化的影响研究[D].长春:吉林大学,2020.

[84] 姜丽佳.城市群层级分工特征及其影响因素研究[D].杭州:浙江工业大学,2020.

[85] 相雪梅,王成韦,于冲冲.复杂网络视角的长三角城市群经济关联结构研究[J].安徽行政学院学报,2020(3):52-59.

[86] 强永昌,杨航英.长三角区域一体化扩容对企业出口影响的准自然实验研究[J].世界经济研究,2020(6):44-56,136.

[87] 刘秉镰,王钺.京津冀、长三角与珠三角发展的比较及思考[J].理论与现代化,2020(3):5-11.

[88] 陈建军.长三角一体化发展示范区发展模式与路径[J].科学发展,2020(5):71-79.

[89] 汤志贤.浅析上海自贸区新政[J].中国金融,2020(10):104.

[90] 林斐.共建共治共享:创新经济视域下的区域一体化——以长三角一体化发展为例[J].西部论坛,2020(3):68-77.

[91] 孔令池,洪功翔.从政府主导转向多元联动:长三角地区高质量一体化发展的推进逻辑[J].中共南京市委党校学报,2020(2):11-16.

[92] 夏骥.上海自贸试验区临港新片区引领长三角更高质量一体化发展[J].科学发展,2020(3):61-69,106.

[93] 陈建军,陈菁菁,黄洁.长三角生态绿色一体化发展示范区产业发展研究[J].南通大学学报(社会科学版),2020(2):1-9.

[94] 陈建军.走向长三角世界级大都市群的浙江路径[J].浙江经济,2020(1):24-25.

[95] 甄茂成,党安荣,阙长城.基于大数据与网络分析的长三角城市群识别研究[J].上海城市规划,2019(6):8-16.

[96] 王鸽.长三角城市群产业功能协同效应研究[D].杭州:浙江财经大学,2019.

[97] 许宁生.科创中心建设背景下上海集成电路产业创新与发展[J].世界科学,2019(11):30-31.

[98] 陈建军，黄洁.浙江全面融入长三角的实践路径[J].群众，2019(20)：10－11.

[99] 刘志彪.长三角区域市场一体化与治理机制创新[J].学术月刊，2019(10)：31－38.

[100] 王亿方，刘翀，谢辉.虹桥综合交通枢纽十年发展回顾与展望[C]//中国城市规划学会城市交通规划学术委员会.品质交通与协同共治——2019年中国城市交通规划年会论文集.北京：中国建筑工业出版社，2019：242－252.

[101] 施海涛，周伟林，张正芬.卓越中心与未来城市——长三角一体化高质量发展下虹桥发展战略探索[J].城乡规划，2019(5)：20－27.

[102] 姜丽佳，刘程军，黄蕊.长三角城市群层级分工及其驱动因素研究[J].现代管理科学，2019(10)：31－33.

[103] 周振华.重议城市边界的空间属性及其变迁[J].上海城市管理，2019(5)：2－3.

[104] 凌永辉，查婷俊.新型城镇化中的制度联动改革及其协调效应——以长三角地区为例[J].经济体制改革，2019(5)：44－50.

[105] 韩家戚.加快构建长三角地区现代化经济体系研究[J].经济研究导刊，2019(27)：53－54.

[106] 刘志彪.长三角更高质量一体化发展的三个基本策略问题分析[J].江苏行政学院学报，2019(5)：38－44.

[107] 陈建军，杨书林，黄洁.城市群驱动产业整合与全球价值链攀升研究——以长三角地区为例[J].华东师范大学学报(哲学社会科学版)，2019(5)：90－98，238－239.

[108] 陈建军.浙江接轨上海融入长三角的战略思考与实施路径[J].浙江经济，2019(17)：23－24.

[109] 林斐.安徽加入长三角经济一体化区域分工差异化研究[J].江淮论坛，2019(5)：78－84，135.

[110] 倪鹏飞.扬长避短推动长三角一体化高质量发展[N].中国城市报，2019－08－19(16).

[111] 辛建.上海虹桥商务区拓展为上海自贸区新片区的经济价值[J].全国流通经济，2019(18)：45－46.

[112] 刘志彪.长三角一体化发展示范区建设：对内开放与功能定位[J].现代经济探讨，2019(6)：1－5.

[113] 陈建军.企业是长三角更高质量一体化发展的主体[N].浙江日报，2019－

05－27(12).

[114] 刘志彪,孔令池.长三角区域一体化发展特征、问题及基本策略[J].安徽大学学报(哲学社会科学版),2019(3):137－147.

[115] 刘志彪.长三角区域高质量一体化发展的制度基石[J].人民论坛·学术前沿,2019(4):6－13.

[116] 陈建军.不失时机推动长三角更高质量一体化发展[J].人民论坛·学术前沿,2019(4):41－47.

[117] 陈建军.加快浙沪产业发展联动步伐[J].浙江经济,2019(3):19－20.

[118] 林斐.新时代长三角地区皖浙深度合作着力点[J].浙江经济,2019(3):21－22.

[119] 于迎,唐亚林.长三角区域公共服务一体化的实践探索与创新模式建构[J].改革,2018(12):92－102.

[120] 权衡.推动长三角制造业率先实现高质量发展[N].新华日报,2018－12－04(17).

[121] 李佳川,许兵,黄金平,张鼎.虹桥商务区:打造世界一流水准CBD[J].上海党史与党建,2018(11):19－23.

[122] 陈建军,陈菁菁,陈怀锦.我国大都市群产业-城市协同治理研究[J].浙江大学学报(人文社会科学版),2018(5):166－176.

[123] 周振华.在全球城市核心功能上"拉长板"[N].解放日报,2018－07－24(9).

[124] 陈建军.全局视野下的长三角协调发展机制研究[J].人民论坛·学术前沿,2015(18):16－25.

[125] 倪鹏飞,李冕.长三角区域经济发展现状与对策研究[J].中国市场,2014(41):15－33.

[126] 权衡.城市包容性发展与长三角率先建设包容性城市群研究[J].苏州大学学报(哲学社会科学版),2013(3):102－108,192.

[127] 方大春,杨义武.高铁时代长三角城市群交通网络空间结构分形特征研究[J].地域研究与开发,2013(2):52－56.

[128] 林斐.长三角地区产业"集群化"转移与承接研究[J].合肥学院学报(社会科学版),2011(2):8－12.

[129] 林斐.泛长三角承接长三角新一轮产业转移的思考[J].发展研究,2009(12):14－16.

[130] 章志刚.现代物流与城市群经济协调发展研究[D].上海:复旦大

学,2005.

[131] Sassen. The Global City: New York, London, Tokyo [J]. Urban Studies, 2001, 38(13): 2537 - 2540.

[132] Gutiérrez J, González R, Gómez G. The European high-speed train network: Prediected effects on accessibility patterns [J]. Journal of Transport Geography, 1996, 4(4): 227 - 238.

[133] Blum U, Haynes K E, Karlsson C. Introduction to the Special Issue: The Regional and Urabn Effects of High-Speed Trains [J]. The Annals of Regional Science, 1997, 31(1): 1 - 20.

[134] Gabrial M. Ahlfeldt, Arne Feddersen. From periphery to core: economic adjustments to high speed rail [J/OL]. http: //eprints. lse. ac. uk.

[135] James Jixian Wang, Jiang Xu, Jianfeng, He. Spatial impacts of high-speed railways in China: a total-travel-time approach [J]. Environment and Planning A, 2013(45): 2261 - 2280.

[136] Shih-lung Shaw, Zhixiang Fang, Shiwei Lu, Ran Tao. Impacts of high speed rail on railroad network accessibility in China [J]. Journal of Transport Geography, 2014(40): 112 - 122.

[137] Chuyuan Zhong, Germa Bel, Mildred E. Warner. High-speed rail accessibility: a comparative analysis of urban access in Los Angles, San Francisco, Madrid, and Barcelona [J]. EJTIR, 2014, 14(4): 468 - 488.

[138] Nakamura H, Ueda T. The Impacts of Shinkansin on Regional Development [J]. Poceedings of WCTR, 1989(3): 45 - 67.

[139] Vickerman R. Location, accessibility and regional development: the appraisal of trans-European networks [J]. Transport Policy, 1996, 2(4): 225 - 234.

[140] Fernand Matin. Justifying a High-speed Rail Project: Social Value Vs. Regional Growth [J]. The Annals of Regional Science, 1997, 31(2): 13 - 18.

[141] Urena J M, Menerault P, Garmendia M. The high-speed rail challenge for big intermediate cities: A national, regional and local perspective [J]. Cities, 2009 (26): 266 - 279.

[142] David Eills. Relationship Between Transportation and the Economy [R]. Beijing Jiao Tong University, 2010.

[143] Vickerman R. High-speed Rail in Europe: Experience and Issues for Future

Deveolpment [J]. The Annals of Regional Science, 1997, 31(1): 21 - 38.

[144] Sasaki K, Ohashi T, Ando A. High-speed Rail Transit Impact on Regional Systems: Does the Shinkansen Contribute to Dispersion? [J]. The Annals of Regional Science, 1997, 31(1): 77 - 98.

[145] Coto-Millan Pablo, Vicente Inglada, Belen Rey. Effects of Network Economics in High-speed Rail: the Spanish case [J]. The Annals of Regional Science, 2007 (41): 911 - 925.

[146] Allport R J, Brown M. Economic benefits of the European high-speed rail network [J]. Transportation Research Record, 1993(13): 1 - 11.

[147] Gutiérrez J. Location, economic potential and daily accessibility: an analysis of the accessibility impact of the high-speed line Madrid-Barcelona-French border [J]. Journal of Transport Geography, 2001, 9(4): 229 - 242.

[148] Ahlfeldt G M, Feddersen A. From periphery to core: measuring agglomeration effects using high-speed rail [R]. Serc Discussion Papers, 2015.

[149] Gottman J. Megalopolis or Urbanization of the Northeastern Seaboard [J]. Economic Geography, 1957, 33(7): 31 - 40.

[150] Vernon R. International Investment and International Trade in the Product Cycle [J]. The Quarterly Journal of Economics, 1966(80): 190 - 207.

[151] Kojima K. Macroeconomic versus International Business Approach to Direct Foreign Investment [J]. Hitotsubashi Journal of Economics, 1982(23): 1 - 19.

[152] Zheng S, Kahn M E. China's Bullet Trains Facilitate Market Integration and Mitigate the Cost of Megacity Growth [J]. Proceedings of the National Academy of Science, 2013, 14(110): 1248 - 1253.

[153] Porter E M. Location, Competition and Economic Development: Local Clusters in a Global Economy [J]. Economic Development Quarterly, 2000, 14(1): 15 - 34.

[154] Xiaofang Dong, Siqi Zheng, Matthew E Kahn. The Role of Transportation Speed in Facilitating High Skilled Teamwork [R]. NBER Working Papers, 2018.

[155] Ashenfelter O, Card D. Using the Longitudinal Structure of Earnings to Estimate the Effect of Training Programs [J]. The Review of Economics and Statistics, 1985, 67(4): 648 - 660.

[156] Crescenzi R, Rodriguez-Pose A, Storper M. The territorial dynamics of innovation in China and India [J]. Journal of Economic Geography, 2012, 12

(5): 1055 - 1085.

[157] Feldman M P. The new economics of innovation, spillovers and agglomeration: A review of empirical studies [J]. Economics of Innovation and New Technology, 1999, 8(1/2): 5.

[158] Furman J L, Porter M E, Stern S. The determinants of national innovative capacity [J]. Research Policy, 2002, 31(6): 899 - 933.

[159] Geddes P. Cities in Evolution: An Introduction to the Town-planning Movement and the Study of Civicism [M]. London: Williams & Norgate, 1915.

[160] Giovanni Schiuma, Antonio Lerro. Knowledge-based capital in building regional innovation capacity [J]. Journal of Knowledge Management, 2008, 12(5): 121 - 136.

[161] Gottman J. Megalopolis: The urbanization of the north-eastern seaboard of the United States [J]. Economic Geography, 1957, 33(7): 31 - 40.

[162] Greunz L. If regions could choose their neighbors: a panel data analysis of knowledge spillovers between European regions [J]. Cahiers Economiques de Bruxeles, 2001(1): 63 - 84.

[163] Jiancheng Guan, Shunzhong Liu. Comparing regional innovative capacities of PR China-based on data analysis of the national patents [J]. International Journal of Technology Management, 2005(32): 225 - 245.

[164] Hagedoorn J, Cloodt M. Measuring innovative performance: is there an advantage in using multiple indicators? [J]. Reasearch Policy, 2003, 32(8): 1365 - 1370.

[165] Lawson C. Towards a competence theory of the region [J]. Cambridge Journal of Economics, 1999, 23(2): 151 - 166.

[166] Marie Derville, Gilles Allaire. Change of competition regime and regional innovation capacities: Evidence from dairy restructuring in France [J]. Food Policy, 2014(49): 347 - 360.

[167] Cooke P. Regional Innovation Systems, Clusters and the Knowledge Economy [J]. Industrial and Corporate Change, 2001(10): 945 - 975.

[168] Porter M, Stern S. Measuring the Ideas Production Function: Evidence from International Patent Output [R]. NBER Working Paper, 2000.

[169] Riddel M, Schwer R K. Regional Innovative Capacity with Endogenous

Employment: Empirical Evidence from the U.S. [J]. The Review of Regional Studies, 2003, 33(1): 73-84.

[170] Saxenian A. Regional Advantage [M]. Cambridge: Harvard University Press, 1994: 34-43.

[171] Tura T, Harmaakorpi V. Social Capital in Building Regional Innovative Capability [C]. European Regional Science Association. 2003(3): 393.

附： | 长三角一体化大事记

第一阶段：上海经济区建设时期（1982—1988 年）

1982 年 12 月，国务院下发《关于成立上海经济区和山西能源基地规划办公室的通知》，探索建立一个不同于以往行政区划、经济协作区式的新的经济区域和经济网络。

1983 年 3 月，上海经济区规划办公室在上海正式成立，其职能主要是调研、协调和编制区域内发展规划。上海经济区的范围确定为：以上海为中心，包括长江三角洲的苏州、无锡、常州、南通和杭州、嘉兴、湖州、宁波、绍兴等 10 个城市。

1984 年 12 月，安徽、江西和福建三省加入。规划办在组织经济区内发展规划的过程中，首次提出“一体化”概念，成为先进的专业化分工协作的经济体系。

1985 年，长江三角洲沿海经济开放区成立，包括江苏苏州、无锡、常州及它们所辖的 12 个县（市），浙江嘉兴、湖州及它们所辖的 4 个县，以及上海市所辖的 10 个县。

1988 年 6 月，国家计委发出通知，撤销上海经济区规划办公室。上海经济区试验退出历史舞台。上海与长江三角洲地区之间的经济联合进入暂时的沉寂期。

第二阶段：长三角地区一体化的城市合作时期（1992—2002 年）

1990 年全国两会期间，著名社会学家费孝通结合对长江三角洲地区的调研，以民盟名义向中央提交了《关于建立长江三角洲经济开发区的初步设想》。

1991 年 2 月 18 日，邓小平在上海视察时明确指出：“开发浦东，这个影响就大了，不只是浦东的问题，是关系上海发展的问题，是利用上海这个基地发展长江三角洲和长江流域的问题。”

1992 年 6 月 24 日，国务院专门召开长江三角洲及沿江经济规划座谈会。会议界定长江三角洲地区包括上海市，江苏省的南京、镇江、扬州、苏州、无锡、常州、南通，浙江省的杭州、嘉兴、湖州、宁波、绍兴、舟山等 14 个市及其所辖的 74 个县（市）。

1992 年 10 月，中共十四大召开，正式把“以上海浦东开发开放为龙头，进一步开放长江沿岸城市，尽快把上海建成国际经济、金融、贸易中心之一，带动长江三角洲和整个长江流域地区经济的新飞跃”作为重要的战略部署写入党代会报告。

1994 年 7 月和 11 月，上海举办两场“迈向 21 世纪的上海”发展战略研讨会，首次提出联合长江三角洲地区各城市，加快构建长江三角洲城市群的概念。

1996 年 2 月，在各城市的要求下，联席会议上升为城市经济协调会，并发布年度工作报告。

1997 年 4 月，发端于长江三角洲城市协作部门主任联席会议的长江三角洲城市经济协调会正式升格为市长峰会，第一次会议在扬州市举行，由市长或分管副市长参加，会议的主题为“二十一世纪长江三角洲城市群的发展战略”。

2002 年 11 月，江泽民在十六大上海代表团的讨论会上提出，“上海要进一步加强城市的综合服务功能，进一步加强地区之间的经济与技术合作，特别是要探索同长江三角洲地区联动发展的新路子”。

第三阶段：长三角地区一体化的省市合作时期（2002—2017 年）

2003 年

2003 年 3 月“两会”结束后，浙江省委书记习近平率浙江省党政代表团 60 余人赴上海、南京，与上海签署了《关于进一步推进沪浙经济合作与发展的协议书》，与江苏签署了《进一步加强经济技术交流与合作协议》。

2003 年 7 月，中共浙江省委举行第十一届四次全体（扩大）会议，浙江省委书记习近平提出面向未来发展的八项举措。其中第二条为：进一步发挥浙江的区位优势，主动接轨上海、积极参与长江三角洲地区交流与合作，不断提高对内对外开放水平。

2003 年 7 月 6 日，在“长江三角洲旅游城市 15+1 高峰论坛”上，16 个城市共同签署了《长江三角洲旅游城市合作宣言》。《宣言》明确了长三角旅游城市的合作项目和行动计划。

2003 年 8 月，台州市进入，以苏浙沪 16 城市为主体形态的长三角城市群最终得以形成。此后这个主体框架一直保持稳定并受到普遍认可。

2003 年 8 月 15 日至 16 日，在南京举办的长江三角洲城市市长峰会上，16 位市长联合签署《以承办“世博会”为契机，加快长江三角洲城市联动发展的意见》（又称“南京宣言”）。

2003 年 11 月，第一届“长三角一体化发展论坛”在无锡召开，积极探索长三角城市群在资源利用和保护、城市经济发展、统一市场构建、基础设施建设、土地资源集约化利用等方面的互补和共同发展。

2004 年

2004 年 1 月，在南京召开的第二届长江三角洲都市圈城际公路交通发展论坛上，浙沪苏两省一市交通主管部门在公路网规划和城际公路接口方面拿出了初步研究成果，为最终实现省际公路接口无缝衔接打下良好的基础。

2004 年 3 月 12 日开始，长三角地区所属的 15 个城市消费者异地消费维权将不再受地域限制。一张联通长三角地区 15 个城市（上海、扬州、镇江、南京、常州、南通、无锡、苏州、湖州、嘉兴、杭州、绍兴、宁波、舟山、温州）的消费维权网络开通。

2004 年 4 月 5 日，沪苏浙三方代表在杭州签署了《长三角演出经营战略合作协议书》。长三角演出市场正式联盟，从而将三地演出市场优势互补、资源共享的合作模式以协议的形式书面化、具体化。

2004 年 4 月 24 日，在温州举行的“长三角地区公交行业发展战略研讨会”上，沪苏浙三地公交将从此建立起常年的协调会制度，从管理体制、经营机制、政策法规、信息平台等各个方面进行改革和协作探索。

2004 年 4 月 26 日，沪苏浙三地旅游管理部门出台了《关于进一步推进长江三角洲区域旅游教育培训合作工作的实施意见》，三地将合作培训长三角旅游人才。

2004 年 5 月 9 日，由江苏、浙江、上海和南京、杭州、宁波贸促会发起成立的“长三角地区两省一市贸促机构联席会议”（简称为“长三角贸促机构联席会议”）暨第一次会议在上海举行。

2004 年 5 月 11 日至 13 日，第三届长三角都市圈省（市）际公路交通发展论坛隆重举行。“长三角都市圈高速公路网规划方案”在本次论坛上正式亮相。

2004 年 5 月 17 日，在浙江湖州市举行的第二届“长三角一体化发展论坛”上，长三角 16 个城市的代表共同签署了《共建信用长三角宣言》，合力打造区域性信用监管平台。

2004 年 6 月 20 日，来自上海、浙江和江苏的人事部门以及三地 19 个城市人事局的负责同志共 80 多人汇聚南京，围绕长三角人才开发一体化的共同主题，召开了年度工作会议。

2004 年 6 月 20 日，“长三角地区人口发展战略研讨会”在沪召开。

2004 年 6 月 25 日至 26 日，首届“长三角信息一体化高峰论坛”在上海国际会议中心举行，该论坛是由长三角信息合作联席会议为开拓长三角信息服务领域、推动长三角经济发展而举办的活动之一。

2004 年 6 月 25 日，上海市科学技术委员会、浙江省科学技术厅、江苏省科学技术厅首次联合发布“长三角经济社会发展重大关键、共性技术联合攻关项目”招标公告。联合攻关项目涉及制造业、服务业、农业、海洋经济，以及资源、生态、卫生等社会发展领域。

2004 年 7 月，胡锦涛到上海视察工作时，指出上海要服务长三角，服务长江流域。

2004 年 7 月 6 日，沪苏浙三地道路运输管理部门在浙江奉化召开首届长三角地区道路运输稽查联席会议，正式确立了联席会议制度。

2004 年 7 月，首部由长三角 16 个城市共同编写的《长江三角洲零售市场白皮书》上市发行。

2004 年 8 月 26 日，“长江三角洲城市统计合作与交流网络”第一次统计局长联席会议在上海举行，这标志着长三角城市的统计合作与交流进入实质性启动阶段。

2004 年 8 月，我国第一部由交通部牵头制定的区域性交通规划纲要《长江三角洲地区现代化公路水路交通规划纲要》出台。

2004 年 9 月，长三角质量月（全国第一个区域质量月）在长三角正式启动，沪苏浙联手建立质量打假“黑名单”制度。

2004 年 9 月 17 日至 18 日，首届长江三角洲城乡一体化论坛在浙江嘉兴市举行，论坛的主题是：落实科学发展观，按照“五个统筹”的要求，探讨城乡一体化和小城镇发展中面临的问题及其应对措施。

2004 年 10 月，“长江三角洲旅游城市 15+1 高峰论坛”在黄山举行，16 个城市共同签署《长江三角洲旅游城市 15+1 高峰论坛黄山共识》，达成了“加快区域旅游一体化进程”的合作共识。

2004 年 10 月，江苏省劳动和社会保障厅与上海市正式建立异地居住退休人员养老金资格协助认证机制，这在全国尚属首创。

2004 年 10 月 12 日，首届“长三角科技论坛”在浙江拉开帷幕。

2004 年 10 月 25 日，以“创新与合作——中国企业国际化进程”为主题的“第二届中国长三角发展与机遇论坛”在沪举行。

2004 年 11 月，国家发改委决定把长江三角洲区域规划作为“十一五”规划重要内容。

2004 年 11 月 1 日，由沪苏浙三地人事厅局联合发起的“长三角地区首届网上人才交流大会”拉开帷幕，这在全国尚属首次。

2004 年 11 月 2 日，长江三角洲地区 16 个城市的市长齐聚上海，共同签署了《长江三角洲地区城市合作协议》。

2004 年 11 月 2 日，长江三角洲城市经济协调会第五次会议、长江沿岸中心城市经济协调会第十二次会议同时在上海举行。

2004 年 11 月 27 日至 28 日，“第四次沪苏浙经济合作与发展座谈会”在杭州举行。本次会议的主题是：科学规划，协同并进，把沪苏浙的经济合作与发展推向新阶段。

2004 年 12 月 1 日，上海、江苏、浙江三省市委对外宣传办公室负责人联席会议在浙江杭州召开，并签署了《沪苏浙对外宣传工作合作协议》。

2004 年 12 月 4 日，长三角中小企业发展与政策论坛在沪举行。论坛围绕中小企业的“发展战略与政策”“投融资”“现代化管理”三方面议题进行了热烈的讨论。

2004 年 12 月 7 日至 8 日，以“融合与发展，兴业与责任”为主题的长江三角洲地区青年企业家浦东论坛在上海举行。

2005 年

2005 年 3 月 5 日，“中国长三角非织造产业联盟”在江苏仪征市宣告成立。

2005 年 3 月 11 日，“长三角工业与环境生物技术产业发展研讨会”在南京召开。

2005 年 3 月 20 日，浙江、上海、江苏、辽宁、吉林和黑龙江 6 省（市）政府人事部门在哈尔滨共同签署了《“东三省”与“长三角”人才开发合作协议书》，全方位实施“三三合作”。

2005 年 4 月 21 日，“长三角公共管理论坛”在南京大学举行。

2005 年 4 月 22 日，成立 8 年之久的长江流域产权交易共同市场在南京举行年度会员大会。

2005 年 5 月 10 日，由江苏省工商联、浙江省工商联和上海市工商联联合主办的“后配额时代长三角纺织服装业发展论坛”在南京举行。

2005 年 6 月 28 日，江苏、浙江、上海两省一市运输管理部门召开长三角地区道路货运发展研讨会，并发布了《长三角地区道路货运一体化发展共同宣言》。

2005 年 7 月 10 日，国家发改委有关领导和专家、苏浙沪及长三角 16 座城市的代表聚集扬州，对长三角经济一体化中涉及的产业和布局问题进行专题研讨，并于 2005 年 8 月拿出具体的研究报告呈报国务院。

2005 年 7 月，江苏、浙江、上海两省一市以及山东、江西、安徽等周边地区的 50 多个城市道路运输管理部门负责人齐聚上海，共同签署了《长三角地区道路货运一体化发展共同宣言》。

2005 年 7 月 30 日，由上海、杭州、宁波等 16 个城市联合组成的“长江三角洲城市市场信息协作网”编制的《2005 长江三角洲零售市场白皮书》正式推出。

2005 年 8 月 12 日，上海与杭州市人民政府在上海市国际会议中心签署《关于进一步推进沪杭经济合作与交流的协议》。

2005 年 8 月 30 日，上海市社会团体管理局会同上海市社会服务局与江苏、浙江两省民间组织管理局在上海国际会议中心举办了首届“长三角民间组织——行业协会与区域经济发展合作交流论坛”。

2005 年 9 月 3 日，“2005 长江三角洲旅游城市高峰论坛”在太湖明珠无锡举行，24 个城市的旅游主管共同签署《无锡倡议》。

2005 年 9 月 12 日至 13 日，“相聚长三角——海外高新技术交流合作周”上海段活动在沪举行。来自北美、欧洲、澳大利亚和日本等地的 40 多名华侨华人专业人士参加了活动。

2005 年 9 月 23 日，在“知识产权与发展区域经济”会议上，长三角地区专利网上交易视频系统正式开通，同时长三角地区 27 家知识产权代表在会上签署了该地区专利行政执法协议。

2005 年 9 月 26 日，首届“长三角——珠三角”旅游合作交流会在镇江举行。

2005 年 10 月 12 日，沪苏浙五金商会合作联盟成立。江苏省工商联五金业商会、浙江省工商联五金机电商会和上海市工商联五金商会达成协议：成立二省一市工商联五金（机电）商会合作联盟，共同打造长三角五金机电行业发展的平台。

2005 年 10 月 24 日，长江三角洲城市经济协调会第六次会议在南通举行，长三角 16 个城市的市长参加并共同签署了《长三角地区城市合作（南通）协议》。

2005 年 11 月 18 日至 19 日，长三角地区农林渔业局长第六次联谊会在常州市召开。

2005 年 11 月 20 日，第二届“长三角法学论坛”在杭举行，沪、苏、浙三地法学法律界的专家学者和民营企业家 150 余人参加了本届论坛，本届论坛由沪、苏、浙一市两省的法学会共同主办。

2005 年 11 月 24 日，第五次沪苏浙的经济合作与发展座谈会在南京举行。

2005 年 12 月 6 日至 8 日，国家发改委地区司在北京召开了长江三角洲地区区域规划研究成果协调会议。

2005 年 12 月，首次长江三角洲两省一市主要领导座谈会在杭州召开。

2005 年 12 月 16 日，长三角高速公路管理信息互通研讨会在上海银河宾馆召开。来自苏、浙、沪三地的专家学者 60 余人出席了研讨会。

2005 年 12 月 17 日，在南京举办“2005 中国长三角物流合作高峰论坛”。

2005 年 12 月 18 日，由上海社会科学院、江苏省社会科学院、浙江省社会科学院联合组建的“长三角联合研究中心”成立大会在上海社科院举行。

2005 年 12 月 25 日，长三角两省一市主要领导座谈会在杭州举行。为浙江省委书记习近平首倡。会议强调，两省一市要着重在推进区域科技创新体系建设、提升自主创新能力，共同构建交通网络、打造长三角物流中心，合作发展服务业，建立长三角“环保联盟”等方面加大力度，深化合作，促进共同发展。

2006 年

2006 年初，“长三角一体化”正式写进上海、江苏和浙江的“十一五”规划。

2006 年 3 月 25 日，“长三角区域能源专题规划工作会议”在江苏省镇江市举行，在能源专题规划领导小组统一领导下，上海市发改委、江苏省发改委、浙江省发改委，以及长江三角洲地区 15 个地级市发改委完成了长三角能源规划研究和草案编制工作。

2006 年 4 月 7 日，“2006 长三角青年创业与科技创新论坛”在江苏省扬州市举办，来自长三角地区的 400 多位经济界高层人士、专家学者和科技创新型企业负责人围绕青年创业与科技创新进行了研讨。

2006 年 5 月 11 日，“长三角工商联经贸合作峰会”在江苏江阴召开，本次峰会的主题是：以商会友、共谋发展、促进区域经济共同繁荣。

2006 年 5 月 23 日，长三角（浙江）民营经济研究会在杭州成立，长三角（浙江）

民营经济研究会聘请路甬祥为名誉会长、一批全国著名经济学家为专家顾问。

2006年6月10日，“第三届峰会暨中国长三角旅行社发展论坛”在苏州开幕。

2006年6月19日，“2006长三角青年论坛”在上海举办。本次论坛以“融入长三角、携手港澳台”为主题，以“自主创新与区域发展”为议题，旨在进一步加强长三角、港澳台青年的交流，分享自主创新经验，弘扬创新、创业精神，合力推进长三角、港澳台地区的合作与发展，为建设创新型国家贡献力量。

2006年6月24日，“长三角现代教育展”在上海开幕，旨在提高公众对国内外各类教育机构的了解与认识，为国内外各类院校、咨询和培训机构提供交流与合作的平台与机会，以吸引更多的生源，也使沪苏浙在教育理念、教育管理、教育培训、教育教学及现代化的教学手段等方面进行交流与合作，为公众提供最新、最权威、最直接的国内外教育信息和动态。

2006年6月25日，“2006年长三角双休日旅游经济创新发展高峰论坛”在湖州安吉举办。

2006年7月25日，“丹东-杭州（长三角地区）经贸合作洽谈会”在杭州召开，以进一步加强丹东与杭州及长三角地区的交流、合作，实现优势共享，互利双赢。

2006年8月3日，“2006年长三角地区专利行政执法协作联席会议年会”在沪召开，总结交流《长三角地区知识产权局系统专利行政执法协作协议》的执行情况，对执行中的问题提出了改进措施，并介绍了各地专利行政执法工作的经验和典型案例。

2006年8月29日，苏浙皖赣沪的质量技监部门在上海联合举行“长江三角洲‘四省一市’质量技术监督合作互认暨质量月共同行动会议”，并发布《十一五期间长江三角洲苏浙皖赣沪质量技术监督合作互认行动纲领》。

2006年9月24日，“长三角港口管理部门合作联席会议”成立，规定了合作原则等多方面的内容，通过共同努力，改善合作环境、深化合作内涵、落实合作措施、提高合作效能，推动长三角港口协调和可持续发展，实现互利共赢，共同进步。16个城市的港口管理部门在会上分别介绍了各港“十一五”发展规划，并就当前长三角港口发展和港口管理中的重大问题和下一步的合作意向进行了探讨。

2006年10月9日，2006年上海国际“都市圈交通论坛”在上海举办，就构建都市大交通格局、打造“3小时经济圈”进行研讨。

2006年10月21日，“长三角文化周系列活动”在上海开幕。包括长三角文化论坛、长三角职工歌手大赛、长三角新故事大赛、长三角田歌展演、长江三角洲部分城市群文优秀节目展演等，集中体现区域性的文化交流与合作，为长三角地区文化的进一步发展创造广阔空间，建立起长三角文化合作与交流的长效机制，逐步打造长三角文化品牌，促进区域文化的共同繁荣。

2006年11月5日，“2006西湖博览会长三角高级人才招聘大会”在杭州召开，大会立足长三角，面向海内外，为长三角各类企事业单位招聘各类高级经营管理人才和专业技术人才提供人才交流、人才引进和人才测评等系列服务。

2006年11月7日，“长三角营销论坛”在台州举办，以自主创新、打造品牌、全面提升国际营销力为主题，以服务经济、服务企业、服务发展为宗旨，目的是探索新理念、学习新知识、交流新经验、全面提升营销理论和实践水平，为长三角地区的经济发展做出贡献。

2006年11月9日，上海社科院城市化发展研究中心的专项研究成果——“2006年度长三角区域城市综合竞争力评价”公布。指出长三角区域城市整体综合竞争力不断提升，四大城市板块集聚起发展优势，城市群之间的总体水平不断接近的新特点。

2006年11月24日，“长三角市长峰会”在江苏泰州举行，本次会议的主题确定为研究区域发展规划、提升长三角国际竞争力，讨论并通过了关于“交通卡互通”“高校毕业生就业合作”“长三角资料信息中心筹建”等提案。

2006年12月1日，“沪苏浙三省市领导座谈会”在扬州举行，两省一市主要领导交流了全面落实科学发展观、构建和谐长三角的进展情况，讨论修改、完善国家长三角区域发展规划的相关问题，磋商加强长三角合作与交流需要着重推进的主要工作。

2006年12月1日，沪苏浙三省市领导座谈会在扬州举行。浙江省委书记习近平出席会议，共商加强长三角合作与交流大计。会议认为，推进区域经济一体化、促进和谐长三角建设，是两省一市共同的目标。长三角区域发展规划的制订与实施，使区域合作与交流面临着新的重大机遇。要以科学发展观为指导，以实施长三角区域发展规划为契机，在新的起点上，开创区域合作的新局面，构筑长三角发展的新优势。

2006年12月6日，“第四届长三角中小企业合作与发展论坛”在浙江杭州举办，本次论坛推出了对口帮扶、扩大就业、产业结构优化、上下联动、区域协作等七项助推新农村建设的长效机制，推进中小企业乡镇企业成为建设新农村的生力军，促进长三角地区建设新农村继续走在全国前列。

2006年12月7日，“2006年长三角油品与化学品物流论坛”在上海举行。

2006年12月19日，“长三角物流园区合作与发展高层论坛”在沪举行，提出加强合作，避免低水平重复建设，加快形成差异化竞争的新格局。

2006年12月22日，“加强区域科技合作，推进新农村建设研讨会”在上海举行，该研讨会由上海科学技术开发交流中心与上海城市化发展研究中心联合主办，以区域科技合作为主线，整合长三角新农村建设资源，实现优势互补，促进社会主义新农村建设联动发展，这是长三角科技合作的创新之举。

2007年

2007年1月19日，2007年度长三角城市会展联盟秘书长第一次工作会议在嘉兴国际会展中心召开。本次会议通过了会展联盟发展纲要，并对2007年工作进行了部署。

2007年4月28日，第三次长三角区域对外宣传联席会议（简称长三角外宣联席会议）在上海召开。本次联席会议上，苏浙沪省（市）委外宣办达成共识，将积极利用上海2007年世界特奥会和2010年上海世博会机遇，扩大长三角区域的国际影响力，促进长三角区域与世界其他主要国家和地区的交流合作。

2007年5月15日，国务院长江三角洲地区经济社会发展座谈会在上海举行。温家宝总理高度评价推进长江三角洲区域实现率先发展具有全局性意义，并指出今后一个时期长三角地区要着力抓好以下几个方面的工作：一是推进产业结构优化升级，加快转变经济增长方式，切实加强资源节约和环境保护；二是实施科教兴国战略，显著增强自主创新能力，尽快把长三角区域建设成为创新型区域；三是推动重大基础设施建设一体化，避免和减少重复建设，提升区域合作功能和效率；四是统筹城乡发展，努力改变城乡二元结构，扎实推进新农村建设；五是优化城市布局，走新型城镇化道路，充分发挥中心城市作用；六是更加注重社会和谐，让广大群众共享改革发展成果，加快把长三角地区建成社会和谐的区域；七是推进改革开放，注重制度建设，加快完善更具活力、更加开放的体制，全面提高对外开放水平。

2007年5月30日，长三角区域大通关协作第一次联席会议暨“长三角大通关建设协作备忘录”签约仪式在上海举行。江苏、浙江、上海两省一市签署了“长三角区域大通关建设协作备忘录”，这标志着长三角区域大通关建设协作取得实质性突破。

2007年6月21日，在浙江、江苏、上海两省一市政府联合召开的“2007长三角区域创新体系建设联席会议”上，三方共同签署了《长三角科技资源共享服务平台共建协议书》，力争在2010年建成一个初具规模的区域性创新服务平台。根据协议，苏浙沪将本着“共建共享、协作服务、优势互补、互利共赢”原则，大力推进长三角科技资源的开放和共享，实现科技资源在更大范围、更广领域和更高层次上的配置利用。

2007年6月24日，中国中小企业协会长三角地区服务中心在上海宝山区成立。中国中小企业协会长三角地区服务中心将为长三角地区中小企业提供合作、交流、发展的平台，助推长三角地区中小企业发展。

2007年9月21日，2007长江三角洲旅游城市高峰论坛在南京市举办。主要成果为《2007长三角旅游城市高峰论坛南京宣言》。

2007年10月18日，长三角地区科协合作联盟在上海成立。沪苏浙两省一市的科协将以每年轮流举办联席会议的方式，共同研究制定合作交流、联动发展规划。

2007年11月30日，沪苏浙两省一市主要领导座谈会在上海东郊宾馆举行。两省一市主要领导畅谈了学习贯彻中共十七大精神的体会和设想，围绕进一步贯彻落实5月15日温家宝总理在长三角地区协调发展座谈会上的重要讲话精神。会议认为，一年来，两省一市各级党委、政府和广大干部群众坚持以邓小平理论和“三个代表”重要思想为指导，深入贯彻落实科学发展观，促进长三角地区经济社会保持了又好又快的发展势头，特别是在调整经济结构、转变经济发展方式等方面取得了新的成效。与此同时，两省一市的合作交流进一步加强，合作内容不断深化，合作领域不断拓展，合作机制逐步完善，重点领域的合作取得了新进展。这是两省一市各有关方面共同努力、合作推进的结果。

2007年12月1日，以“提升长三角地区整体国际竞争力”为主题的长江三角洲地区发展国际研讨会在上海举行。与会专家学者围绕世界级城市群的发展轨迹和经验启示、区域重大基础设施一体化建设与管理等专题，开展了深入研讨。

2008年

2008年3月16日，长三角16个城市的港口管理部门齐聚宁波，研究通过了长三角港口市场监管工作机制，对宁波提出的“港口经营市场监管和退出机制”课题进行深入研讨，相互交流现场执法经验，探索共同监管市场的有效举措。

2008年4月2日，连接苏州和南通之间的苏通大桥试通车，南通正式进入上海1小时都市圈。

2008年4月7日，苏浙沪三地科技管理部门在南通召开会议，全面部署长三角近期科技合作和区域创新体系建设工作。通过了《长三角科技合作三年行动计划（2008—2010年）》，进一步明确了科技合作三年发展目标，为进一步提高长三角区域科技合作创新能力，实现长三角率先发展奠定了行动指南。

2008年4月20日，中国人民银行与上海、江苏、浙江两省一市在南京共同召开“推进长江三角洲地区金融协调发展工作第一次联席会议”，研究探讨进一步推进长三角金融协调发展的各项工作，同时签署共建“信用长三角”合作备忘录。

2008年6月11日，长三角美术馆协作会议召开，来自苏、浙、沪三地15家美术馆的代表参加。会上签署了《长三角美术馆合作协议》。

2008年7月，长三角16个城市港口管理部门代表齐聚南通，围绕港口安全和环保主题，共议对策措施。针对区域内港口环保设施不配套、防范抵御事故灾害能力不足，以及港口发展面临的资源、环境等多种因素制约，长三角16个城市建立了港口安全与环保合作机制和信息交流共享机制，及时发布区域港口安全、环保工作动态，展开紧密合作，共同推广先进成熟的生产技术和管理经验。

2008年8月6日，国务院总理温家宝主持召开国务院常务会议，审议并原则通过了《进一步推进长江三角洲地区改革开放和经济社会发展的指导意见》，要求在进一步推进长三角改革开放中重点抓好十项工作，即加快调整产业结构，努力形成以现代服务业为主的产业结构；全面推进工业结构优化升级，努力建设国际先进制造业基地等。

2008年9月16日，国务院发布《关于进一步推进长江三角洲地区改革开放和经济社会发展的指导意见》（国发〔2008〕30号），强调改革开放特别是推进上海浦东开发开放以来，长江三角洲地区经济社会发展取得巨大成就，对服务全国大局，带动周边发展做出了重要贡献，积累了丰富经验。在当前国际经济环境发生重大变化、国内各项改革深入推进的新形势下，为进一步推进长江三角洲地区改革开放和经济社会发展提出系列意见。

2008年9月27日，宁波召开的2008年长三角旅游城市高峰论坛上，来自上海，南京、杭州等长三角25个城市的旅游专业人士齐聚一堂，共话“同城时代”的旅游营销和合作发展，签署《宁波宣言》，承诺共同打造“长三角黄金旅游圈”，鼓励区域内的旅游企业开展多层次合作。

2008 年 10 月 13 日，沪苏浙一市两省教育行政部门负责人在上海签署“上海市、江苏省、浙江省关于长三角社区教育合作协议”，根据协议，长三角将建立起社区教育网络课程资源共享机制和合作组织，三地将在教育管理者与教师培训方面加强合作。

2008 年 10 月 23 日，上海、江苏、浙江三地政法委围绕“共创平安、稳定、和谐的长三角地区”这一主题，在南京签署了《长江三角洲地区政法综治工作协作交流框架协议》，三地设立协作交流工作办公室，负责协调沟通三地协作交流日常工作。

2008 年 11 月 8 日，2008 年“接轨上海”嘉善论坛在嘉善举行，该论坛围绕“打造主动接轨上海前沿高地”这个主题，探讨了 2010 年中国上海世博会举办对周边地区经济的影响，融入长三角一体化等课题。吴江、太仓，松江、金山，绍兴、魁溪、平湖、嘉善 8 县（市、区）签订了长三角区域“发展与改革”合作会议框架协议。

2008 年 12 月 13 日，长江三角洲城市发展论坛在苏州举办，论坛以江苏和苏州改革开放 30 年实践经验为蓝本，围绕建设创新型城市，对长三角区域城市未来发展趋势进行研判，构建长三角地区城市间交流与合作平台，推进长江三角洲发展。

2008 年 12 月 15 日，苏浙沪两省一市共同签订了《长江三角洲地区环境保护工作合作协议（2008 —2010 年）》。从 2009 年起，长三角将分别在水体、发电厂、尾气等领域统一行动，开展污染治理合作。长三角地区将逐步推进统一的污水处理费和企业排污费征收标准。

2008 年 12 月 15 日至 16 日，长三角地区主要领导座谈会在宁波举行。会议围绕落实中央扩大内需促进经济平稳较快增长的决策部署以及国务院《关于进一步推进长江三角洲地区改革开放和经济社会发展的指导意见》，交流了三省一市应对当前经济形势的政策措施，讨论通过了《长三角地区贯彻国务院〈指导意见〉共同推进若干重要事项的意见》。

2008 年 12 月 25 日，由上海银行主办的第一届长三角城市商业银行联席会议在上海国际会议中心召开。本次会议围绕“加快推进区域金融合作，共同应对金融风险挑战”的主题展开研讨，与会城商行共同签署了《长三角城市商业银行加强战略合作，应对金融风险备忘录》。

2009 年

2009 年 3 月 13 日，上海、江苏、浙江三地工商部门和消协组织共同发表合作宣言。按照《长三角地区消费者权益保护合作协议》和《江浙沪消费者组织合作协议》，三地工商部门和消协组织经相互协商，共同研究，对 2009 年长三角“消费与发展”行动已达成共识。

2009 年 3 月 27 日，长三角城市经济协调会第 9 次会议在浙江湖州召开，除 16 个成员城市外，长三角其他 9 个地级城市也应邀参会。这是协调会成立 13 年来，沪苏浙

25 个城市首次集体出席这一市长级协调组织的年度会议。本次会议的主题是“贯彻国务院《指导意见》精神，共同应对金融危机，务实推进长三角城市合作”。

2009 年 4 月 14 日，《关于长三角区域新闻出版合作发展的框架协议》在沪正式签署。这意味着，全国首个跨区域的新闻出版（版权）联盟已在长三角地区率先启动，苏浙沪两省一市新闻出版行业的紧密合作迈出关键一步。

2009 年 4 月 16 日，上海市科委与安徽省科技厅在合肥签署了《关于进一步加强科技合作与交流协议书》，标志着上海与安徽新一轮科技合作工作启动。

2009 年 4 月 24 日，苏浙沪两省一市在上海召开长三角地区知识产权发展和保护状况新闻发布会，使长三角地区知识产权保护再上台阶。

2009 年 5 月 8 日，2009 长三角通信一体化发展高峰论坛暨长三角互联网投融资大会在南京举行。本次论坛围绕“加强区域信息通信合作，促进长三角通信一体化发展”主题，为通信主管部门、通信运营企业、行业协会以及专家学者之间搭建交流与合作的平台，帮助互联网企业在困难中寻找希望、在危机中寻找商机，带动相关产业深化合作、发展壮大，进一步打造长三角通信区域生态圈。

2009 年 5 月 17 日，长三角区域创新体系建设工作座谈会暨联席会议 2009 年工作会议在上海召开。长三角科技资源共享服务平台、科技文献共享系统同日开通。

2009 年 7 月 4 日，上海市人民政府发布《贯彻国务院关于进一步推进长江三角洲地区改革开放和经济社会发展指导意见的实施意见》（沪府发〔2009〕33 号），认识、明确进一步推进长三角地区改革开放和经济社会发展，加快上海“四个中心”和社会主义现代化大都市建设的重大意义、总体思路和发展目标。

2009 年 7 月 9 日，长三角地区跨界环境污染纠纷处置和应急联动工作领导小组在浙江杭州组织召开了第一次联席会议。会议审议并签署了《长三角地区跨界环境污染纠纷处置与应急联动工作方案》，建立了长三角地区跨界环境污染纠纷处置与应急联动协调机制，成立了由两省一市环境监察和应急机构为主体的组织机构，确定了机构的领导小组、办公室成员和联络员。

2009 年 7 月 15 日至 18 日，在上海新国际博览中心联合主办“长三角 2009 装备制造业自主创新科技论坛”，共同探讨装备制造业的自主创新。旨在充分发挥“长三角”装备制造业的创新、引领和辐射作用，推动区域经济乃至全国经济的发展。

2009 年 7 月 17 日，“2009 年长三角地区节能环保新技术推广交流会”在上海理工大学科技园隆重举行。

2009 年 8 月 15 日，长三角地区合作与发展联席会议第一次会议在无锡召开。上海、江苏、安徽等省市有关领导出席会议并讲话。会议审议并原则通过了《2009 年长三角地区合作与发展联席会议纪要》以及联席会议工作制度和重点专题组工作制度。

2009 年 9 月 25 日，2009 年长三角旅游城市高峰论坛在扬州举行，长三角 4 省 1 市 25 个城市市长和旅游部门领导参会，围绕“抓住世博契机，构建和传播长三角旅游城市新形象”主题，分别作了主题演讲，并发布了《扬州共识》。

2009 年 9 月 28 日，连接长三角经济区和海峡西岸经济区的温（温州）福（福州）高速铁路正式建成通车。

2009 年 10 月 13 日，由上海世博局、长三角苏浙沪政府环保部门和民间环保机构发起的“穿越长三角——绿色出行看世博联合行动”启动。此行将穿越长江三角洲的 16 个主要城市，宣传世博会的绿色理念。

2009 年 10 月 13 日，2009 长三角地区现代物流联动发展大会暨中国（浙江）长三角物流发展合作论坛在浙江宁波拉开序幕。大会对加快长三角地区现代物流的发展进行交流讨论。沪苏浙质量技术监督部门、食品药品监督部门和物流牵头部门代表共同签署《长三角地区推进医药物流标准化合作备忘录》。

2009 年 10 月 13 日，2009 年度长三角信息合作联席会议全体理事会召开，会议的主要内容是研究讨论信息中心的定位和核心业务，交流事业单位岗位设置和绩效工资实施情况、经济发展分析预测情况和“十二五”规划。

2009 年 10 月 14 日至 15 日，由江苏、上海、浙江两省一市质量技术监督局共同主办、台州市人民政府协办的“2009 长三角世界标准日论坛”在台州市举行。

2009 年 11 月 2 日，浙江省人民政府发布《贯彻国务院关于进一步推进长江三角洲地区改革开放和经济社会发展指导意见的实施意见》（浙政发〔2009〕69 号），要求坚持科学发展，推进转型升级，努力保持经济平稳较快发展；坚持和谐发展，推进基本公共服务均等化，着力保障和改善民生；坚持率先发展，深化改革开放，力争在重要领域和关键环节率先取得突破；坚持一体化发展，深化长三角区域及周边地区的合作，不断增强区域国际竞争力。

2009 年 11 月 5 日，2009 年上海工业旅游年票正式发行。2009 上海工业旅游年票在“长三角 3 小时旅游圈”范围内串联起苏浙沪 3 地近 30 家全国工业旅游示范点和上百个工业旅游景点，组合成自由行、自驾游线路，被称为长三角工业旅游“口袋书”。

2009 年 11 月 8 日，以“创造，创新，创意，创业”为主题的 2009 长三角（嘉兴）投资洽谈会在浙江省嘉兴市开幕，来自 30 多个国家的 400 余位宾客汇聚嘉兴。总投资额达 16. 6 亿美元的 25 个项目签约，并举行了“嘉兴 · 日本服务外包对接洽谈会”“境外经贸合作区投资说明会”“中德中小企业合作暨跨国投资论坛”。

2009 年 11 月 20 日至 21 日，2009 安徽（苏州）承接长三角产业转移洽谈会在苏州举行。本次洽谈会旨在加强承接长三角地区产业和资本转移，推进皖江城市带承接产业转移示范区建设。

2009 年 11 月 27 日，长江三角洲地区主要领导座谈会在江苏省苏州市举行。会议深刻分析了长三角地区一体化发展面临的新形势、新机遇，交流了应对国际金融危机、保持经济平稳较快发展的最新情况，重点围绕贯彻实施国务院《关于进一步推进长江三角洲地区改革开放和经济社会发展的指导意见》，就进一步携手应对国际金融危机、加大区域统筹力度、推进一体化发展等议题进行了充分讨论，明确了新一轮合作方向和重点。

2009年12月4日，上海、江苏、浙江、宁波检验检疫局在杭州召开长三角区域检验检疫机构合作联席会议，同时邀请安徽、江西、湖北、福建检验检疫局的领导和同志与会。会议确立了建立信息互通交换、直通放行、口岸查验、风险预警管理等8项合作机制，这标志着长三角区域检验检疫机构合作进入了业务建设一体化的新阶段。

2009年12月15日，苏浙沪三地检察机关会签《长三角地区检察机关加强协作、维护上海世博会安全的工作意见》，将加强办案协作，积极查办影响世博会有序筹办和正常运营的职务犯罪，坚决查处涉及世博会的重大安全事故、责任事故背后的渎职犯罪。

2009年12月18日，长三角地区合作与发展联席会议工商管理组工作座谈会在江苏省苏州市召开。上海市、浙江省、江苏省和安徽省工商行政管理局局长共同签署了《长三角地区工商部门合作交流备忘录》。

2009年12月19日，由中共上海市委宣传部、上海世博局、上海市交运港口局、上海市旅游局、上海市政协经济委员会和上海市宝山区人民政府主办的“世博论坛——水上旅游与城市生活”在上海举行。沪苏浙三省市有关方面共同签订了《长三角水上旅游合作框架协议》。

2009年12月23日，“2009中国·合肥国有产权转让暨承接长三角产业转移重点项目招商对接会”在上海举行。合肥共推出238个市级重点招商、基础设施建设、工业投资项目，总投资额达2 337亿元。本次对接会以国有产权转让招商、工业项目建设为主题，以参加泛长三角分工、承接长三角产业转移为重点，旨在为有发展、改制、并购、重组、上市等需求的企业提供展示平台。

2010年

2010年2月1日，浙江省人民政府办公厅发布《关于印发进一步推进长江三角洲地区改革开放和经济社会发展实施意见中有关重点工作分工方案的通知》（浙政办发〔2010〕9号）。

2010年3月26日，长三角协调会第十次市长联席会议在浙江嘉兴召开。会议宣布，吸纳安徽的合肥和马鞍山、浙江的金华和衢州、江苏的盐城和淮安等6个城市为长三角协调会的新成员。至此，长三角协调会成员城市扩容至22个。

2010年3月28日，上海市、江苏省、浙江省人民政府和中国人民银行在上海签署《共同推进长三角地区金融服务一体化发展合作备忘录》。各方一致同意，将加大创新力度，通过金融促进长三角地区产业整合和协调发展；加快研究和推动实施金融服务一体化，从整体上提升金融服务长三角经济社会联动发展的能力和水平。

2010年6月7日，国家发展改革委发布《长江三角洲地区区域规划》（发改地区〔2010〕1243号）。长三角规划明确了长三角区域总体布局和发展目标，并详细阐述“优先发展现代服务业、做强先进制造业、加快发展新兴产业和巩固提升传统产业”的产业发展和布局。在规划中，长三角被定位为：亚太地区重要的国际门户、全球重要的现代服务业和先进制造业中心、具有较强国际竞争力的世界级城市群。明确长三角城镇体系发展“一核五副”的整体思路。

2010年7月1日，沪宁城际高铁正式通车。上海-南京最快只需72分钟，平均每5分钟即有一班客车，长三角“一日城市圈”正式形成。沿线城市进入“同城时代”。

2010年7月6日，以“绿色经济——长三角新兴城市转型发展之路”为主题的长三角绿色经济金山峰会在镇江市举行，峰会发表了《长三角绿色发展镇江宣言》。

2010年10月13日，长三角地区合作与发展联席会议在上海召开。会议以贯彻实施国家颁发的《长江三角洲地区区域规划》为主线，协调推进了交通、能源、信息、社保等10个专题组和城市经济合作组的重点合作事项。

2010年10月26日，沪杭高铁开通运营，从上海虹桥至杭州最快运行时间只有45分钟。

2010年12月20日，长三角地区主要领导座谈会在上海举行。会议交流了长三角地区贯彻落实中共十七届五中全会精神，编制“十二五”规划、实施《长江三角洲地区区域规划》和《皖江城市带承接产业转移示范区规划》，以及区域经济运行的最新情况。会议充分肯定了今年以来长三角地区合作与发展取得的成效。一年来，三省一市紧紧抓住发展这个第一要务，认真贯彻落实中央应对国际金融危机冲击的一揽子计划，携手实施宏观调控，巩固和发展应对国际金融危机冲击的成效，联手确保上海世博会成功举办，加快转变经济发展方式，区域经济抗风险能力和可持续发展能力得到了进一步增强。

2011年

2011年1月，上海市发展改革委发布《关于本市贯彻〈长江三角洲地区区域规划〉实施方案》（沪府办发〔2011〕3号），《区域规划》是贯彻《国务院关于进一步推进长江三角洲地区改革开放和经济社会发展的指导意见》的重大部署，是进一步提升长江三角洲地区整体实力和国际竞争力的战略安排，有利于上海应对复杂多变国际环境、加快经济社会发展转型、实现经济持续平稳发展、进一步增强核心竞争力，有利于上海发挥辐射带动作用，为区域协调发展作出更大贡献。

2011年3月31日，长江三角洲城市经济协调会第十一次市长联席会议在镇江召开。22个城市就“高铁时代的长三角合作”广泛交流讨论，并共同签署了《长三角城市合作（镇江）协议》。

2011年4月26日，由南京、镇江、扬州、淮安、芜湖、马鞍山、滁州、巢湖8市人民政府共同举办的第五届南京都市圈市长峰会在南京紫金山庄会议中心成功举行。

2011年5月10日，在上海举行的长三角地区旅游合作联席会议上，苏浙皖沪三省一市签订了合作框架协议，以建设具有苏浙皖沪地域特色和人文特色的世界著名旅游城市群为合作目标，在交通同城化、信息网络化、服务规范化的基础上，着力解决一些重大的跨行政区域的实际问题，逐步实现区域旅游一体化。

2011 年 5 月 16 日，第四届长江三角洲地区金融论坛在南京举行。

2011 年 6 月 30 日，国务院正式批准设立浙江舟山群岛新区，舟山成为我国继上海浦东、天津滨海、重庆两江新区后又一个国家级新区，也是首个以海洋经济为主题的国家级新区。舟山群岛新区功能定位是：浙江海洋经济发展的先导区、海洋综合开发试验区、长江三角洲地区经济发展的重要增长极。

2011 年 10 月 10 日，长三角现代服务业合作与发展论坛召开，提出长三角两省一市以建设全球重要的现代服务业中心为目标，深入推进交流合作，努力构建多层次、全方位的合作机制。

2011 年 11 月 20 日，长三角地区主要领导座谈会提出，长三角正在联动实施多个国家区域发展战略，推动产业的有序转移和科学承接。在完善政府层面合作机制的同时，不断提高非政府层面的参与度，努力形成“政府引导、企业主体、社会参与”的长三角区域合作新格局。会议认为，长三角地区国家区域发展战略联动实施成效初显。上海“两个中心”建设全面推进，连续三年在全国城市流通竞争力综合排名中名列榜首。江苏沿海开发步伐加快，东中西区域合作示范区建设扎实推进。浙江海洋经济示范区建设、舟山群岛新区建设力度不断加大，义乌国际贸易综合改革试点有效开展。皖江示范区建设全面展开，在产业转移和承接、体制机制创新、合作平台建设等方面取得初步成效。

2011 年 11 月 30 日，长三角中小企业发展与合作研讨会在淮安举行，苏浙沪两省一市的中小企业主管部门负责人和企业代表交流。

2012 年

2012 年 1 月 6 日，2011 年长三角城市会展联盟年会在江西省南昌市举行，会上通过了长三角地区 2011 年会展业发展工作报告，提出了 2012 年工作设想，讨论了建立长效沟通机制和理事会会议制度，提出了举办第四届长三角城市会展发展论坛的构想。

2012 年 3 月 31 日，2012 年度长三角道路运输一体化联席会议在上海召开，沪、苏、浙三地交通行政主管部门明确 2012 年将就毗邻地区长途客运公交化，创建长三角省际道路客运品牌班线，巩固长三角交通执法联动联勤机制、推进道路运输管理信息共享等方面开展更紧密的合作，以进一步推进长三角道路客运以及货运物流一体化发展。

2012 年 4 月 17 日至 18 日，长三角城市经济协调会第十二次市长联席会议在浙江台州举行，会议围绕“陆海联动，共赢发展”主题，就共同发展海洋经济议题，展开一年一度的头脑风暴。

2012 年 5 月 3 日，“长三角”邮游合作联席会议在南京召开，会议围绕“畅游长三角”旅游优惠活动，编制、发行《畅游长三角区域优惠联票明信片册》等工作开展研讨。

2012 年 5 月 10 日，“长江流域产权交易共同市场第五届三次理事大会”在湖北武汉召开，会议围绕坚持规范创新，实现产权市场转型发展的主题，着重促进非上市公司股权流转，进一步扩大中小企业股权质押，努力形成中小企业服务链，做好为中小微企业直接融资服务、为区域经济发展服务的工作。

2012年5月16日，2012年长三角地区环保合作联席会议在丽水龙泉召开。上海、江苏、浙江、安徽三省一市签订了《2012年长三角大气污染联防联控合作框架》协议，在全国起到了示范带头作用。

2012年6月7日，长三角合作与发展联席会议办公室第一次会议在杭州召开，会议研究通过了《2012年长三角合作工作计划》，交流讨论了交通、能源、信息化、科技、环保、信用、人力社保、金融、涉外服务、城市合作、产业转移等重点专题工作思路。

2012年6月27日，第四届长三角地区侨商组织秘书长联席会议在安徽合肥召开，与会侨商代表就如何加强工作协同，共同维护侨商合法权益，推动中外经贸文化交流等方面进行交流讨论，并就建立长三角地区侨商组织合作平台、完善合作机制等事宜达成共识。

2012年6月27日，长三角发展论坛（第十五次）暨“长三角节能减排联席会议”（第五次）在上海虹桥宾馆隆重召开。本次会议的主题是科技与建筑节能，从工业建筑节能、住宅建筑节能、公共建筑节能、新农村建筑节能四个方面介绍了节能示范的案例。

2012年7月3日至4日，2012年长三角人才开发一体化工作座谈会在杭州召开，会议就长三角人才开发一体化协作达成三点共识：一是进一步加强沟通联系，建立更加畅通的合作交流机制；二是及时通报人才工作的政策、活动和相关信息；三是持开放的态度，共同推进长三角人才开发一体化进程。

2012年7月，浙江省人民政府办公厅发布《关于印发浙江省贯彻落实长江三角洲地区区域规划实施方案的通知》（浙政办发〔2011〕3号）。《浙江省贯彻落实长江三角洲地区区域规划实施方案》是深入推进长三角一体化发展的重要行动纲领。

2012年8月15日，2012年长三角旅游市场工作联席会议在上海浦东卓美亚喜马拉雅大酒店召开，沪苏浙皖省市领导就关于进一步推进沪苏浙皖旅游一体化，落实2011年5月召开的长三角地区旅游合作联席会议上提出的共建世界著名旅游城市群的总体要求共同签署的《区域旅游一体化合作框架协议》。

2012年8月23日，长三角区域创新体系建设联席会议在浙江省杭州市召开，会议讨论了浙江省科技厅提出的2012年长创联办重点工作计划，并进行了轮值主席交接仪式。

2012年9月21日，长江三角洲地区主要领导座谈会在浙江省杭州市淳安县召开。会议以科学发展观为指导，综合分析当前国际国内形势和长三角地区合作与发展面临的机遇与挑战，总结交流三省一市今年以来落实“稳增长、调结构、惠民生”各项政策举措的做法和经验，重点围绕“联动实施国家战略、共同推进创新发展”主题，就加快结构调整、推动创业创新、强化公共服务、深化合作开放等议题进行座谈讨论，进一步明确了深入推进长三角地区合作与交流和一体化发展的方向和重点。

2012 年 9 月 26 日，上海组合港管理委员会第五次全体会议在上海召开，会议审议通过了推进长三角区域港航合作的方案，明确指出将加强长三角区域港口规划协调，加强港口集疏运体系和港口综合信息服务平台的建设，支持港航企业跨区域开展业务合作，加大航运综合试验区的政策创新力度。

2012 年 10 月 12 日，2012 年长三角地区能源合作与发展座谈会在浙江召开，会议回顾了长三角能源合作工作取得的成效，明确了下一步要重点推进的四个方面的工作。

2012 年 10 月 18 日，2012 年长三角信息合作联席会议全体理事会议暨成立十周年庆典大会在南京召开。会议对长三角信息合作联席会议成立十周年取得的成绩进行了全面回顾。

2012 年 10 月 26 日至 27 日，长三角地区产业发展论坛在合肥市翡翠湖迎宾馆举行，与会专家学者围绕“创新发展与创新承接：长三角区域产业一体化发展”主题进行深入探讨，为长三角地区产业发展献计献策。

2012 年 11 月 8 日至 10 日，长江三角洲价格信息工作交流网络三届三次会议在上海浦东新区召开，会议围绕着“加强市场放开商品价格监管和价格信息服务”的主题，开展了广泛的交流和探讨。

2012 年 11 月 9 日，“2012 长三角旅游合作联席会议”在无锡召开，会上，苏沪浙皖三省一市联合签署了《共同推进长三角休闲度假旅游发展合作协议》，发布了《长三角房车旅游大纲》，启动了长三角“游邮联合”项目。

2012 年 11 月 17 日至 19 日，第九届长三角科技论坛在连云港市举行，论坛围绕“科技创新促进港产城一体化协调发展”的主题，涉及城市规划、港口经济、电机、能源、航空航天、科技期刊、气象、光学、园艺、药学、防震减灾、辐射加工、生物产业、农机、营养、纺织、植物、水产、航运、船舶等多个领域。

2012 年 11 月 23 日，第五届长三角海归创新创业圆桌会议在江苏省海安市举行，会议主题为“海归创新创业面临的机遇和挑战”，会议旨在通过整合长三角海归资源，交流探讨留学人员创业园建设的孵化与投资，加速创新资源流动，提高海归企业核心竞争力。

2012 年 11 月 25 日，“2012 中国长三角青商论坛暨海内外杰青嘉年华”在江苏省丹阳市举行，论坛围绕“汇聚天下英才 · 创领青商未来”主题，搭建海内外杰青与中国长三角地区政、产、学、研、媒等跨界青年才俊的交流合作平台。

2012 年 11 月 26 日，长三角市（区）长圆桌会在无锡召开，长三角 20 多位市（区）长共聚一堂，围绕苏浙沪三地服务业合作共赢发展等内容进行交流，讨论通过并共同签署发布了《无锡 · 协同创新、智慧城市与服务业发展市长宣言》。

2012 年 12 月，上海经济和信息化厅发布《长三角区域信息化合作“十二五”规划》（沪经信外〔2012〕858 号），根据规划，长三角地区会初步形成社会民生、航运交通、城市安全等重要领域信息化应用全面对接的良好局面。长三角三省一市将重点推动社会保险、医疗保险、婚育、教育等民生领域信息化应用的对接；实现航运物流信息的共享互通，全面推行长三角地区公共交通一卡通、ETC 等应用；建立城市安全应急管理信息化协同机制，加快图书馆、资料馆、档案馆、教育信息共享。

2013 年

2013 年 1 月 22 日，上海社会科学院与《新民周刊》主办“长三角城市市长与知名企业家对话会”，就长三角范围来说，上海能吸引大企业、大集团，杭州则能针对浙江民营企业多、中小企业多的特点，服务成长型企业，如此形成错位，有效避免因为毗邻上海而形成“大树底下不长草”的状况。

2013 年 2 月 28 日，长三角联席会议办公室 2013 年工作会议以及长三角城市经济协调会第十三届市长联席会议在江苏召开。

2013 年 7 月 1 日，南京至杭州（宁杭）、杭州至宁波（杭甬）高铁正式开通。长三角地区一小时高铁网络基本形成，主要城市正式跨入“同城时代”。

2013 年 12 月 18 日，长江三角洲地区主要领导座谈会在南京举行。会议重点围绕“加快转型升级，共同打造长三角经济‘升级版’”的主题，就推动经济转型升级、联动实施国家战略、深化重点专题合作、完善合作发展机制等事项进行了深入讨论。会议认为，今年以来三省一市全面落实 2012 年长三角地区主要领导座谈会确定的重点任务，下一阶段要重点在完善现代市场体系、构建开放型经济新体制、加快生态文明制度建设、提高城镇化质量、创新社会治理等方面进一步加强合作，增创长三角地区科学发展新优势。

2014 年

2014 年 1 月 7 日，由长三角三省一市和国家八部委组成的长三角区域大气物产防治协作机制正式启动，并在上海召开第一次工作会议。

2014 年 3 月 29 日，长江三角洲城市经济协调会第十四次市长联席会议在江苏盐城举行。长三角城市围绕“新起点、新征程、新机遇——共推长三角城市转型升级”主题和长三角城市合作的重点进行了广泛交流，并共同签署了《长江三角洲地区城市合作（盐城）协议》。长三角城市群在共享中国（上海）自贸区“溢出效应”、积极推进新型城镇化发展上达成共识，以此加快区域经济的转型升级，促成长三角新一轮一体化进程。

2014 年 4 月 23 日，苏浙沪两省一市联合在杭州召开新闻发布会，向公众发布《长三角地区知识产权发展与保护状况白皮书》，共同推进长三角地区知识产权保护再上新台阶。

2014 年 5 月，习近平总书记在上海考察期间特别强调，要继续完善长三角地区合作协调机制；努力促进长三角地区率先发展、一体化发展。

2014 年 5 月 6 日，2014 长三角地区现代物流联动发展大会暨中国（江苏）长三角物流发展与合作论坛在常州举行。会议以“创新驱动下的物流发展”为主题，展开了广泛的讨论。

2014 年 5 月 11 日至 13 日，第三届长三角都市圈省（市）际公路交通发展论坛在浙江杭州举办。论坛吸引了来自交通部和江苏、上海、浙江两省一市的 160 余名专家、学者和政府官员参加，共商长三角地区交通协调发展、合作共赢大计。

2014 年 7 月 24 日，在上海举行了长三角地区旅游合作第四次工作会议。苏浙皖沪旅游管理部门签署《长三角地区率先实现旅游一体化行动纲领》。

2014 年 9 月 22 日，长三角内的上海、南京、杭州、宁波、合肥海关率先全面展开长江经济带海关区域通关一体化改革，待试点运作平稳后，逐步有序推广至整个长江经济带其他海关。

2014 年 9 月 25 日，国务院发布《关于依托黄金水道推动长江经济带发展的指导意见》（国发〔2014〕39 号）及长江经济带 2014 — 2020 年综合立体交通走廊规划具体内容。该意见明确了长江经济带四项战略定位：具有全球影响力的内河经济带、东中西互动合作的协调发展带、沿海沿江沿边全面推进的对内对外开放带及生态文明建设的先行示范带。该意见有利于挖掘中上游腹地的巨大内需潜力，促进经济增长空间从沿海向沿江内陆拓展。

2014 年 12 月 1 日，由长三角沪苏浙皖三省一市和国家八部委组成的“长三角区域大气污染防治协作机制”第二次工作会议在上海召开。会议在总结 2014 年工作的基础上，形成《长三角区域大气污染防治协作 2015 年重点工作建议》。

2014 年 12 月 2 日，长江三角洲地区三省一市主要领导座谈会在上海召开。会议认真贯彻落实中共十八届三中、四中全会精神和习近平总书记关于长三角合作重要指示，综合分析了当前国际国内新形势以及长三角地区一体化发展面临的新情况、新机遇，深入交流了三省一市今年以来深化改革创新、推动经济转型升级的政策举措和经验做法，重点围绕“积极参与‘一带一路’和长江经济带国家战略，在新的起点上推进长三角地区协同发展”的主题，就深化重点领域改革、深入推进经济结构调整、加强重点专题合作、完善区域合作协调机制等事项进行了深入讨论。

2015 年

2015 年 7 月 28 日，上海市人民政府发布《关于贯彻〈国务院关于依托黄金水道推动长江经济带发展的指导意见〉的实施意见》（沪府发〔2015〕35 号），全面贯彻《指导意见》和国家即将出台的发展规划纲要，率先在改革开放、创新发展、交通设施和生态环保等重点领域取得突破性进展，为长江经济带和全国发展作出新贡献。

2015 年 8 月 15 日，长三角地区人力资源开发协作会议在安徽绩溪召开。会议充分讨论了《长三角地区人力资源协作框架协议》，就不断拓展合作领域、创新合作形式、落实合作项目、加强沟通协调达成共识。

2015 年 10 月 26 日，“2015 长三角互联网金融高层对话”论坛在上海举行。首次确定在长三角开展互联网金融跨区域合作，以更好地为实体经济、创新创业服务。

2015年12月2日，长三角区域大气污染防治协作机制第三次工作会议在合肥召开，审议通过《长三角区域大气污染防治协作2016年工作重点》等协作文件。

2015年12月3日，长江三角洲地区三省一市主要领导座谈会在合肥举行。会议认真贯彻落实中共十八届三中、四中、五中全会和习近平总书记系列重要讲话特别是对长三角地区发展的重要讲话精神，全面总结了“十二五”以来长三角地区合作与发展情况，深入交流了三省一市今年以来参与“一带一路”和长江经济带等国家战略建设，推进长三角地区协同发展的政策举措和经验做法，综合分析了当前国际国内新形势及长三角一体化发展面临的新情况，重点围绕“共同谋划‘十三五’长三角协同发展新篇章”的主题，就深度融入国家战略、推动经济转型升级、深化重点专题合作、完善合作发展机制等事项进行了深入讨论。

2016年

2016年3月24日，长三角城市经济协调会第十六次市长联席会议在浙江省金华市召开，会议主题为“‘互联网+’长三角城市合作与发展”，会议讨论了长三角一体化建设新思路、新发展。

2016年5月25日，国务院发布《国务院关于长江三角洲城市群发展规划的批复》（国函〔2016〕87号），批复原则同意《长江三角洲城市群发展规划》，强调有关部门要切实履行职能，研究制定支持长江三角洲城市群发展的具体政策，在有关规划编制、体制创新、项目安排等方面给予积极支持。

2016年12月7日，长三角区域大气污染防治协作小组第四次工作会议暨长三角区域水污染防治协作小组第一次工作会议在杭州召开，会议审议通过了《长三角区域大气污染防治协作2017年工作重点》和《长三角区域水污染防治协作2017年工作重点》。

2016年12月8日，经长三角旅游合作第六次联席会议审议，沪苏皖浙三省一市的旅游局在杭州签署《长三角区域旅游一体化发展杭州方案》，共谋长三角区域旅游一体化发展。

2016年12月8日，长江三角洲地区主要领导座谈会在杭州举行。会议认真贯彻落实中共十八届六中全会精神，深入交流了三省一市今年以来实施国家战略、践行新发展理念、推进协同发展的做法和经验，综合分析了长三角地区合作与发展面临的新情况，重点围绕“创新、协同、融合：共建世界级城市群”的主题，就优化区域发展布局、建设协同创新网络、推进重大事项合作等议题进行了深入讨论。

2017年

2017年10月17日，上海市经济和信息化委员会、江苏省经济和信息化委员会、浙江省经济和信息化委员会、安徽省经济和信息化委员会出台了《长三角区域信息化合作“十三五”规划（2016—2020年）》，指定的政策目标为：到2020年，建成适应区域协同融合发展需要的信息基础设施，固定宽带家庭普及率 80%，4G 用户普及率 90%。加快长三角区域经济一体化发展，侧重点在于通过部门合作，共同创造要素自由流动的技术条件。

2017 年 11 月 10 日，第十届中国长三角青商论坛在沪举行，企业家聚焦长三角发展、共话实体经济振兴。

2017 年 11 月 21 日，“2017 长三角人工智能张江论坛”在张江国际创新港举行。

2017 年 11 月 29 日，2017 年长三角地区合作与发展联席会议在南通召开。

2017 年 12 月 2 日，2017 年度长三角区域市场一体化工作会议在杭州召开。上海、江苏、浙江、安徽、江西四省一市商务厅（委）负责人共同签署《2017 年深化长三角区域市场一体化发展合作机制备忘录》。

2017 年 12 月 4 日，2017 年长三角合作与发展联席会议在江苏省南通市召开。

2017 年 12 月 5 日，由中国中小企业及中企协上海中心主办的 2017 中国（上海）普惠金融高峰论坛暨 2017 长三角中小企业投融资交易会在沪举行。

第四阶段：长三角地区一体化国家战略时期（2018 年起）

2018 年

2018 年 1 月 12 日，长三角地区主要领导座谈会在苏州举行，总结交流了 2017 年以来推进长三角地区经济社会协同发展的工作成效，系统分析了长三角区域合作面临的新形势，按照“创新引领率先实现东部地区优化发展”总要求，就建设长三角城市群、深化区域合作机制等议题进行了深入讨论。

2018 年 1 月 13 日，长三角区域大气污染防治协作小组第五次工作会议暨长三角区域水污染防治协作小组第二次工作会议在苏州召开。各省市领导人分别介绍了本省市大气和水污染防治情况以及下一步安排和有关协作工作建议。

2018 年 4 月 26 日，习近平总书记对长三角高质量一体化发展作出指示，提出上海要进一步发挥龙头带动作用，苏浙皖要各扬所长，使长三角地区实现更高质量的一体化发展。

2018 年 6 月 1 日，长三角地区主要领导座谈会在上海召开，以“聚焦高质量，聚力一体化”为主题，全面分析了新时代长三角地区一体化发展的新内涵新要求，围绕长三角地区实现更高质量的一体化发展要求，着重就做好规划对接、加强战略协同、深化专题合作、统一市场建设、创新合作机制等方面进行了深入讨论，审议并原则同意《长三角地区一体化发展三年行动计划（2018—2020 年）》和《长三角地区合作近期工作要点》。

2018 年 6 月 1 日，长三角联合办公室出台了《长三角地区一体化发展三年行动计划（2018—2020 年）》，其政策目标为：到 2020 年，长三角地区要基本形成世界级城市群框架，建成枢纽型、功能性、网络化的基础设施体系，基本形成创新引领的区域产业体系和协同创新体系，绿色美丽长三角建设取得重大进展，区域公共服务供给便利化程度明显提升，侧重点在于进一步明确了长三角一体化发展的任务书、时间表和路线图。

2018 年 6 月 11 日，首届长三角三省一市公共机构节能管理创新与发展论坛在上海召开，初步形成进一步推进长三角地区公共机构节能工作协同发展的工作机制。

2018 年 6 月 20 日，长三角地区政协联动机制签约启动仪式暨第一次长三角地区政协主席联席会议在上海举行，沪苏浙皖三省一市政协主席共同签署《关于建立长三角地区政协联动机制的协议》。

2018 年 7 月，上海市、江苏省、浙江省、安徽省的信用建设部门出台了《长三角地区深化推进国家社会信用体系建设区域合作示范区建设行动方案（2018 — 2020 年）》，其政策目标为：到 2020 年，全面完成深化推进区域信用合作示范区的各项任务，有效支撑区域经济社会健康有序发展。“信用长三角”成为反映区域高质量一体化发展的重要品牌，长三角地区成为国内信用制度健全、信息流动通畅、服务供给充分、联动奖惩有效、信用环境优化的地区。侧重点在于通过区域整体信用制度建设、跨区域信用信息、共享共用、鼓励信用行业服务创新等，进一步降低市场交易成本。

2018 年 9 月 8 日，上海市社会信用建设办公室等印发《长三角地区环境保护领域实施信用联合奖惩合作备忘录》（沪信用办〔2018〕6 号），全面提升长三角地区环保领域信用管理水平，营造“失信者处处受制，守信者处处受益”的区域信用发展环境。

2018 年 10 月 12 日，长三角区域大气污染防治协作小组第七次工作会议暨长三角区域水污染防治协作小组第四次工作会议在上海召开。会议审议通过《长三角区域大气污染防治协作小组工作章程》（修订草案）和《长三角区域水污染防治协作小组工作章程》（修订草案），重点部署区域秋冬季大气污染综合治理攻坚行动和重污染天气应急联动等工作。

2018 年 11 月 5 日，习近平主席在首届中国国际进口博览会上宣布：“为了更好发挥上海等地区在对外开放中的重要作用，我们决定，一是将增设中国上海自由贸易试验区的新片区，鼓励和支持上海在推进投资和贸易自由化便利化方面大胆创新探索，为全国积累更多可复制可推广经验。二是将在上海证券交易所设立科创板并试点注册制，支持上海国际金融中心和科技创新中心建设，不断完善资本市场基础制度。三是将支持长江三角洲区域一体化发展并上升为国家战略，着力落实新发展理念，构建现代化经济体系，推进更高起点的深化改革和更高层次的对外开放，同‘一带一路’建设、京津冀协同发展、长江经济带发展、粤港澳大湾区建设相互配合，完善中国改革开放空间布局。”

2019 年

2019 年 2 月 23 日，《青浦、吴江、嘉善 2019 年一体化发展工作方案》发布，根据《工作方案》，三地在充分协商的基础上初步确定了2019年推进一体化发展的51项重点工作。产业发展方面，三地将推进上海长三角中心建设，共同推动华为青浦基地和人才公寓基地年内开工，促进亨通光电、京东方等华为核心供应企业共同打造万亿级信息产业集群。

2019年3月14日，全国两会政府工作报告中明确提出将长三角区域一体化发展上升为国家战略，编制实施发展规划纲要。长江经济带发展要坚持上中下游协同，加强生态保护修复和综合交通运输体系建设，打造高质量发展经济带。

2019年4月16日，长三角工商峰会在南京召开，峰会以“融合·创新”为主题，着眼促进长三角地区民营企业和商会间的互通融合，凝聚长三角工商界力量，共同谋划区域经济的新格局，共同点燃民营经济的新引擎。

2019年5月13日，中央政治局审议《长江三角洲区域一体化发展规划纲要》，长三角区域一体化发展上升为国家战略，涵盖沪苏浙皖三省一市35万平方千米土地、2亿人口的长三角区域走向一体化的进程一直在如火如荼地往前推进。这份由国家发改委牵头编制的长三角一体化发展规划纲要已进入征求意见阶段，该发展纲要的落地势将为中国经济增长注入新动能。

2019年5月14日，安徽师范大学长三角一体化发展研究院揭牌仪式暨长三角一体化与安徽高质量发展高峰论坛在芜湖举行。

2019年5月22日，长三角地区主要领导座谈会在安徽芜湖召开。会议深入学习贯彻习近平总书记关于长三角一体化发展的一系列重要讲话和重要指示批示精神，以“共筑强劲活跃增长极”为主题，全面分析了长三角一体化发展上升为国家战略的新内涵和新要求，总结交流了去年“上海会议”以来一市三省实施长三角一体化发展三年行动计划的工作成效，审定了《长三角一体化发展2019年工作计划》，部署了落实《长江三角洲区域一体化发展规划纲要》的重大事项。同时举办第一届长三角一体化发展高层论坛，来自沪苏浙皖的党政官员、企业家代表及有关专家、研究机构和智库代表，围绕“共筑强劲活跃增长极”主题，共商一体化大计，共谋高质量发展。

2019年5月23日，长三角区域大气污染防治协作小组第八次工作会议暨长三角区域水污染防治协作小组第五次工作会议在安徽芜湖召开。会议总结区域大气和水污染防治协作的主要进展和成效，研究部署下一阶段协作工作，审议通过《长三角区域柴油货车污染协同治理行动方案（2018—2020年）》《长三角区域港口货运和集装箱转运专项治理（含岸电使用）实施方案》。

2019年6月19日，浙江大学长三角一体化研究中心成立。

2019年6月21日，浙江省召开推进长三角一体化发展大会，发布了《推进长三角区域一体化行动方案》。方案结合浙江实际，启动实施高质量发展民营经济、高层次扩大对外开放、高普惠共享公共服务等九项重点任务。

2019年7月11日，“长三角区域一体化发展与江苏作为”为主题的江苏发展高层论坛第36次会议在南京大学举行。

2019年7月，长三角各省市积极推进一体化发展，在《长江三角洲区域一体化发展规划纲要》印发的大背景下，三省一市已分别制订了各自的实施方案。建立“N+1”规划体系。“1”为《长江三角洲区域一体化发展规划纲要》，“N”为基础设施互联互通、科创产业协同发展、城乡区域融合发展、生态环境共同保护、公共服务便利共享等多个专项规划。

2019年7月15日，中共安徽省第十届委员会第九次全体会议在合肥举行。全会审议通过了《安徽省实施长江三角洲区域一体化发展规划纲要行动计划》。

2019年7月22日，上海市市长应勇在上海市十五届人大常委会第十三次会议（扩大）上表示，目前，上海已制订落实《长江三角洲区域一体化发展规划纲要》的上海实施方案，主要是将紧扣“一体化”和“高质量”两个关键，抓好“七个重点领域”合作、“三个重点区域”建设。

2019年7月22日，中共江苏省第十三届委员会第六次全体会议讨论了《〈长江三角洲区域一体化发展规划纲要〉江苏实施方案》。

2019年8月6日，国务院印发《中国（上海）自由贸易试验区临港新片区总体方案》。

2019年8月20日，中国（上海）自由贸易试验区临港新片区正式揭牌，将对标国际上公认的竞争力最强的自由贸易园区。

2019年9月25日，上海、合肥等9城市在浙江乌镇签署《深化G60科创走廊九城市人才交流合作协议》，“打造科技和制度创新双轮驱动、产业和城市一体化发展的先行先试走廊”是《长江三角洲区域一体化发展规划纲要》对G60科创走廊新的定位。

2019年9月22日，长三角高校智库联盟在上海成立，计划通过联合研究、互鉴特色、人才培养等机制，逐渐形成一体化的引领性智库集群。

2019年10月25日，中科院在长三角区域布局建设的9家研究院所正式“牵手”，在宁波成立长三角一体化科技创新战略联盟，聚焦先进制造和新材料等领域，推进应用技术研发、科技成果转移转化及产业化。

2019年10月25日，国务院发布《关于长三角生态绿色一体化发展示范区总体方案的批复》（国函〔2019〕99号），长三角生态绿色一体化发展示范区范围包括上海市青浦区、江苏省苏州市吴江区、浙江省嘉兴市嘉善县，面积约2 300平方千米。同时，选择青浦区金泽镇、朱家角镇，吴江区黎里镇，嘉善县西塘镇、姚庄镇作为示范区的先行启动区，面积约660平方千米。

2019年11月5日，长三角生态绿色一体化发展示范区、长三角生态绿色一体化发展示范区理事会和长三角生态绿色一体化发展示范区执行委员会挂牌成立。

2019年11月5日，根据习近平总书记在第二届中国国际进口博览会开幕式上主旨演讲中对长三角区域一体化工作的重托，中央部署，进一步深化沪苏浙皖三省一市政府之间一体化合作，为充分发挥长三角引领新时代经济高质量发展的作用、推动区域优势资源共建共享、增强社会各阶层“获得感”而不懈努力。

2019年12月1日，《长江三角洲区域一体化发展规划纲要》印发，《规划纲要》明确，长三角区域一体化发展的规划范围包括上海市、江苏省、浙江省、安徽省全域，战略定位是打造全国发展强劲活跃增长极、全国高质量发展样板区、率先基本实现现代化引领区、区域一体化发展示范区、新时代改革开放新高地。规划期至2025年，展望到2035年。

2020年

2020年2月20日，上海市发改委发布《长三角区域警务数据交换平台及一体化应用项目》（沪发改高技〔2020〕12号）。

2020年2月26日，吴江区委发布《吴江区建设长三角生态绿色一体化发展示范区实施方案》（吴发〔2020〕6号），聚焦示范区，聚力一体化，为吴江实现更高质量发展擘画了“施工图”、吹响了“冲锋号”。吴江将努力把先行启动区打造为示范区建设的“极中之极”，把吴江建设成为苏州城市发展的重要增长极和上海大都市圈的重要功能区。

2020年3月3日，浙江省推动建设长三角生态绿色一体化发展示范区大会在嘉善举行，浙江省委书记车俊出席会议并讲话。强调要深入贯彻习近平总书记关于长三角一体化发展和长三角生态绿色一体化发展示范区建设的重要讲话精神，同上海、江苏及青浦、吴江一道，以先锋破阵的担当勇气、先人一步的创新智慧，全力建好一体化示范区，在推动长三角更高质量一体化发展进程中彰显浙江担当、展现浙江作为。

2020年4月2日，国家发改委、交通部印发《长江三角洲地区交通运输更高质量一体化发展规划》（发改基础〔2020〕529号），加快推进长三角地区对外交通、城际交通、都市圈交通高效衔接和有机融合，提升港口群和机场群辐射能级，全面提高一体化运输效率、服务品质和融合水平，构建安全、便捷、高效、绿色、经济的现代化综合交通运输体系，有效支撑带动长三角地区更高质量一体化发展，为更好引领长江经济带发展、更好服务国家发展大局奠定坚实基础。

2020年5月20日，青浦区印发《青浦区国家生态文明建设示范街镇创建工作方案》，坚持新发展理念，紧扣“一体化”和“高质量”两个关键，发扬“抢拼实”作风，把生态文明建设放在突出的战略位置，融入青浦区经济、政治、文化、社会建设各方面和全过程。

2020年5月27日，嘉兴出台《推动建设长三角生态绿色一体化发展示范区的实施意见》，确定了推动示范区发展的具体目标和实施路径，吹响了举全市之力推进长三角生态绿色一体化发展示范区嘉善片区建设的号角。

2020年6月5日至6日，2020年度长三角地区主要领导人座谈会在浙江湖州举行。三省一市交通部门签署《长三角地区省际交通互联互通建设合作协议》，共同推进54项省际互联互通重大交通项目建设。

2020年6月5日，以“战疫一盘棋，夺取双胜利”为主题的第二届长三角一体化发展高层论坛在浙江湖州举办。沪苏浙皖一市三省党政主要领导、智库专家、企业家代表齐聚一堂，为长三角一体化高质量发展贡献新智慧，共谋发展大计。

2020 年 6 月 8 日，在上海市青浦区人才大会上，同属长三角生态绿色一体化发展示范区的江苏苏州吴江区、浙江嘉兴嘉善县和青浦区共同针对人才服务战略合作达成框架协议。

2020 年 6 月 18 日，国内首个由省级行政主体共同编制的跨省域国土空间规划《长三角生态绿色一体化发展示范区国土空间总体规划（2019 — 2035 年）》草案向社会公示并征求意见。这是长三角一体化制度创新的最新成果，对上海市青浦区、江苏省苏州市吴江区、浙江省嘉兴市嘉善县“两区一县”的国土空间规划具有指导约束作用。

2020 年 7 月 30 日，长三角生态绿色一体化发展示范区行政复议委员会成立，由上海、江苏、浙江和安徽的司法厅（局）联合组建，为长三角一体化示范区相关行政复议机构办理重大、复杂、疑难等案件提供咨询意见。

2020 年 8 月 5 日，国家税务总局发布《关于进一步支持和服务长江三角洲区域一体化发展若干措施的通知》，在上年已推出 16 项税收服务举措的基础上，再次推出进一步支持和服务长三角区域一体化发展的 10 项税收征管服务措施。

2020 年 8 月 22 日，习近平总书记在安徽合肥主持召开扎实推进长三角一体化发展座谈会并发表重要讲话，强调紧扣一体化和高质量抓好重点工作，推动长三角一体化发展不断取得成效。

2020 年 9 月 24 日，推动长三角一体化发展领导小组组长韩正主持召开推动长三角一体化发展领导小组全体会议，深入学习贯彻习近平总书记在扎实推进长三角一体化发展座谈会上的重要讲话精神，总结长三角一体化发展工作进展，研究部署下一步重点工作。

2020 年 9 月 24 — 26 日，浙江、上海、江苏两省一市人大常委会会议，分别表决通过《关于促进和保障长三角生态绿色一体化发展示范区建设若干问题的决定》，此决定授权示范区执委会行使省级项目管理权限。

2020 年 10 月 29 日，首届长三角一体化数字交通论坛在浙江省嘉兴市嘉善县举行，各地专家学者围绕数字交通的发展趋势进行深度分享与讨论，推进长三角数字交通产业一体化发展。

2020 年 11 月 20 日，长三角一体化发展论坛在合肥市开幕。本次论坛以“长三角的行动与梦想”为主题，旨在深入贯彻习近平总书记的重要指示精神，共同研讨长三角一体化发展过程中的成功经验、问题解决路径。

2020 年 12 月 6 日，长三角一体化发展高端论坛暨“十四五”中国区域协调发展研讨会在上海财经大学举办。长三角众多专家学者参会，就如何推动长三角高质量发展积极建言献策。

2020 年 12 月 28 日，国家发展改革委、交通运输部印发《长江三角洲地区交通运输更高质量一体化发展规划》，贯彻落实长三角一体化发展规划纲要，指导长三角地区的交通运输实现更高质量的一体化发展。

后　记

本书是中共浙江省委党校杭州未来科技城创新团队的研究成果，兼具理论性与实践性。长三角地区是我国经济发展最活跃、开放程度最高、创新能力最强的区域之一，在国家现代化建设大局和全方位开放格局中具有举足轻重的战略地位。随着长三角一体化上升为国家战略，《长江三角洲区域一体化发展规划纲要》等政策不断落地实施，长三角一体化进程不断加快，基础设施互联互通水平更高，科创产业协同发展实力更强，民生服务普惠共享范围更广，长三角区域一体化的实践为我国区域协调发展提供了经验启示。

本书的逻辑起点是创新团队关于杭州湾湾区建设的研究，随着研究不断深入，团队也将视角扩展到长三角一体化。在此过程中，得到了长三角（浙江）民营经济研究会会长、浙江省人民政府原副省长王建满，长三角（浙江）民营经济研究会执行会长、浙江省铁路投资集团原董事长余健尔，中共浙江省委党校副校长徐明华研究员等领导和专家的关心，在此表示感谢。本书属于长三角一体化主题出版工程，写作得到了中国出版集团东方出版中心的大力支持，中共浙江省委党校林纯静、凌文波、张邹焱等硕士生做了大量基础工作，在此一并表示感谢。

由于时间仓促等原因，书中难免存在一些不当之处，敬请读者不吝指正。

作者

2021 年 3 月